Alfred Komarek · Salzkammergut

Alfred Komarek

SALZKAMMERGUT

Reise durch ein unbekanntes Land

Kremayr & Scheriau

© 1994 by Verlag Kremayr & Scheriau, Wien
Lektorat: Ilse Walter
Schutzumschlagentwurf: Kurt Rendl, Wien (unter Verwendung einer
Postkarte aus dem Besitz von Franz Kramreiter, Wien)
Satz und Repro: Bernhard Computertext, Wien
Druck und Bindung: Wiener Verlag, Himberg bei Wien
ISBN 3-218-00593-0

INHALTSVERZEICHNIS

DIE SALZKAMMERGÜTER

Österreich besteht aus neun Bundesländern und dem Salzkammergut. Das Salzkammergut seinerseits besteht aus vielen Salzkammergütern, kleinen Königreichen ähnlich, nur ohne König. Um Demokratien kann es sich dabei eigentlich nicht handeln, weil die Habsburger und andere Herrscherhäuser noch immer zum Alltag gehören, und Diktaturen braucht man erst recht nicht zu befürchten, weil Autorität hierzulande nur deshalb einen so hohen Stellenwert besitzt, weil sie jeder für sich beansprucht.

Ein zehntes Bundesland, wie es Hans Weigel, Gott hab ihn selig, formulierte, ist das Salzkammergut natürlich erst recht nicht, denn das hieße ja, sich in eine staatliche und geographische Ordnung zu fügen – ein schrecklicher Gedanke.

Was das Salzkammergut einmal war, läßt sich schon eher beschreiben, doch davon später.

Heutzutage kommt man der Sache am ehesten mit der Behauptung näher, Salzkammergut sei der gemeinsame Begriff für Landschaften und Menschen, denen gemeinsam ist, nichts gemeinsam zu haben – das gilt natürlich nur intern. Wenn es um die Beziehung zum restlichen Österreich geht, ist das Salzkammergut ein harmonisch in sich ruhendes Ganzes, ein Paradies, nicht mehr und nicht weniger. Nur der wachsame Engel mit dem Flammenschwert fehlt, seit es in Gmunden kein Salzamt mehr gibt.

Diese Vielfalt nach innen und Einheit nach außen setzt sich auch im Detail fort, in den vielen – natürlich wieder autonomen – Klein- und Kleinstkönigreichen. Kein Mensch wird leugnen, daß Bad Aussee, Grundlsee und Altaussee Welten für sich sind, die ihrerseits wieder in trutzige Teilchen zerfallen, und jedem ist klar, daß Bad Goisern nichts mit Bad Ischl zu tun hat, und beide erst recht nichts mit Ebensee verbindet. Doch wenn sich Leute aus dem Ausseerland an die gefährliche Expedition ins befreundete Ausland, über die Pötschen, „nach Österreich", wagen, treffen sie auf ein einig Volk aus dem Ischlland, das nie zugeben würde, wie sehr es unter der schmählichen Tatsache leidet, daß auf seinen Autokennzeichen „GM" steht. GM wie Gmunden, und Gmunden liegt auf einem anderen Planeten.

Wer sich im Salzkammergut von seinem angestammten Platz entfernt, läßt diesen nicht einfach hinter sich. Auch als zum Beispiel die Arbeit im Ischler Salzberg noch viele Leute aus verschiedenen Ortschaften zusammenbrachte, blieben sie eben „der Pilz von Goisern", der „Blamberger von Ischl" oder der „Putz von Lauffen". Einer der zahlreichen Pilze von Goisern ist übrigens vierfacher Naturbahn-Rodelweltmeister und ein anderer, Karl Pilz, war Kurdirektor, und zwar einer von der legendären Sorte. Als er sich einmal bei einem Empfang in der Ischler Kaiservilla ganz unbefangen als „Pilz von Goisern" vorstellte, fand er sich wenig später in einem noblen Kabinett wieder, hielt ein Champagnerglas in der Hand, war von erlesenstem Hochadel umgeben und hatte viel zu erklären.

So gesehen, verliert heutzutage sogar ein „Hubert von Goisern" an Exotik. Er weiß eben auch anderswo in der Welt, was sich gehört und wohin er gehört.

In der Gosau, erst seit 1492 bei Österreich, und dem Salz-

Anderswo suchen die Menschen nach Identität. Im Salzkammergut
gehört sie ganz einfach dazu.

kammergut in ihrer einschichtigen Ecke ein wenig beiläufig anhängend, stecken die Wurzeln natürlich besonders
tief in der Erde. So war denn auch die allseits gehörte Kla-

ge einer Bäuerin verständlich, der die Tochter „hinausgeheiratet" hatte, „und so weit auch noch!". Die Entfernung war allerdings nur für Gosauer Begriffe furchterregend: ein paar Kilometer, vom Hintertal ins Vordertal.

Wer daraus allerdings ein kleinmütiges Verhalten der Gosauer gegenüber den Wechselfällen des Lebens ableitet, irrt gewaltig. Da gab es zum Beispiel jenen beherzten Motorradfahrer, der in einer Kurve ins Rutschen kam, gegen einen der überaus zähen Holzzäune prallte und in einen Wirtshausgarten flog. „Is was?" fragte der herbeigeeilte Wirt besorgt. „A Bier kriag i", war die ruhige Antwort.

Fremde (dazu zählen auch schon die Hallstätter) dürfen sich in der Gosau jedenfalls auf das Wort des kaiserlichköniglichen Forstbeamten Johann Steiner verlassen, der anno 1820 das Salzkammergut bereiste: „Sie sind in ihrer Religion gegenseitig sehr duldsam, in ihrem Gemüthe still, friedfertig, aufrichtig, kurz: eine ausgesuchte Art von Menschen, und wenngleich das Äußere manches Mannes, seiner Arbeit im Walde wegen, etwas abschreckend ist, so blicke man ihm ins offene blaue Auge, und es wird die Güte des Herzens aus selbem sprechen."

Auf der Suche nach den Gemütslandschaften des Salzkammergutes und deren Abgrenzung empfiehlt sich jedenfalls der vorsichtige Umgang mit äußeren Indizien. Wer zum Beispiel angesichts der Jausenstation „Zum Letten" in Untersee auf einen Ausdruck salzkammergütlichen Weltbürgertums schließt, oder auch nur meint, der Wirt habe zuviel Maigret gelesen, ist auf dem Holzweg. Schon eher liegt eine pragmatische Hinwendung zur Wirklichkeit vor: Das Haus steht auf nassem Lehmgrund, dem „Letten".

Dieser wohlgeübten Koexistenz mit gegebenen Lebensumständen entspricht auch die Reaktion eines Unter-

10

Gottlieb Oberhauser, der „Boanrichter", und sein „Knöcherner Hansl". Ob Tier, ob Mensch, er brachte wieder Ordnung ins Gebein, und es gelang ihm sogar, als Tiroler ein echter Goiserer zu werden.

seers auf den Umstand, daß der Wasserspiegel des Hallstätter Sees jeden Winter deutlich abgesenkt wird. Der wackere Mann verkaufte in dieser Jahreszeit ganz einfach ein Seegrundstück in schönster Lage, nur etwas sehr feucht in den Sommermonaten... Ein Gegenstück zu diesem schönen Ausdruck unverdorbenen Geschäftssinnes findet sich als spielerische Variante jenseits der Pötschen wieder, in Altaussee, wo ein Gemischtwarenhändler im Korb mit abgelaufenen Waren zum halben Preis auch immer die Fernsehbeilagen der Vorwoche anbietet.

Variationen, wohin das Auge blickt, und sie haben natürlich Tradition. Noch im 18. Jahrhundert gönnte sich zum Beispiel jeder Ort sein eigenes Schankmaß: Hallstatt und Gosau die große Salzburger Maß, Goisern und Ischl die um ein halbes Seidl kleinere Ischler Maß und Ebensee die um noch ein halbes Seidl kleinere Kammergut Landmaß. Daß die Tracht nach wie vor ohne Falsch davon erzählt, wo jemand hingehört (es sei denn, es handelt sich um einen kostümierten Ausländer), wissen alle, die sich auskennen, und die anderen geht es nichts an. Sogar die Ohren brauchen bis in die Gegenwart nicht auf kräftige Differenzierungen zu verzichten: Alle paar Kilometer klingt die Mundart anders, und hier die Nuancen auseinanderzuhalten, ist ganz schön kompliziert, wer aber beim Musizieren die Unterschiede zwischen Paschern aus dem Ausseerland, aus Goisern, vom Wolfgangsee oder aus Ebensee nicht hört, ist mit Taubheit geschlagen. Abgrenzung tut gut, wenn man so eng beieinanderwohnt, nur so bleiben Freiräume erhalten.

Andererseits pflegen die vielen verschiedenen Salzkammergüter durchaus diplomatische Beziehungen zueinander, nur tun sie es mit jener förmlichen Sparsamkeit, die dafür sorgt, daß nichts durcheinanderkommt.

Die Hutmacherdynastie Leithner hat keinen Mangel an eindrucksvollen Persönlichkeiten. Des heutigen Franz Leithners Urgroßva-
ter, auch ein Franz, war auf jedes seiner 174 Kilo stolz.

Einmal im Jahr, am Karfreitag, rotten sich aufrechte Goiserer zusammen, Protestanten, also dürfen sie frohen Mutes sein an diesem Tag, und reisen beherzt gen Aussee, um dort beim Hutmacher Leithner ihren filzigen Jahresbedarf zu decken, eine aufmüpfige Feder zu erstehen oder einen Gamsbart. Dann fallen sie noch über irgendein Gasthaus her, und nicht immer hat dieser Ausflug in nur

Hut und Gamsbart als Bestandteil von Charakter und Physiognomie: einmal bajuwarisch, einmal „echig".

einem Tag Platz. Wer nun allerdings meint, der Hut sei also doch ein Zeichen ähnlichen Gemütes, hüben wie drüben, tut seinen Trägern bitter unrecht. Die Ausseer drücken ihn eher gerade aufs Haupt und sind ab und zu geneigt, den Hut auch wieder abzunehmen, in Goisern sitzt er deutlich schräger und verwegener und verwächst alsbald mit seinem Träger zu einer schier unzertrennlichen Lebensgemeinschaft. In Ebensee, so am Rande er-

14

wähnt, wird die Kopfeszier auch noch grimmig in die Stirn gezogen.

Natürlich haben die Ischler ihre Ischlerhüte und den Kaiserhut, gibt es in Gmunden den Herzogshut, braun, mit breiter Krempe und dicker, einfacher Kordel, doch der Hutmacher Leithner – sogar beim Kirtag in St.Wolfgang ist er zu finden – ist im ganzen Salzkammergut zu Hause, vielleicht, weil er es fertigbringt, Hüte zu liefern, die einander zwar im Regal gleichen, nicht aber auf den Köpfen.

Ein Staatsbesuch besonderer Art findet auch an jenem unverzichtbaren Sonntag im Oktober statt, an dem das Altausseer Bierzelt unter dem Ansturm vielbeachteter Einheimischer und geduldeter Prominenter schier aus den Nähten platzt. An die fünfzig Ebenseer, in robuste Tracht gehüllt, steigen vom Offensee über die Rinnerhütte und den Wildensee zum Appelhaus auf, um dann vom Loser habichtgleich auf das Bierzelt niederzustoßen. Natürlich ist Platz frei, natürlich steht ein Faß bereit, denn diese spezifisch Ebenseerische Methode, richtig durstig zu werden, hat Stil und verdient Anerkennung. Zugegeben: an diesem Tag im Bierzelt sind Ausseer und Ebenseer ein Herz und ein Durst, doch die übrige Zeit im Jahr gibt es schon wieder ernsthafte Unterschiede. Wie wäre es sonst zu erklären, daß es in Ebensee an die fünfzig putzmuntere Wirtshäuser gibt, während die wenigen in Aussee entweder selten aufsperren oder häufig zusperren.

Solche Prägungen kommen nicht von ungefähr. Doch wer, was prägt?

Holz spielt da eine wichtige Rolle. Willi Kefer, der wortgewaltige Goiserer, konstatiert energisch: „Ohne Holzzäun rund ums Haus, an der Stadlwand und an der Waschkuchlmauer gibt's überhaupt keinen Charakter." Recht

Menschen und Häuser haben in dieser Gegend oft viel gemeinsam: Sie sind unverwechselbar, witterungsbeständig, und sie werden im Alter nicht hinfällig, sondern eindrucksvoll.

hat er, und die Charaktere wachsen und werden eben auch wie das Holz: kein Stamm und kein Ast wie der andere, und manche beachtenswerte Trümmer, astig und

16

„echig", sind eben nur so zu gebrauchen, wie sie gewachsen sind.

Holz bindet endlich auch Gegenden an das Salzkammergut, deren Geschichte nicht nach Salz schmeckt, aber deren Wälder für Salinen und bessere Jagdherren nützlich waren: Attergau, Mondsee, Almtal.

Nicht minder wichtig für das Werden dieses merkwürdigen Lebensraumes ist das Salz: Rom war noch nicht gebaut, als Hallstatt bereits Weltgeltung als Handelspartner hatte. Jahrtausende im Wechselspiel von anmaßendem Reichtum und bitterer Armut, konzentriert auf die enge, dunkle Welt zwischen See und Berg, münden eben in ein Hallstatt, wie es sich heute zeigt: ein archaischer Klotz, unbewegt von Besucherströmen und mit Einwohnern, die sich nicht in die Karten schauen lassen.

Altaussee ist Salzbergbau, Aussee ist Saline und Grundlsee Wald – der Fremdenverkehr und all das andere neue Brimborium bleiben oberflächlicher Dekor.

Goisern spielte mit seinen Bauern und Knappen lange genug eine bedächtige Rolle am Rande, um eine wahre Meisterschaft in der Kunst zu erlangen, wichtig zu sein, ohne sich wichtig zu machen, und Lauffen, durch die Salzschiffahrt auf der Traun reich geworden, fiel, als es damit zu Ende ging, in die Stille. Ischl hätte ohne die Doktoren Götz und Wirer seinen kaiserlichen Urknall nie erlebt, der dann allerdings so gewaltig war, daß ihm das Städtchen noch heute alle Ehre antut.

Als im übrigen Salzkammergut die Salinen nach und nach dem Fremdenverkehr Platz machten, wurde Ebensee für die Salzverarbeitung immer wichtiger, und die Ebenseer hatten, wenig beachtet von der noblen Welt ringsum, Muße, es sich behaglich einzurichten, mit Bräuchen pfleglich umzugehen, Feste nachhaltig zu feiern und mit dem Problem fertig zu werden, daß es hier einfach zu viele Menschen gibt, die Loidl heißen. Darum haben bessere Ebenseer nicht nur Familiennamen und Hausnamen, wie auch anderswo im Salzkammergut üblich, sondern dazu noch recht pointierte Spitznamen wie Flottenfotz, Antenoasch, Wedig-Zehan, Bogensabel, Juchta-Schuach oder Schneehund.

Traunkirchen sitzt indes so zierlich und fromm am Ufer, als hätte immer noch das Kloster das Sagen, zehrte an Salzbezugsrechten und Eigentümern und ließe auf der Hohen Schrott nach Silber schürfen.

Endlich wendet sich Gmunden mit großer und ein wenig hochmütiger Gebärde dem See und jenem Salzkammergut zu, das von hier aus mit Macht und beamteter Würde verwaltet und auch ein wenig regiert wurde, mit Ausnahme des Ausseerlandes, wohlgemerkt, das sich erst im 18. Jahrhundert zu den übrigen Hallämtern gesellte. Gmunden hat nichts mehr von verschrobener Enge und einschichtiger Stille, weit öffnet sich das Land.

Auch die Geschichte des Glaubens zeichnete heutige Strukturen mit, schuf Verbindungen und riß Gräben auf. Durch Jahrhunderte ging es friedlich zu, wenngleich auch die kirchliche Organisation nicht immer der weltlichen Rangordnung entsprach. Traunkirchen war die Mutterpfarre von Goisern, dem damals einzigen Vikariat des Ischllandes und damit auch zuständig für Ischl, Lauffen und Hallstatt. Somit begaben sich die geistlichen Herren aus Goisern hoch zu Rosse zu ihren Filialen. Einer dieser frommen Ausritte fand allerdings ein jähes Ende, als Pferd und Reiter vom schmalen Saumpfad unweit der Gosaumühle in den See stürzten. Seitdem heißt diese Stelle „Pfaffengfäll", eine Bezeichnung, die inniges Mitgefühl irgendwie vermissen läßt. Aber warum mußte der Herr auch aus Goisern kommen? Mit einem eigenen Hallstätter Vikar hätte man sich das Unglück ersparen können.

Als Reformation und Gegenreformation, beide von außen ins Land getragen, die Knappen in den Aufstand trieben und Tausende Menschen zur Aussiedlung zwangen, wurde dem Salzkammergut ein Glaubenskrieg diktiert, den kaum einer wollte, und nachdem es endlich wieder erlaubt war, sich miteinander zu vertragen, war allen leichter ums Herz. Trotzdem gibt es bis heute überwiegend protestantische und überwiegend katholische Gemeinden im Salzkammergut, oft nur ein paar Kilometer voneinander entfernt: die Tendenz zur Nivellierung, zur möglichst gleichmäßigen Durchmischung, paßt eben nicht in die Gegend.

Natürlich hat auch der Kaiser Salzkammergut-Geschichte geschrieben: gründlich, detailreich und umfassend in Bad Ischl, ein wenig beiläufiger in Gmunden, wo vor allem die toskanische Verwandtschaft und die Hannoveraner Hof hielten, und festen Schrittes, sicheren Blickes und ruhiger Hand überall dort, wo er als allerhöchster Jagdherr seine Trophäensammlung ins Unermeßliche erweiterte. Mit dem Kaiser kam der Hofstaat, mit ihm kamen die Noblen und Reichen des Landes, und ihnen folgten die Künstler, die Gaukler und ein paar elegantere Gauner: Der Fremdenverkehr war nicht mehr aufzuhalten.

Trotzdem hat er das Salzkammergut nicht in dem Maße verändert wie anderswo in der Welt. Die Eigenart jedes der kleinen Königreiche ist intakt, kein Fremdling wird je wissen, wo die Grenzen verlaufen und was sie besagen. Das Salzkammergut paßt in keine der gängigen Schablonen, ist, genau betrachtet, eigentlich unmöglich.

So gesehen, paßt es aber auch schon wieder recht gut zu Österreich.

UND HIER SEHEN SIE...

Fritz von Herzmanovsky-Orlando, Architekt und Dichter, die Ebenseer Wälder auf den Spuren Saliger Fräulein durcheilend, war einer jener Fremden, die ins Salzkammergut passen, als wären sie schon immer hiergewesen. Mit Tintenblei kritzelte er einen Satz von bemerkenswertem Tiefsinn in sein Tagebuch: „Wenn Du es eilig hast, mach einen Umweg."

In diesem Sinne geben wir uns erst gar nicht mit Sehenswürdigkeiten ab, die ohnehin jedem ins Auge fallen, sondern suchen erst einmal in Bad Aussee nach Inseln. So etwas macht sich doch hübsch in einem frischgebackenen Kurstädtchen.

Ende des 19. Jahrhunderts, als Aussee sein Innerstes nach außen kehrte, um Platz für den Fremdenverkehr zu schaffen, plazierte man alles, was zwar nützlich war, aber rauchte, stank oder Lärm machte, ein wenig abseits: Saline und Dörrhäuser, den Bahnhof und, nicht weit' davon, das neue Märktische Schlachthaus, das im Juli 1877 eröffnet wurde. Letzteres stand auf einer Insel, der Schlachthausinsel, wie sich denken läßt. Allerdings gab's immer wieder Überschwemmungen, wie jene anno 1888, die das Haus des Schlachthofwärters wegspülte. Also wurde die Traun reguliert, und die Schlachthausinsel ist heute ein Stück Ufer, auf dem so wie damals das liebe Vieh vom Leben zum Tode befördert wird.

Wer die zweite Ausseer Insel durchwandert, sollte darauf

achten, nicht in den Swimmingpool zu fallen. Die Vacano-Insel lag dereinst in der Altausseer Traun, nahe dem Ortszentrum. Lange befand sich dort der Außerwerk-Holzrechen, dann wurde sie zur Schwimmschule, später, längst auch zum Ufer geworden, trug sie ein liebenswürdiges hölzernes Strandbad mit beinahe echtem Meersand und

Aus der Badeanstalt Vitzthum, gleich neben der Konditorei Lewandofsky, wurde später das Haus der Familie Hollwöger; doch auch ein Kurarzt hält heute wieder die Tradition hoch.

schließlich ein Hotel, das heute der ehrwürdigen Ausseer Tradition folgt, ein gewesenes Hotel zu sein. Der Namengeber der Insel, Josef Hugo Vacano, war übrigens bis 1864 als Magister der Chirurgie Kameralwundarzt, das beamtete Gegenstück zu seinem bürgerlichen Kollegen Franz Vitzthum, in dessen Badeanstalt die ersten Kurgäste ihre hinfälligen Leiber den salzigen Fluten preisgaben.
Der nächste Schauplatz ist ein Parkplatz. Wer sich Hallstatt kühn auf dem Wasserwege nähert, ist auch schon an Ort und Stelle, wenn er wieder festen Boden unter den Füßen hat. Hier wurde 1884 das Hotel Seeauer, später Hotel Kainz, errichtet, ein großes Gebäude mit Park und Terrasse, das 1961 abgerissen wurde, als man sogar in Hall-

statt der Meinung war, Straßen seien wichtiger als Häuser. Vorher war das Hotel allerdings noch Schauplatz einer wichtigen Begegnung: 1921 traf hier Österreichs Bundespräsident Dr. Hainisch mit seinem tschechoslowakischen Amtskollegen Masaryk zusammen. Masaryk, früher Mitglied des Reichsrates in Wien, hatte aus seinem amerikanischen Exil die Gründung einer unabhängigen Republik Tschechoslowakei verkündet, als Österreich-Ungarn 1918 im Todeskampf lag. Drei Jahre später kämpfte ein lächerlich anmutender Rest des großen Österreich ums Überleben, viele sahen in einem Anschluß an das Deutsche Reich die letzte Rettung, doch der war von den Alliierten im Friedensvertrag von Saint-Germain untersagt worden. Als verlängerten Arm Frankreichs hatten die Tschechoslowakei, Rumänien und Jugoslawien die Kleine Entente gegründet und Prag sandte diplomatische Lockrufe gen Wien.

Es lag also nicht zuletzt am Salzkammergut und an Hallstatt, jene Atmosphäre zu bieten, die eine Abkehr vom Deutschen Reich und eine Annäherung an die Entente auch ohne Anschluß erleichtern konnte. Am 10. August 1921, 4 Uhr früh, fuhr der österreichische Sonderzug vom Wiener Südbahnhof ab, um 6 Uhr 46 stieg der Bundespräsident unauffällig beim Wächterhaus Nummer 188 ein. Um 10 Uhr 10 machte der Bezirkshauptmann im Wartesaal des Bahnhofes Selzthal Meldung. „Toilette: Jaquet, mit rundem, steifem Hut, Handschuhe in der Hand."

32 Minuten später hielt der tschechoslowakische Sonderzug direkt vor dem Wartesaal: Begrüßung. Die beiden Züge wurden zusammengekoppelt. „Reisetoilette: blauer oder grauer Anzug, schwarze oder gelbe Schuhe, weicher Hut." 12 Uhr 58: Ankunft Station Hallstatt. 13 Uhr 05 Abfahrt des Schiffes. 13 Uhr 15: Ankunft des Schiffes. Auch

der Hotelier hat seinen Platz im Reiseprotokoll: „Beim Eingang in das Seehotel Vorstellung des Hoteliers Kainz an Herrn Präsidenten Dr. Masaryk (sehr rasch)."

Es folgte ein freundliches Frühstück auf der offenen Terrasse im ersten Stock, Hallstatt wurde besichtigt, zwi-

Das Hotel Seeauer, später Kainz: ein guter Platz für ein diskretes Gipfeltreffen – und leider Vergangenheit. Daneben das ebenfalls nicht mehr existierende protestantische Bethaus.

schendurch gab es verständnisvolle Worte füreinander, und um 17 Uhr 05 war der Sonderzug schon wieder unterwegs.

Hallstatt war die Kür. Die Pflicht wurde am 13. Dezember mit der Unterschrift des Vertrages von Lana getan: Beide Staaten garantierten einander ihre Gebiete, bekannten sich zum Vertrag von Saint-Germain und verpflichteten sich gegenüber Dritten zur Neutralität. Außerdem bekam

Österreich einen Kredit zugesagt: 500 Millionen tschechische Kronen zum Ankauf von Kohle und Zucker.

Vom erwiesenermaßen völkerverbindenden Hotel Kainz steht nur noch ein bescheidener und zunehmend ruinöser Rest, der als Personalwohnhaus für das Hotel Grüner Baum diente. Die Zukunft des historischen Gebäudes an

Hallstatt. Partie gegen die Lahn.

Als in Hallstatt die Fußgänger noch Vorrang hatten, als die Saline noch dampfte und Arbeit gab, war das Leben zwar auch nicht leichter, aber leiser.

einem der prominentesten Plätze von Hallstatt ist mehr als ungewiß. Aber man wird ja noch hoffen dürfen.

Um das nächste Bauwerk, auch in Hallstatt, doch hoch über den Dächern des Marktes, braucht man nicht zu fürchten: der Rudolfsturm steht seit einer halben Ewigkeit und wird wohl auch die zweite Hälfte überdauern.

Der zweite regierende Habsburger, Herzog von Österreich und der Steiermark, also auch Herr des Salzkammergutes, befand im Jahre 1284, daß in wachsamer Nähe zu den Anlagen des Salzbergbaus ein steinerner Fingerzeig seiner Macht angebracht und nützlich wäre. Albrecht erlag nicht der kindischen Versuchung, einen Albrechtsturm zu schaffen. Das wehrhafte Gemäuer bekam den Namen seines Vaters, Rudolf. Er war es immerhin gewesen, der dem Glück König Ottokars ein für die Habsburger so erfreuliches Ende bereitet hatte. Da stand er also, der Turm, aus mächtigen Steinquadern gefügt, mit einem hölzernen Wehrgang versehen, und Albrecht ging ohne Umschweife daran, sich Feinde zu machen. Natürlich ging es um Salz. Der Herzog ließ die Sudpfannen dampfen, daß es eine Freude war, und den Erzbischof von Salzburg ließ er wissen, daß er auf Salz aus Hallein nur allzugern verzichte. Der Kirchenfürst grollte, der Salzkrieg tobte. Albrecht verlor ein Auge und seine blühende Gesichtsfarbe, doch der Rudolfsturm hielt stand. Und heute, nach über siebenhundert Jahren, erschüttert ihn nicht einmal die Tatsache, daß er als Restaurant und Jausenstation verwendet wird. Er versucht auch nicht, als grimmiges Fossil besonders alt und abweisend zu wirken. Eindrucksvoll, aber freundlich fügt er sich in das Bild eines Ortes mit seltsamen Dimensionen: hoch und tief, nicht weit und breit. Wer hinunter will, muß hinauf; oben liegen die Gräber, von oben führen die alten Stollen in die Tiefe. Der Rudolfsturm hat die passende Adresse: Hallstatt, Salzberg 1. Degenerierte Menschen nähern sich ihm ungeduldig mit der Standseilbahn; wer das Gefühl für Distanzen bewahren möchte, wird bedächtig von der Seelände aus in steilen Kehren bergan schreiten und dort rasten, wo die Ermattung Tradition hat. Auf dem „Oberen Weg" durften die „Kerntragweiber" endlich die schweren Salzstöcke abstellen, die sie täglich zweimal zu Tal schleppten, und am „Geschriebenen Stein" senkte sich gar ein allerhöchstes Hinterteil hernieder, wie eine Inschrift verkündet: „Hie hat gerast der hochlöbliche Kaiser und Kunig Maximilian, als er gegangen ist die Salzperg zu besehen i. J. 1504." Damals besuchte Seine Hoheit auch den Rudolfsturm und schaute auf ein Hallstatt hinunter, das nicht viel anders war als heute: eine kompakte, verwinkelte kleine Welt zwischen Ufer und Berg.

Der Rudolfsturm, hoch über dem See, vor dem Salzbergtal, ist ein guter Platz, eine terminzerstückelte, digital zerhackte Zeit zu einer kleinen, fast schon wieder glaubwürdigen Ewigkeit zu glätten. Dann verstummt das vielsprachige Stimmengewirr ringsum, verschwimmt unstetes Kommen und Gehen in behaglicher Trägheit. Hallstatt ist längst in dichte Schatten gehüllt, wenn das rote Abendlicht die Schwere aus den Mauern löst, die Gedanken unvorsichtig werden läßt und die Gebärden groß. Wer einen Turm wie diesen in seiner Nähe weiß, hat nichts zu fürchten. Wer von hier oben über den dunklen See zu den Bergen hinüberschaut, die, dicht gestaffelt, das Salzkammergut davor bewahren, sich aller Welt in leichtfertiger Unvernunft zu öffnen, ist nicht mehr allzu fremd. Irgendwann gerät unwillkürlich der kleine Salzstreuer in die Hand und fallen ein paar weiße Kristalle auf den Handrücken. Dann erfährt der Mensch, wie der Berg schmeckt, auf dem sein Turm steht.

Auf den stattlichen Turm folgt ein stattliches Wirtshaus, nicht wehrhaft, aber doch sehr beruhigend in seiner massiven Beständigkeit. Der Agatha-Wirt am Ausgang der Pötschenstraße, die „Taferne Nr. 10", ist ein uralter „Gastgeb" aus der Zeit, als der steile, staubige Pötschenpaß nur mit Vorspannpferden bewältigt werden konnte. An zwei Stellen ist die Jahreszahl 1623 eingemeißelt, vermut-

Am Hallstättersee ist nicht nur altes Gemäuer von Bestand. Noch gibt es Uferwiesen, die blühen dürfen, wie sie wollen.

lich die Entstehungszeit des Hauses. An der Fassade finden sich schöne barocke Wandmalereien, doch damit ist die Beziehung des Wirtshauses zur Kunst noch lange nicht erschöpft. Als 1945 der Zweite Weltkrieg zu Ende ging, wurden die Verhältnisse auch in Goisern, wo es vergleichsweise ruhig geblieben war, zunehmend chaotisch. In den Schulen drängten sich Flüchtlinge aus Oberschlesien, die damals noch viel engeren Straßen waren von Militärfahrzeugen aller Art verstopft: deutsche Wehrmachtsteile fluteten zurück, die 3. Panzerdivision formierte sich zur Verteidigung des Pötschenpasses, und immer wieder versuchten Konvois Kunstgegenstände, die im Altausseer Salzbergwerk gelagert werden sollten, über den Paß zu bringen. Im März, als Schnee einen solchen Transport verhinderte, wurde der Agatha-Wirt zum Kunstdepot: das Haupthaus, die Wirtschaftsgebäude, sogar Ställe waren mit erlesenen Kostbarkeiten angefüllt. Als dann am 7. Mai die Bomben fielen, wurde auch ein Stadel getroffen, und viele der Schätze verbrannten. Was mit dem Rest geschah, weiß man nicht so genau, und das gilt für vieles, was liegenblieb in diesen Tagen.

Zeit für frische Luft und Waldesfrieden: Im Goiserer Weißenbachtal tut sich unweit der Chorinsky-Klause am linken Bachufer eine kleine, ebene Waldlichtung auf, wie geschaffen für eine romantische Inszenierung. Noch dazu gehörte die Gegend zum Jagdgebiet Kaiser Franz Josephs, und der Gedanke lag nahe, diese bezaubernde Naturbühne gediegen und dauerhaft zu möblieren. Aus einem viele Tonnen schweren Steinblock wurde ein runder Tisch herausgehauen, massive Quader umringen ihn als Sitzgelegenheiten. Hier wurde nach der Jagd die Strecke aufgelegt und ein Imbiß eingenommen, fröhlichen Herzens und kalten Hinterteils, denn der Kaiser war ein

Frühaufsteher, wie jeder nachlesen kann, im Ischler Museum: „Allerhöchste Einladung zur Hochwildjagd im Goiserer Dürrenwald am 6. Juli 1908: Dinner in der K.K. Villa 2.15 Uhr, Abfahrt mit Wagen 3 Uhr, Triebanfang 5.30 Uhr, Triebdauer 1 3/4 Stunden, Rückkehr nach Ischl ca. 8.45 Uhr."

Der Kaisertisch steht da, als hätte seine Zeit ein anderes

Hedwig Bleibtreu: das Salzkammergut als sehr private Bühne für eine Sommerfrische mit Sprechkultur.

Maß, als wären die Hoheiten eben gegangen, nur das Moos auf den Steinen deutet an, daß es vielleicht ja doch schon eine Weile her ist.

Hedwig Bleibtreu, die große Schauspielerin, in der österreichisch-ungarischen Monarchie geboren, fünfzig Jahre alt, als der letzte Kaiser Verzicht übte, erwählte den Kaisertisch bei ihren Aufenthalten in Bad Goisern zum Lieblingsplatz, vielleicht, um über das machtvolle Wechselspiel von Veränderung und Beständigkeit nachzudenken, das ihr langes Leben prägte, vielleicht auch nur, um in aller Ruhe ihr berühmtes rollendes „R" zu üben.

Der nächste Hauptdarsteller ist eine Wiese. Sie versteckt sich hinter einer Plakatwand am nördlichen Ortsende von Lauffen. Hier stand noch 1963 ein damals schon ziemlich heruntergekommenes Wirtshaus, das Weiße Rößl. Schräg gegenüber, am anderen Traunufer, versteckt sich hinter hohen Bäumen die Villa Blumenthal. Dort saß im ersten Stock, mit Ausblick auf das Rößl und die Rößl-Wirtin, der Schriftsteller Oskar Blumenthal und schrieb vergnügt und animiert an einem Lustspiel, das später als Revue-Operette ein Welterfolg werden sollte – allerdings mit einem Weißen Rößl, das sich nun publikumswirksam in den blitzblauen Fluten des Wolfgangsees spiegelte. Vermutlich ohne es zu wissen, war Emil Jannings, der diese wundersame Ortsveränderung bewirkte, damit zu den Ursprüngen der Rößl-Geschichte zurückgekehrt. Die Eltern der echten, der Lauffener Rößlwirtin, Gottlieb und Barbara Gandl, waren nämlich Bäckersleute in St.Wolfgang, und deren muntere Tochter Maria, ausgestattet mit allen Vorzügen des weiblichen Geschlechts, beschloß, nicht zwischen Semmeln und Brotlaiben altbacken zu werden, und legte sich erst einmal einen ledigen Buben zu. In Lauffen heiratete sie dann flugs den Rößlwirt Mat-

30

thias Aigner, und es bleibt jedem überlassen, düstere oder vergnügte Überlegungen darüber anzustellen, warum er seine junge Ehe nur drei Monate überlebte. Nach dem Tod des Beklagenswerten hatte die schöne Witwe die Qual der Wahl, litt aber nicht allzulang darunter, sondern erhörte die immerhin mit beamteter Gediegenheit vorgebrachte Werbung des k.k. Postadministrators Johann Seerainer.

Das erste und wirklich echte „Weiße Rößl" am Traunufer in Lauffen. Später, schon ziemlich schäbig geworden, bekam es den Spottnamen „Schwarzes Rößl".

Das Weiße Rößl und vor allem seine Wirtin erfreuten sich größter Beliebtheit: Mitglieder des Kaiserhofs ließen sich's zur Dämmerstunde schmecken, Alexander Girardi kam mit dem Fahrrad, und täglich, meist schon am Vormittag, schnurrte Oskar Blumenthals Elektroauto heran, und der Meister faßte Maria träumerisch ins Auge, nicht unbedingt zur Freude ihres k.k. Ehegemahls. Die Tochter der Rößlwirtin, Maria Klein, wußte, hochbetagt in Lauf-

31

fen lebend, von einem handschriftlichen Werk Blumenthals im Besitz ihrer Mutter zu erzählen, auf dem geschrieben stand: „Frau Maria Aigner, Gastwirtschaft zum Weißen Rößl, gewidmet von Oskar Blumenthal." Auch der Enkel erinnert sich an dieses, seiner Großmutter gewidmete Bühnenstück. Freilich ist das Buch verschwunden, und es ist denkbar, daß der Ehemann der Rößlwirtin, derartiger Indizien inniger Verehrung überdrüssig, für das Verschwinden gesorgt hat.

Auf den ersten Blick erscheint es verwunderlich, daß schon in Blumenthals ursprünglichem Lustspiel ein Ausflugsschiff vor dem Weißen Rößl landet, obwohl Lauffen an keinem See liegt. Aber es gab damals Personenschiffahrt auf der Traun zwischen Lauffen und Bad Ischl. Gegen Abend fuhr das Boot vom Weißen Rößl ab und legte ein paar vergnügliche Minuten später in Ischl bei der Esplanade an.

Ein Kurort, der „solegesättigte Meerbäder" anbot, war ohne Uferpromenade einfach nicht komplett.

Schon einmal in Bad Ischl angekommen, führt uns der
Weg durch enge Gassen den Kalvarienberg hoch. Ein wenig überraschend machen die Häuser einer parkähnli-
chen Anlage Platz, die steil ansteigt und in eine seltsam
ebene Fläche übergeht. Wer den Fuß darauf setzt,
braucht nur noch die Augen zu schließen, ein wenig zu
träumen, und schon ist er in einem der schönsten und
elegantesten Hotels des Städtchens abgestiegen: Ischl
liegt dem Gast freundlich zu Füßen, die Kaiservilla grüßt
als nobles Gegenüber, zur einen Hand schmückt der Jainzen den Horizont, zur anderen die Katrin. 1875, als auch
das neue Kurhaus festlich eröffnet wurde, entstand jenes
Hotel Bauer, in dem sich zum Beispiel S. Exzellenz Mel-
chior von Lonyay, seines Zeichens k.k. Reichsfinanzmini-
ster, die russische Prinzessin Urussow und der General-
adjutant Sr. Majestät, des Kaisers von Rußland, v. Mansu-
row, standesgemäß untergebracht wußten. Doch der
Glanz der großen Ischler Hotels schwand mit dem Kaiser
und bekam einen nicht mehr ganz echten Schimmer, als
zwischen den Kriegen die Welt in Ischl zur Operette wurde. Nach dem Zweiten Weltkrieg diente das Hotel Bauer
wie andere auch als Lazarett, später als Schule. Am Ende
stand ein majestätisch verkommenes Abbruchobjekt.
Auch das elegante Hotel Post und das prachtvolle Hotel
Elisabeth standen lange leer und retteten sich mit letzter
Not in eine neue Identität. Aus dem Hotel Bauer ist ein be-
grüntes Plateau geworden – und einer der exklusivsten
Bauplätze von Bad Ischl.
Auf einem anderen Hügel oberhalb des Kaiserstädtchens,
dem Rettenbachtal zu, umringt eine anmutige Baumgrup-
pe eine hölzerne Bank: Sterzens Abendsitz. Dr. Johann
Nepomuk Sterz war, wie auch sein Freund und großer
Förderer der Kurstadt, Dr. Wirer Ritter von Rettenbach,

Das „Bauer": Die Welt der großen Hotels war für Bad Ischl ohne Kaiser um ein paar Nummern zu groß. Daran änderten auch Operettenfürsten nicht allzuviel.

ein erfolgreicher Wiener Arzt. Als Wirer sein Testament verfaßte, dachte er auch an Dr. Sterz: „Meine wenigen Instrumente sammt den medizinischen Schriften sollen meinem Freunde, Herrn Medizin-Doktor Sterz legiert sein; sowie die Portraite des Herrn Dr.Clopet, des Herrn Dr. Karl Grafen von Harrach und jenes Sr. Excellenz des Herrn Grafen v. Kolowrat mit allen Bildern der Ischler Gegend, sowie mein kleiner Weinvorrath."

In diesem Testament wurde übrigens Bad Ischl sehr großzügig bedacht. Die Stadtväter brachten es allerdings fertig, Dr. Wirer noch kurz vor seinem Tod so zu ärgern, daß er sein Testament änderte, Ischl enterbte und auch nicht mehr in der Stadt begraben sein wollte – und das will was heißen, denn auf dem Ischler Friedhof liegt man bekanntlich in allerbester Gesellschaft.

Weil der Mensch Abwechslung braucht, und weil die Welt nicht nur den oberen Zehntausend gehört, schon gar nicht im Salzkammergut, wenden wir uns einem Wilderer zu und einer kleinen Kapelle, die sich an der Straße von

34

Ebensee zu den Langbathseen an eine Felswand drückt. Sie erzählt das fromme Ende einer der vielen Wilderergeschichten, die es im Lande gibt. Dereinst soll sich ein Wildschütz auf der Flucht vor dem Jäger und seinen Helfern tagelang zwischen den Felsen versteckt haben. Als er sich endlich wieder hervorwagte, hob er gottesfürchtig das geschwärzte Antlitz gen Himmel und tat ein Gelübde. Wenig später stand am Ort seiner glücklich gelungenen Flucht eine schmucke Andachtsstätte. Seitdem bewegt sich Jahr für Jahr ein Pilgerzug von Ebensee aus dorthin, und daß auch immer ein paar wettergegerbte Männer mit verwegenen Gesichtern und andächtig wippenden Gamsbärten dabei sind, hat weiter nichts zu sagen.

Ein weiteres Denkmal Ebenseer Frömmigkeit steht, für Autofahrer nicht sichtbar, auf halbem Weg nach Traunkirchen am Seeufer: das Bartlkreuz. Die Ebenseer hatten lange keine Möglichkeit, den Gottesdienst im Ort zu feiern: erst 1655 wurde eine Kapelle errichtet, und bis die Kirche eingeweiht werden konnte, vergingen noch über sieben Jahrzehnte. Darum steht sie auch heute nicht im Mittelpunkt des Ortes, sondern dort, wo eben Platz war und keine Überschwemmung drohte. All die Jahre zuvor mußte zum Gottesdienst die weite Strecke nach Traunkirchen in schweren Salzzillen gerudert werden. Das Bartlkreuz markiert die Stelle, wo die ermüdeten Ruderer gegen frische ausgewechselt wurden. Vor der Heimfahrt durften die durstigen Kirchgänger dann endlich beim „Hofwirt" einkehren. Die Gefahr, daß zuviel getrunken wurde, bestand ohnedies nicht, denn der Lohn der Ebenseer Kammerarbeiter war mehr als bescheiden, dafür konnten sich die Preise in der Taverne sehen lassen.

Es folgt eine kleine, aber recht steile Bergwanderung. Sie führt auf den Baalstein bei Traunkirchen, wo oberhalb des sogenannten Zellers zwei überhängende Felswände zu finden sind, die seltsame Schriftzüge und Zeichnungen tragen. Buchstaben und Jahreszahlen sind zu erkennen – zum Beispiel 1691; IHS, das Monogramm Christi; IP, in pace; dazu kommen Doppelrauten und christliche Symbole.

Die beiden Felswände sind ein steinernes Totenbuch. Als die Gegenreformation auch in Traunkirchen einsetzte und die Jesuiten mit harter Hand versuchten, den Menschen beizubringen, woran sie freiwillig zu glauben hatten, wurden Lutheraner zu Menschen zweiter Klasse. Sie durften zu keiner „Kayserlichen Arbeit" eingeteilt werden, ihr Briefwechsel wurde vom Salzoberamt zensuriert, und die Einfuhr von Büchern unterlag einer strengen Kontrolle. Vor allem aber mußten sie ihre Toten außerhalb des Friedhofs in ungeweihter Erde bestatten, ohne Glockengeläut und Gesang. So waren eben bis ins 19. Jahrhundert zwei verborgene Felswände am Baalstein Orte heimlichen Totengedenkens.

Wieder am Seeufer, in der Hasenau, wechseln wir von steinernen Zeitzeugen zu solchen sehr verletzlicher Natur. Hier gedeiht in einer Wassertiefe von 30 bis 150 cm ein Blümchen, das man in den Fluten des Traunsees eigentlich kaum vermuten würde: eine ganz spezielle Abart des Sumpfvergißmeinnichts. Der Hallstätter Heimatforscher Dr. Friedrich Morton hat es 1954 als einzige Vergißmeinnichtart beschrieben, die sich die Extravaganz leistet, völlig unter Wasser zu blühen, und es mit dem entsprechenden Namen geschmückt: Myosotis Palustris forna submerse florens mihi Morton. Bei dem Versuch, die Blume auch außerhalb des Wassers zu kultivieren, stellte sich heraus, daß sie zwar blühte, aber sich nicht fortpflanzte – das funktioniert nur unter Wasser.

Heutzutage hat der zunehmende Badebetrieb dem ursprünglich reichen Bestand arg zugesetzt, und man wird wohl damit rechnen müssen, daß bald keine Blüten mehr zu finden sind. Auch im Salzkammergut bringt es der Mensch fertig, sich selbst zu bestehlen.

Solchermaßen nachdenklich gestimmt, sollte man es nicht versäumen, in der Kirche von Altmünster dem zu seiner Zeit wohl meistgehaßten Mann zu begegnen: Spitzbärtig und voll selbstgefälliger Wohlbeleibtheit blickt Adam Graf Herberstorff von seinem Grabmal. Als Statthalter des an Bayern verpfändeten Landes regierte er auf Schloß Ort mit solch perfider Grausamkeit, daß sich Wut und Verzweiflung der Bauern in einem Aufstand entluden. Am Ende des Bauernkrieges blieb ein großes, stilles Grab, der Bauernhügel in Pinsdorf bei Gmunden. Als 1883 ein Schacht für die Errichtung eines Denkmales ausgehoben wurde, erzählten die Funde eine schreckliche Geschichte: Zwar wurden Menschenknochen und Zähne gefunden, auch Milchzähne, die bewiesen, daß Kinder in der letzten Schlacht mitgekämpft hatten, aber kaum irgendwelche Gegenstände. Die Leichen waren erst ihrer Habseligkeiten entblößt, dann nackt auf einen Haufen geworfen und mit Erde bedeckt worden. Viele der gefundenen und gesammelten Zähne verschwanden übrigens, um später als grausige Amulette zu dienen. Auch der Bauernhügel in Pinsdorf ist ein Stück Salzkammergut, das lehrt, zu verstehen.

Der beste Platz, um die dunklen Bilder ja doch wieder gegen hellere zu tauschen, ist die Traunbrücke in Gmunden. Die Stadt öffnet sich als prächtige Kulisse für einen See, der sie mit unzähligen, oft rasch wechselnden Bildern und Stimmungen beschenkt. Über diese Brücke führt der Weg „in die Stadt", in das kleine, doch kostbare Innere,

das noch heute die alten Strukturen nachzeichnet: fest-
gefügte Beamtenhierarchien im Salzamt und in der Verwaltung der Gemeinde, die wohlhabende, selbstbewußte
Welt der Salzfertiger und der Händler. Das Gmunden der
Schlösser und Villen, aber auch das Gmunden der einfachen Leute liegt außerhalb. Die Traunbrücke hält alles zusammen, verbindet und trennt.

Diese für Gmunden so wichtige Brücke war 1903, als kai-
serlicher Besuch angesagt war, in einem höchst beklagenswerten Zustand. Vier Jahre zuvor war sie durch
Hochwasser schwer beschädigt worden. Am 14. Juli,
pünktlich um 16 Uhr 25, entstieg Kaiser Franz Joseph
dem „Separatzug" und begab sich zum Trauntor, wo eine
recht illustre Gruppe seiner harrte: König Christian von
Dänemark, dessen Bruder, Prinz Hans von Schleswig-Hol-
stein, der Herzog von Cumberland, die Prinzen Georg Wilhelm und Ernst August sowie der Gmunder Bürgermeister Margelik. Die hohen Herren begrüßten einander,
dann kam auch noch der Bürgermeister zu Wort, erwähnte das Malheur mit der Brücke und tat einen langen Seuf-
zer. Der Kaiser überschritt das wackelige Bauwerk kühnen Fußes und tat auch gleich einen für Gmunden sehr
erfreulichen Ausspruch: „Da muß etwas geschehen!" Am
18. August 1905, am Geburtstag des Kaisers, wurde die
neue Traunbrücke feierlich eröffnet, und Seine Majestät
hatte sogar gestattet, ihr seinen Namen zu geben. Auch
die alte hölzerne Behelfsbrücke kam noch einmal zu Ehren: sie bog sich ächzend unter der Last unzähliger Zuschauer, hielt aber trotz gegenteiliger Befürchtungen
stand.

Gleich nach der Eröffnung wurde an den Kaiser ein Huldi-
gungstelegramm abgeschickt, in dem die Gmundner ba-
ten, „den Ausdruck unvergänglicher Dankbarkeit mit der

„Da muß etwas geschehen!" Gmunden ohne stabile Traunbrücke
wäre fast so schlimm gewesen wie Ischl ohne den Steg zur Schratt-
Villa.

Versicherung unterbreiten zu dürfen, daß alles von dem
Bewußtsein durchdrungen ist, daß dieses großartige, so
sehnlich gewünschte Werk seine Entstehung dem Macht-
worte des geliebten Monarchen verdankt".
Heutige Staatsoberhäupter erhalten derlei Telegramme
nur noch sehr selten.
Noch ein kleiner Abstecher ins Almtal sei gestattet. Hier
findet sich ein Wegweiser, der den eigenartigen Flurna-
men „Frauenweide" trägt. Wer meint, hier vegetarisch le-
benden Damen auf der Spur zu sein, irrt. Vielmehr handelt es sich um eine der zahlreichen Besitzungen des
Nonnenklosters Traunkirchen, unter anderem Güter und
Forste, zu denen die „Traiddienste" von Mühlen kamen,
Bergrechte, Fischweiden und beträchtliche Salzdeputate.
Traunkirchen ist die Urpfarre des Salzkammergutes. In
Gmunden war die weltliche Macht zu Hause, in Traunkirchen die geistliche.

Damit verlassen wir den salzigen Teil des Salzkammergutes und gönnen uns einen Luftsprung auf den Wachtberg, um von dort den Blick auf den Attersee und auf Weyregg zu genießen. Ganz oben, am „Gupf", gibt es einen Aussichtsplatz, und an schönen Tagen, wenn die Wasserfläche des Sees wirklich still ist, erkennt man links vom Landungssteg in einiger Entfernung die dunklen Umrisse einer befestigten römischen Hafenanlage – vermutlich der größten an einem Binnensee. Vom Ruderboot aus sind dann auch wirklich etwa einen Meter unter der Wasseroberfläche Pflöcke und Steine zu sehen. Die Anwesenheit der Römer in Weyregg wurde 1924 eindrucksvoll bestätigt, als man Grundmauern und Mosaikfußböden von drei römischen Villen freilegte. Viel früher, 1871, fand man vor Weyregg Reste einer Pfahlbausiedlung, und ein Jahr später entdeckte Matthäus Much Pfähle im Mondsee, beim Abfluß der Seeache. Er leitete eine jahrelange systematische Forschungsarbeit ein. Zahlreiche Funde ergaben schließlich das erstaunlich farbige Bild einer jungsteinzeitlichen Kultur – der Mondseekultur.

Themenwechsel. Wer meint, ein paar reiselustige Schriftsteller im Verein mit Seiner Majestät, dem Kaiser, hätten den Fremdenverkehr im Salzkammergut erfunden, irrt gewaltig. Wer sich vom Gegenteil überzeugen will, tut das am besten in St.Wolfgang am Wolfgangsee, und zwar vor dem Pilgerbrunnen. Dieses im Jahr 1515 vollendete Werk eines Passauer Bronzegießers und Büchsenmachers ist zwischen der Pfarrkirche und dem ehemaligen Konventgebäude zu finden. Natürlich wurde der Brunnen zu Ehren des heiligen Wolfgang errichtet, aber es spricht nichts dagegen, wenn ein gottgefälliges Kunstwerk auch den Menschen zugute kommt. Schließlich mußte der Pfarrhof mit Trinkwasser versorgt werden, und an durstigen Pilgern herrschte ebenfalls kein Mangel: Seit der Mitte des 13. Jahrhunderts wuchs die Zahl der Wallfahrer ständig. Um 1500 gehörte St. Wolfgang mit Rom, Einsiedeln und Aachen zu den bedeutendsten Wallfahrtsorten Europas. Von weit her kamen die frommen Scharen „gen sant Wolfgang ins pyrg". Viele trugen Bußkreuze, schleppten schwere Steine mit sich, quälten sich mit eisernen Ringen um den Leib und um den Hals, mit Linsen oder Steinchen in den Schuhen. Allein die „Wolfgangs-Bruderschaft" zählte weit über 20.000 Mitglieder, von denen jedes die Pflicht hatte, täglich den Heiligen anzurufen und zu bitten: „Rott aus dy Ketzerey, Inn todtbett steh unns bey, Gieb fridsames gmieth, Vor Schawer uns behiet!"

Auch für Mitbringsel war gesorgt: Amulette, Talismane, „Wolfgangihackln" (verkleinerte Nachbildungen jenes legendären Beiles, das der Heilige vom Falkenstein in die Tiefe schleuderte), heilsames Wasser in „Wolfgangiflascheln", St. Wolfgang aus Blei geformt für Stadeltüren, Gnadenpfennige, Andachtsbildchen und nicht zuletzt ein bei Frauenleiden wundersam wirkendes Pulver, das ausgerechnet aus den Köpfen von Kröten gewonnen wurde.

Es gibt keine Angaben über das Ausmaß der mittelalterlichen Pilgerströme, aber einige zehntausend zählten sie bestimmt. Im ausgehenden 16. Jahrhundert verringerten die Ausbreitung des evangelischen Glaubens und wiederholte Pestsperren die Zahl der Wallfahrer, St. Wolfgang, glänzend reich gewesen, versank in Stille und Armut. Wer als Holzarbeiter für die Saline Arbeit fand, konnte schon von Glück reden – und war natürlich Protestant.

Doch schon eine Generation später erkannte man in St. Wolfgang die neuen Zeichen der Zeit und war so katholisch wie eh und je. Die Wolfgangs-Bruderschaft wurde erneuert, und im Bauernkrieg halfen bewaffnete Bürger bei der Sperre von Pässen und beim Einfangen eines lutheranischen Anführers. Die Wallfahrt lebte allmählich wieder auf, und am Beginn des 18. Jahrhunderts kamen Jahr für Jahr schon an die 19.000 Pilger. Dann aber machte die Aufklärung jeglichen Wunderglauben lächerlich, Wallfahrten wurden eingeschränkt, Joseph II. wollte sie ganz verbieten. Von neuem brachen böse Zeiten für St. Wolfgang an, bis Mitte des 19. Jahrhunderts mit dem erwachenden Fremdenverkehr endlich wieder Gäste kamen – nicht mehr ganz so fromm, aber zahlreich und zahlungswillig.

DER STAAT IM STAAT

Als Herzog Albrecht I. im Jahre 1298 seiner Gemahlin Elisabeth mit leichter Hand das Salzkammergut als Morgen-
gabe schenkte, gab es das Salzkammergut als solches
noch nicht. Aber in Aussee und Hallstatt wurde Salz ge-
fördert und gesotten und auf Traunschiffen durch das
Ischlland und über den Traunsee nach Gmunden und weiter befördert. Schon 1311 wurde der Traunfall schiffbar
gemacht. Hallstatt, Lauffen, Ischl und Gmunden erhielten
Salzhandelsrechte. Statt eines exakt definierten „Kam-
mergutes" existierte also ein ziemlich intensiv genutzter
Wirtschaftsraum im Machtbereich des Herzogs, dessen
Strukturen sich ganz einfach aus der Praxis ergaben.
Rund um das Salz entstanden die notwendigen Berufe
und sehr bald kamen die leider auch notwendigen Beamten dazu. Doch bis zur Wende vom 15. zum 16. Jahrhundert ist in den Berichten der Hofkammer nicht vom Salzkammergut, sondern vom „Ischlland" die Rede, und damit war die Gegend zwischen Hallstätter See und Traunsee gemeint – ohne Ausseerland. Die Ausseer Halliger waren im Mittelalter die eigentlichen Herren (auch ein paar
Frauen waren darunter) der Salzgewinnung, und von einem Monopol der Hofkammer konnte keine Rede sein.
Aber auch später, nachdem Friedrich III. die Genossen-
schaft der Halliger aufgelöst hatte, blieb das Ausseerland
ein Sonderfall. Es gab einen Bruderzwist im Hause Habsburg: Friedrich III., der das Ausseer Salz beanspruchte,

focht mit Albrecht VI., der die Macht über Hallstatt hatte, einen erbitterten Erbfolgestreit aus. Den Leuten in Hallstatt und Aussee wurde das Gerangel über ihren Köpfen und auf ihre Kosten bald zu dumm, und 1463 trafen einander ein paar aufrechte Männer am sozusagen neutralen Koppen und schlossen kurzerhand einen Privatfrieden: „… daß beide Salzsieden Hallstatt und Aussee mit ihren Zugehörungen in Fried bleiben und denselben Frieden bis auf den nächstkünftigen St. Michelstag treulich halten wollen, alle Arglist hintangesetzt". Vorsichtig fügten die gewitzten Salzkammergütler aus Hallstatt noch hinzu: „Es sei denn, daß unser gnädiger Herr, Erzherzog Albrecht, den Frieden nicht halten wollte, nachdem wir denselben Frieden für uns ohne Wissen unserer Herrschaft gemacht haben." Nachdem dann endlich Friedrich das Land unter der Enns und Albrecht das Land ob der Enns verbrieft bekam, gingen beide Herrscher hurtig daran, ihre Salzbergwerke und Salinen geldbringend zu verpachten. Die Pächter ihrerseits beuteten die Salzvorkommen rücksichtslos aus, ohne in deren Entwicklung zu investieren. Erst unter Maximilian I. wurde das Salzwesen neu geordnet und straff organisiert, doch nach wie vor gab es zwei getrennt verwaltete Salzkammergüter, ein steirisches und ein oberösterreichisches. Allzu streng sollte man diese Unterscheidung allerdings nicht sehen: Am Michel-Hallbach, der in Oberösterreich, an der Grenze zur Steiermark, an der Westseite des Sandlings in den Leislinggraben fließt, gab es im 16. Jahrhundert ein Ausseer Salzbergwerk, die Knappen wurden aber zum Teil vom Hofschreiberamt Hallstatt beigestellt.

Jene penible Grenzbeschreibung, die der k.k. Forstbeamte Johann Steiner im Jahre 1820 veröffentlichte, grenzt jedenfalls das steirische Salzkammergut ebenso herzlos

44

Der Hallstätter See gehört seit jeher in das vielfach beschriebene „oberennische Salzkammergut", während das Ausseerland, wie es seine Art ist, erst einmal für sich selbst Geschichte machte.

wie konsequent aus. Noch genauer beschreibt die Zeitung „Echo aus den Bergen – Organ für das innere Salzkammergut" in ihrer Ausgabe vom 18. 2. 1874 die Grenzen: „Im Osten von der Marktanne in Ebensee über den Steinberg, Moosau, Kreuzkogel, Brunnthalgupf, Roßkopf, Gschirrkogel und Hochpfad, bis zum Weißhorn im Offenseer Gebirge. Vom Weißhorn über den Rinnerkogel, Scheiblingkogel, Schönberg, Brunnkogel, Sandling, Pötschenwand, Schwarzkogel, Saarstein, Schneegraben, Koppen, Gschirrkogel, Pfalzkogel, Koppeneck und Koppenkarstein. Im Süden: Vom Koppenkarstein über den Eselstein, Dachstein, Nieder- und Hochgrumet, Zwieselberg, Großwand, Mandlkogel, Nieder- und Hoch- Falchkogel, Donnerkogel. Im Westen: Brunnkar, Heidekhorn,

Gugitzkogel, Paß-Gschütt, Rueßberg, Brettkogel, Jägerkogel, Traunwand, Plattenek, Bärnpfadkogel, Schoberstein, Bergwerkkogel, Mitterkogel, Laufnerberg, Schiffau und nach dem Dürrenbach abwärts, zum Ischlbache. Von da an über die Zimnitz, den Leonsbergzinken, Trattenspitz, Störereck zum Röhringmoos, aufwärts über die Rehstätte bis zum Pfaffengraben, unter den Rothenkogel über das Gränzeck zum Brunnkogel. Im Norden: Vom Brunnkogel über den Eibengupf bis Dürrengraben, dann abwärts zu den Langbathseen und dem gleichnamigen Bache, diesem nach zur Traun an den Traunsee, nach dem Seegestade hin zum Rinnbache (Rindbach) und von da an wieder zur Marktanne."

Allen, die jetzt den unwiderstehlichen Drang verspüren, die einzig echten und wahren Grenzen des oberennischen Salzkammergutes eigenen Fußes abzuschreiten, hat das „Echo aus den Bergen" Mahnung und Motivation anzubieten: „Rüstige, alle Beschwerden und Entbehrungen einer Alpenreise im vollsten Sinne des Wortes gewohnte Wanderer mögen es unternehmen, nach dem hier angezeigten Grenzrayon einen Ausflug zu machen. Die Reise ist äußerst beschwerlich, und nur für geübte, feste Alpengänger geeignet. Aber sie bietet auch Genüsse der höchsten Art. Nach der hier gegebenen Andeutung, und mit der Salzkammergutkarte von Souvent wird man sich leicht orientieren können. Bei alle dem sind aber gute, verläßliche Führer, welche man unter den Salinenarbeitern und Holzknechten stets findet, unentbehrlich. Dr.F.C.Weidmann hat diesen Ausflug 1817 und 1839 unternommen, und fand sich für alle Beschwerden reich belohnt, durch die Fülle erhabener Naturszenen, welche ihn fortwährend umgaben."

Großes Gedränge wird es auf diesem ersten Salzkammer-

Häuser wie dieses haben sich seit der Zeit der ersten, kühnen Salz-kammergut-Wanderer kaum verändert: Sie waren eben schon da-mals perfekt.

gut-Weitwanderweg wohl nicht gegeben haben. Die er-sten Vergnügungsreisenden, die sich ins Land wagten, kümmerte der genaue Grenzverlauf wenig. Für sie war das Salzkammergut eine Fülle wunderschöner Landschaften, ein Lebensraum, dessen Entwicklung durch Jahrhunderte vom Salz geprägt worden war. Mit dem Salzkammergut im ursprünglichen Sinn ging es in dieser Zeit bereits Schritt für Schritt zu Ende. Die Privilegien des Salzamtes wurden beschnitten, und mit dem Revolutionsjahr 1848 verlor Gmunden auch den letzten Rest beamteter Autorität. 1850 degradierte man das ehrwürdige Salzamt zu einer pragmatischen Salinen- und Forstdirektion. Gleichzeitig trat der Salzkammergut-Fremdenverkehr über die alten Grenzen und umfaßte bald die gesamte Seenlandschaft und ihre Seitentäler. Somit gibt es nun auch ein salzburgisches Salzkammergut – ein später Triumph über die rabiate Habgier, mit der Salzburger Fürsterzbischöfe den österreichischen Salzherren das Leben schwermachten. Den Fremdenverkehrsfachleuten heutzutage kann es nur recht sein, wenn ein traditionsreicher, allseits bekannter Begriff für ein möglichst großes Gebiet gilt. Das alte Salzkammergut war eng und abgeschlossen, einerseits durch Privilegien bevorzugt, andererseits durch rigide Regelungen eingeschränkt: Kein Bewohner durfte es ohne Erlaubnis verlassen, niemand durfte sich ohne Bewilligung ansiedeln, für eine Heirat war die Zustimmung des Salzamtes vonnöten. Das neue Salzkammergut ist weit und offen, ein Stück Österreich, nicht mehr, könnte man meinen. Aber ein paar hundert Jahre ungestörtes Eigenleben machen sich auch in einer Gegenwart bemerkbar, in der jeder kommt und geht, wie er will. Es gibt gewachsene Strukturen, die sehr tief wurzeln und jene Vielfalt begründen, die am Salzkammergut immer wieder überrascht. Ein schönes Beispiel für hintersinnige Willkür und zierliche Verschrobenheit stellt der Grenzverlauf zwischen den Bundesländern dar.

Als Ergebnis eines jahrhundertelangen, unendlich komplizierten Wechselspiels zwischen kunstvoll ineinander verstrickten Eigentumsansprüchen und Nutzungsrechten ergaben irgendwie nicht ganz nüchtern wirkende Linien, die verspielt und voll erstaunlicher Wendungen wohl auch das Gemüt jener Geschlechter widerspiegeln, die sie zeichneten. Zwischen Salzburg und Oberösterreich folgt die Grenze ein Weilchen der Vöckla von Norden nach Süden, als wolle sie den Zeller See (auch Irrsee) rechts liegen lassen, hüpft dann aber im spitzen Winkel zurück, umkreist den kleinen See in respektvoller Entfernung und überläßt ihn damit den Oberösterreichern. Dann nähert sie sich gezackt und gewunden dem Mondsee, rückt bei Scharfling wie aus einem plötzlichen Entschluß dicht ans Ufer, fließt mit der Seeache dem Attersee zu und tut so, als wolle sie nicht damit aufhören, seine anmutigen Krümmungen nachzuzeichnen, bis sie zu einer dermaßen kuriosen Kehrtwendung ansetzt, daß der nette Ort Burgau zwar am Attersee liegt, aber nach Salzburg, zur Gemeinde St.Gilgen am Wolfgangsee, gehört. Dieser kartographischen Pointe folgt gleich die nächste: St. Wolfgang darf zwar bei Oberösterreich sein, der Schafberg, ohne den dieser Ort ganz einfach nicht komplett wäre, ragt allerdings in den Salzburger Himmel, und der Wolfgangsee gehört in seinem nordöstlichen Ufer- und Seebereich zu Oberösterreich, Strobl liegt aber schon wieder in Salzburg. Das alles ist ziemlich kompliziert und hatte früher ja doch einiges zu bedeuten, weil die Grenze zu Salzburg auch einmal Staatsgrenze war. Nach all der Verwirrung zieht die Grenze dann einigermaßen konsequent Richtung Norden, umfängt die Dachsteingruppe und trifft dort auf ihre steirisch-oberösterreichische Amtskollegin. Wer sich die Mühe macht, den zweithöchsten Gipfel des Dachsteingebietes, den Torstein, zu besteigen, darf sich zum Lohn das Vergnügen gönnen, gleichzeitig in drei Bundesländern zu rasten: in einem ruht das Hinterteil und auf den beiden anderen sind die Goiserer aufgestützt. Die Grenze zwischen Oberösterreich und der Steiermark hält es in der Folge eher mit klaren Konturen: Hoch vom Dachstein an hüpft sie vom Koppen über den Sarstein zur Pötschenhöhe und zieht dann weiter über den Sandling zur Ischlerhütte und ins Tote Gebirge.

Es gab jedoch Zeiten, da war dem nicht so. Fast zehn Jahre lang gehörte das Ausseerland zu Oberösterreich, das allerdings 1938 zum „Gau Oberdonau" geworden war. Am 31. Mai des Jahres befahl Gauleiter Bürckel diesen innerösterreichischen „Anschluß", der durch das Gebietsveränderungsgesetz vom 1. Oktober auch im staatlichen Bereich vollzogen wurde. Damit gehörten die Gemeinden Altaussee, Bad Aussee, Grundlsee, Mitterndorf, Pichl und Straßen zum Landkreis Gmunden, der damit gezählte 9.210 Einwohner mehr hatte. Gute Katholiken brauchten sich nicht gar so „angeschlossen" zu fühlen, denn für sie war nach wie vor das Dekanat Aussee im Kreisdekanat Haus zuständig. Als dann 1945 Österreich wieder einmal in Scherben lag, waren die Ausseer über ihre Zugehörigkeit zu Oberösterreich gar nicht so unglücklich, weil hier die Versorgungslage ein wenig besser war; sogar die Bezirke Gröbming und Liezen wollten das Bundesland wechseln. Im Ausseerland war man aber im Grunde genommen seit jeher der Überzeugung, daß Linz ganz bestimmt nicht die richtige Hauptstadt sei, und Graz erst recht nicht. Eine Hauptstadt, die dem Ausseerland gerecht werden konnte, mußte eigentlich erst erfunden werden. Nachdem sich niemand dazu bereit erklärte,

setzte ein heftiges Liebeswerben ein. Linz verwies auf die guten Verkehrsverbindungen und auf das wirtschaftliche Band der Salzvorkommen, Graz versprach, die Zugsverbindungen zu beschleunigen und daß die Ausseer auch als Steirer üppige 1800 Kalorien täglich bekämen, Kaffee und Zucker inklusive. Nach Kriegsende hatte Oberösterreich die Treuhandschaft über das Ausseerland übernommen, dessen Abgeordnete saßen allerdings im steirischen Landtag. 1948 war das Provisorium dann zu Ende, es gab eine Volksabstimmung, bei der man bis heute nicht so recht weiß, ob es wirklich das Volk war, das abstimmte, doch schließlich gab es am 1. Juli 1948 einen Festakt im Kurhaus: Das Ausseerland kam zur Steiermark. Seitdem macht es wieder so richtig Spaß, über Graz zu schimpfen, doch die Grenze am Pötschenpaß hat auch etwas für sich. Außerdem geistert immer noch der Gedanke umher, ob man denn nicht aus dem Salzkammergut ein eigenes Bundesland formen könnte. Die Frage ist nur: Welches Salzkammergut? Und: Mit welcher Hauptstadt? Ischl? Gmunden? Aussee? Lupitsch?
Das Salzkammergut ist und bleibt ein Grenzfall.

ERDGESCHICHTE(N)

Ohne Eiszeit wäre der Sommer im Salzkammergut nur halb so schön. Doch bevor das Gletschereis darangehen konnte, Täler und Becken zu modellieren, mußte eine uralte Gesteinslandschaft zerbrechen. Die Dachsteingruppe und das Tote Gebirge lagen in einem Stück als gewaltiges Kalkplateau auf einer Schieferschicht. Wasser durchdrang den Kalk, wusch Höhlen aus und trat zutage, wo ihm der wasserundurchlässige Werfener Schiefer den Weg versperrte. Dann kam Mutter Erde gemächlich, aber mit großem Nachdruck in Bewegung, und das Plateau zerbrach. Damit waren zwei Gebirgsmassive entstanden. Sie verneigten sich gleich einmal vor dem künftigen Salzkammergut, indem sie zum Graben, der sie nun trennte, einsanken und die Hinterteile hoben: den Hohen Dachstein und den Großen Priel. Ähnlich dramatisch verlief die Entwicklung im gesamten Salzkammergut. Kalkdecken schoben sich auf Grundgebirge, wurden gehoben, gesenkt, zerrissen und brachen zu mächtigen Stirnen ab. Die unterirdischen Wasserläufe bahnten sich neue Wege, füllten Becken aus, vertieften Klüfte, Gräben und Täler. Damit waren die wesentlichen Strukturen des heutigen Salzkammergutes geschaffen.

Die Eiszeit ließ ein paar Millionen Jahre auf sich warten, doch dann erschien sie um so eindrucksvoller: Vom Dachstein herab ergossen sich die Eismassen eines riesigen Gletschers, schürften das Becken des Hallstätter

Hallstätter See und Dachsteinmassiv. Anderswo hat der Schöpfer vielleicht noch ein wenig geübt. Hier war er schon Meister.

Sees aus, schoben sich bis in die Gegend von Ischl vor und wurden durch das Höllengebirge geteilt. Ein Arm endete mit dem Becken des Traunsees, ein zweiter reichte über den Wolfgangsee zum Fuschlsee und gönnte sich unterwegs eine Abzweigung über den kleinen Schwarzensee zum Attersee und über den noch kleineren Krottensee zum Mondsee. Man muß sich das erst einmal vorstellen: Ein Salzkammergut als arktische Landschaft, eine schier unendliche Eisfläche, von Spalten und tiefen Rissen durchzogen, unmerklich, doch kraftvoll bewegt, und nur die höchsten Bergspitzen ragen aus der weißen Einöde.

Als dann auch dieser Jahrtausendwinter zu Ende ging, kamen verbreiterte und vertiefte Täler und Seebecken ans Licht, abgeschliffene Berghänge und Plateaus. Die Gletscherzungen hatten ungeheure Schuttmengen an ihre Ränder und Enden geschoben, die nun als Moränen in der Landschaft lagen, den Lauf von Flüssen lenkten und Seen formten. Derartige Schuttwälle bewirken zum Beispiel, daß die Entwässerung vieler Seen erst einmal eine interne Angelegenheit des Salzkammergutes bleibt: Der Wolfgangsee schickt sein Wasser mit der Ischl nach Ischl, wie sich denken läßt, und erst dann, mit der Traun vereint, Richtung Donau. Der Irrsee und der Fuschlsee wenden ihre Achen dem Mondsee zu, der seinerseits mit dem Attersee verbunden ist, und erst dieser entwässert nicht nach innen, sondern läßt die Ager Richtung Donau plätschern.

Wasser und Wind modellieren sachte weiter an einer Landschaft, an der eigentlich nichts zu zu verbessern ist; zerstören lassen sich die schönen Bilder natürlich schon, aber dafür ist nicht die Natur, sondern der Homo sapiens zuständig, ob er nun häßliche Bauwerke in die Gegend stellt oder, wie am Traunsee, nach und nach einen ganzen Berg zerstückelt.

Von Zeit zu Zeit verändert sich die Oberfläche des Salzkammergutes aber doch – ziemlich radikal, wenn auch nur im Detail.

In der Nacht vom 12. zum 13. September 1920 verschwand zum Beispiel ein beliebter Kletterberg. Der Sandling-Turm, ein isoliert hochragender Felszacken, war 1907 erstmals bestiegen worden. Dreizehn Jahre später stürzte er mit gewaltigem Getöse auf die Vordere Sandlingalm und begrub mehrere Almhütten unter den Gesteinsmassen, die in den folgenden Jahren langsam zum Zimbach hinabrutschten. Der Katastrophe waren Regenfälle vorausgegangen, die sogar sonst durchaus wasserfeste Einheimische besorgt zum Himmel aufblicken ließen, und es gab Überschwemmungen. Daß dabei ein ganzer Berg ins Rutschen kommen konnte, ist nur durch den besonderen

Erdgeschichte im Zeitraffer: ein Berg rutscht aus und zerbricht.

geologischen Aufbau des Sandling zu erklären: Zwischen dem Kalkstock des Gipfels und dem von Kalkschollen bedeckten Haselgebirge liegt – wie eine Bandscheibe in der Wirbelsäule – ein fünfzig Meter breites Band von wasserstauenden Mergeln. Als nun große Wassermengen durch den Kalk sickerten und Mergel wie Haselgebirge dieses Wasser aufnahmen, kam es – medizinisch gesprochen – zum Bandscheibenvorfall. Die Mergelschicht trat aus, der Berg verlor seine Basis und stürzte in die Tiefe. Wer Richtung Ausseerland über den Pötschenpaß fährt, kann die fünfhundert Meter hohe Wand, die durch den Abbruch entstanden ist, noch heute gut erkennen. Eine Stelle heißt dort im Volksmund „Unsinnig Kira", was allerdings nicht zu klerikalen Überlegungen Anlaß geben sollte. Es ist damit keine Kirche gemeint, sondern jener vielstimmige Schreckensschrei, den die Sennerinnen angesichts des Naturereignisses ausstießen. Felsabbrüche und Rutschungen hat es am Sandling immer schon gegeben, und eine davon beendete den Bergbau am Michel-Hallberg.

Aber auch am Goiserer Wurmstein ist die Geologie von ähnlicher Heimtücke – oder es ist an allem doch der sagenhafte König Goiseram schuld; der hatte nämlich nicht nur ein prächtiges Schloß auf dem Arikogel in Steeg, sondern auch noch Glück. Auf der Jagd verfehlte er eine Wildkatze, und das schien einem Zwerg zu gefallen, der ihm ein Loch im Fels zeigte. Der König machte sich aus Neugier ganz unköniglich klein, schloff hinein und vergaß vollends die majestätische Contenance, so reich war der Berg an Schätzen. Zuvor mochte Goiseram königlich gelebt haben, jetzt lebte er kaiserlich, später dann göttlich und endlich teuflisch in all dem Luxus, den er sich nun leisten konnte. Da erschien wieder der Zwerg, hob mahnend einen sehr kleinen Finger und sagte mit erstaunlich tiefer Stimme, daß sich Herr Goiseram gefälligst etwas mäßigen solle. Der aber, voll des süßen Weines, lachte häßlich und rief, der Zwerg werde sich einen Riesenärger einhandeln, wenn er nicht sofort aufhöre, ihm die Laune zu verderben. Der Zwerg sagte nichts weiter, ging und ließ das Goldloch verschwinden. Die Leute des Königs scharrten und kratzten und gruben – doch da war nichts zu finden. Das ärgerte den König und er lebte noch ein wenig gottloser mit dem vielen Gold, das ihm geblieben war. Inzwischen hatte sich allerdings ein Lindwurm still und heimlich durch den Predigtstuhl gefressen, kam ans Licht und nahm als Dessert die Königsburg. Durch das Drachenloch kam eine schreckliche Menge Wasser, das den halben Reichenstein mit sich riß und das schöne Goisern zerstörte. Seitdem heißt der Reichenstein Wurmstein und das gefährliche Wasser Wurmbach, und immer wenn die Goiserer nicht ganz so ernst und gottesfürchtig leben, wie es sonst ihre Art ist, schwillt der Wurmbach an und rutschen drohend die Muren zu Tale.

So ist das eben. Im Jahre 1892 kamen zum Beispiel nicht weniger als 11 Millionen m³ Geröll ins Rutschen, 43 ha Wald wurden zerstört und Häuser mußten evakuiert werden. Der Lindwurm im Wappen von Bad Goisern hat demnach recht reale Hintergründe, und auch die Sache mit dem Loch im Arikogel ist nicht von der Hand zu weisen: Es gibt dort wirklich Stolleneingänge zu finden, die auf Bergbau hindeuten. „Ari" leitet sich ja von Erz oder Gold her. Als die Salzkammergutbahn gebaut wurde, fand man am Arikogel ein römisches Frauengrab mit Schmuckbeigaben sowie einen Stollen, der aus der Römerzeit stammen könnte und heute unter dem Bahndamm vergraben liegt. Aber jenes Erzloch an der Ostseite des Arikogels, das vermutlich die Sage vom König Goiseram meint, steht offen und ist immerhin achtzehn Meter lang. Schätze sind keine mehr zu finden, nur Tonscherben und seltsamerweise eine ungarische Filler-Münze aus dem vorigen Jahrhundert konnten geborgen werden. Auf der Nordostseite des Kogels wurde seit dem beginnenden 19. Jahrhundert immer wieder nach Erz geschürft, die letzten Versuche wurden 1935 unternommen, und die Analyse weist 46% Zinksulfid, 14% Bleiglanz, 33% Pyrit und 7% Kupfersulfid aus – recht interessant, doch praktisch von geringem Nutzen.

Das Salzkammergut trägt seinen Namen schon zu Recht, auch wenn sich eine Menge anderer Schätze finden lassen. Die Gegend ist, um es mit einem Satz zu sagen, reich an armen Vorkommen. Im Ausseerland wurde zum Beispiel im Röthelstein durchaus erfolgreich nach Eisenerz gegraben. Allerdings machte man sich erst später Gedanken darüber, ob der Segen auch kaufmännisch verwertbar sei. Er war es nicht, und noch heute rosten beachtliche Halden vor sich hin. Der Gipsbergbau in Grundlsee ist allerdings ein gewinnbringendes Unternehmen, und weil die dazugehörige Fabrik in Bad Aussee steht, hat das Ausseerland wie auch Ebensee eine Seilbahn, die nicht dem Fremdenverkehr dient – oder doch, weil sie die Straßen entlastet.

Zurück nach Bad Goisern: Hier gab es vermutlich in der Nähe der Bogenschwendalm Eisenerzabbau. Reste der dazugehörigen Schmelzwerke und Hämmer wurden im Weißenbachtal gefunden. Auf der Halleralm, wo ein Wirtshaus steht, das wirklich nur jene finden, die zu den übrigen Gästen passen, deuten salzige Quellen und die Flurbezeichnung „Pfannhaus" auf Salzbergbau hin. Heute noch aktuell ist der Abbau von Kreide in Sarstein bei Steeg. In der Gosau hatte lange Zeit der „Gosauer Schleif-

stein" in den schönen Sortenbezeichnungen „raß", „zäh"
und „lindenweich" Bedeutung. Dieses Vorkommen, das
über vierhundert Jahre lang vielen Gosauern Arbeit und
Brot sicherte, liegt in 1300 m Seehöhe am Löckermoos.

Im Bad Ischler Salzberg wurde bis ins 16. Jahrhundert
auch Eisenerz abgebaut, das auf der Reinpfalzalm verhüt-
tet wurde. Außerdem gab es eine Vitriolsiederei. Diese
ohnehin nicht sehr gewinnträchtigen Aktivitäten mußten
auf Geheiß Ferdinands I. eingestellt werden, weil das
kostbare Holz dem Salzbergbau und den Salinen vorbehalten bleiben sollte. Außerdem gab es in Ischl zwei
Stellen – im Brennertal und im Traungraben –, wo der Ag-
stein abgebaut wurde, eine schleif- und polierfähige Kohle, aus der man Schmuckstücke und Devotionalien her-
stellte.

Eisenerz gibt es auch im Schafberg bei St. Wolfgang, wie
der Almname „Eisenau" bestätigt. Zu Schwarzenbach bei
St. Wolfgang wurde Mitte des 19. Jahrhunderts Kohle abgebaut, und die Benediktinerinnen von Traunkirchen
freuten sich über ihr Silberbergwerk am Bergwerkskogel
zwischen Bromberg und der Hohen Schrott. Gegenüber
von Traunkirchen, wo am anderen Seeufer noch die kleinen Steinbrüche zu erkennen sind, in denen der rote
Traunkirchner Marmor gewonnen wurde, gibt es am Lin-
dachboden entlang des Eisenbaches kleine Glanzkohlen-
flöze, und so mancher Steinbrucharbeiter trug früher seinen häuslichen Brennstoffbedarf abends im Rucksack
nach Hause. Gar wunderlich ist der „Himmelstein" von
den Himmelsteinkögeln zwischen Offensee und Totem
Gebirge, Anhydrit, trefflich geeignet für die Herstellung
von Krippenfiguren und Pfeifenköpfen und so nebenbei auch noch ein erstaunlich universelles Hausmittel.
Eine über zweihundert Jahre alte Handschrift beschreibt

„Tugend und Kraft des Himmels-Stein": „Er ist von weißlicher, rother oder grauer Farbe." Das Pulver, mit einem frischen Ei eingenommen, ist ein bewährtes Mittel „für die rothe Ruhr". Brunnenwasser, welches mit dem Pulver mehrere Stunden stehengelassen wurde, „ziehet die böse Feuchtigkeit aus rothen, flüssigen Augen, wenn sie darmit öfters gewischt werden." Auch bei hitzigem Fieber, Seitenstechen und Kindsblattern tut das Mineral wahre Wunder. Als Stein am Leib getragen, feit er vor Ansteckung, beschützt Kinder, „auf daß sie nicht von bösen Leuten beschryen oder geschröckt werden". Außerdem ist der Himmelsstein auch „sehr heilsam wider viele andere Krankheiten und Zuständ, wie es die häufige und große Erfahrnuß in Österreich, Ungarn und anderen Ländern genugsam erwiesen hat."

Im 18. Jahrhundert wurden in der Windlegern (bei Traunkirchen) Eisenerz und auf der Hochsteinalm Kupfermineralien abgebaut. Im 16. Jahrhundert, zur Zeit der Gewerken im Almtal, wurde auch hier kurzfristig nach Eisenerz geschürft.

Der Abbau von Erz- oder Kohlevorkommen ist Vergangenheit, andere Schätze aus den Tiefen der Berge haben Zukunft, und das Salzkammergut trägt seinen Namen immer noch zu Recht, auch wenn der Salzbergbau längst nicht mehr die bestimmende Wirtschaftskraft im Lande ist. Die alpinen Salzlagerstätten entstanden vor rund zweihundert Millionen Jahren. In abgetrennten Buchten des Urmeeres stieg durch kräftige Verdunstung die Konzentration an gelösten Stoffen, die Buchten trockneten aus, und Meersalz blieb zurück. Im weiteren Verlauf der Erdgeschichte wurden dann die Alpen hochgeschoben und bildschön gefältelt. Bei dieser globalen Kraftanstrengung wurden auch die waagrechten Salzflöze gehoben und recht gewalttätig ins Gestein gepreßt. Das Ergebnis heißt Haselgebirge: eine Mischung aus Sandstein, Ton, Anhydrit, Gips und Salz.

Als gute Gastgeberin hat Mutter Erde hierzulande allerdings auch Flüssiges im Keller: Im Salzbergwerk Altaussee wurde eine Glaubersalzquelle gefaßt und sprudelt verdauungsfördernd im neuen Kurzentrum. In Bad Goisern war nach Salz gesucht worden, als man in 575 m Tiefe auf eine Jodschwefelquelle stieß, mindestens so wirksam wie das Schwarze Meer. Im Ischler Salzberg wurden zwei Kochsalzquellen entdeckt, im Lauffener Erbstollen fließt Heilwasser aus mehreren Schwefelquellen gen Ischl, ins Kurhaus. Doch auch im Kaiserstädtchen selbst sprudeln die heilkräftigen Brünnlein, daß es eine helle Freude ist: Am Traunufer findet sich in der Max-Quell-Gasse die kalziumcarbonathältige Maximilianquelle, und am Fuße des Kalvarienberges, an der Straße nach Salzburg, fließt Marie Luisens Natriumchloridquelle, mit bürgerlichem Namen auch Pfandlquelle genannt. Ein durchaus prominentes Wässerchen ist indes versiegt: Von der Elisabethbrücke traunabwärts, in der Nähe des Ufers, erinnert ein Stein mit der Jahreszahl 1619 und dem Marktwappen an die Wirerquelle, schier unersetzlich bei Unterleibsleiden. 1920 wurde die Straße neu trassiert und die Quelle verschlagen. Quellen sind nun einmal sensible Naturerscheinungen, und nicht zu Unrecht brachte man sie einst mit Quellnymphen in Verbindung, die zwar schön sind, aber leicht zu beleidigen. Am Westufer des Hallstätter Sees, zwischen Steeg und Gosaumühle, steigen Thermalwässer aus der Tiefe, zwischen 29 und 36 Grad warm. Schon vor 1500 gab es hier einen Stollen mit einer Badekammer. Als 1573 mit der Errichtung der Seeklause der Wasserspiegel gehoben wurde, versank die kleine Badeanstalt. In den sechziger Jahren unseres Jahrhunderts rückte dann der Goiserer Heimatverein der Quelle energisch zu Leibe, ein wenig zu energisch vielleicht, denn seither gibt sich das Wasser nämlich auch an dieser Stelle so kühl wie anderswo im Hallstätter See.

Neugierig, wie der Mensch nun einmal ist, interessiert er sich auch dann für das Innere der Berge, wenn keine Schätze zu holen sind, keine materiellen zumindest. Dann heißt die Neugier Höhlenforschung, ist eine Wissenschaft und somit seriös. An die tausend Karsthöhlen sind im Gebiet des heutigen Salzkammergutes bekannt – zählt man das ganze Dachsteinmassiv und das Tote Gebirge dazu –, und es gibt noch eine Menge zu erforschen. Im 19. Jahrhundert, als sich die Region allmählich vom hofkämmerlich behüteten und ausgebeuteten Privatstaat in eine Fremdenverkehrsregion ganz besonderer Art verwandelte, erwachte auch das Interesse an gruseligen Felslöchern aller Art. Viele davon, speziell die bekannteren, in Talnähe, waren von schaurig-schönen Sagen umrankt, und manche erzählen sogar wahre Geschichten, die an Herz und Gemüt greifen. Die Koppenbrüllerhöhle zum Beispiel, am Ausgang des Koppenpasses in der Nähe von Obertraun, weiß von einem Deserteur, dem Franz Engel, zu berichten, der sich 1774 hier versteckt hielt. Seine Freundin, die Hofer-Sef, versorgte ihn treu und tapfer mit Speis und Trank und Neuigkeiten. Als er ernsthaft krank wurde, pflegte sie ihn gesund. Doch eines Tages, es war schon spät im Jahr und eisig kalt, lag sie selbst darnieder und ihrem Freund blieb bald nicht anderes mehr übrig, als den greisen Pfarrer von Obertraun, das damals noch Traundörfel hieß, um Beistand zu bitten. Für das letzte Wegstück verband er dem geistlichen Herrn die Augen und trug ihn auf den Schultern in die Höhle. Das tapfere Mädchen empfahl seine Seele dem Himmel, und Franz Engel verlor darob jede Freude an seinem Höhlenleben. Er richtete ein flehentliches Bittgesuch an Maria Theresia, wurde begnadigt und, wie zu lesen steht, „einer nützlichen Arbeit zugeführt".

Der Schauplatz dieser unterirdischen Tragödie mit oberirdischer Moral ist eine aktive Wasserhöhle, eine sehr aktive sogar: Nach Wolkenbrüchen oder bei starker Schneeschmelze tost ein reißender Wildbach durch die dunklen Klüfte – der Koppen „brüllt". Trotz dieser jähzornigen Eigenschaften wurde die derzeit drittgrößte Höhle des Dachsteinmassivs schon 1910 als erste Schauhöhle des Salzkammergutes eröffnet und ist heute gefahrlos zu besichtigen. Als Professor Friedrich Simony, der legendäre Erforscher des Dachsteinmassivs, in den achtziger Jahren des 19. Jahrhunderts mehrmals die Höhle aufsuchte, war das ein ebenso gefährliches wie mühsames Unternehmen. Sein auffallendes Interesse und der Umstand, daß er mehrmals Sand und Gesteinsproben aus der Höhle mitbrachte, gab zu den ergötzlichsten Gerüchten Anlaß. Sollte der Herr Professor unter die Schatzsucher gegangen sein? Bei den „Schätzen" handelte es sich – im heutigen geologischen Sprachgebrauch – um „Augensteine": Gesteinsmaterial aus den Zentralalpen, das seltsamerweise in den Kalkalpen abgelagert wurde und damit Rückschlüsse auf großräumige Entwicklungen ermöglicht.

Eine andere Höhle, das „Schusterloch" bei der Goiserer Wiesalpe, erwies sich 1879 als natürliche Falle, und sie wäre es, ohne Absicherung, auch heute noch. Der Schuhmacher Franz Neubacher, frohgemut zur Wieshütte unterwegs, suchte sich, ein wenig eigensinnig, wie er war,

Forschergeist gegen Aberglauben: erste Helden der Tiefe in der Gassl-Höhle bei Ebensee.

seinen eigenen Weg über das Wiesmoos. Es war gegen zehn Uhr abends und ziemlich dunkel, als er plötzlich den Boden unter den Füßen verlor. Er prallte nicht allzu hart auf, murmelte etwas Unfeines und zündete ein paar Streichhölzer an, um sich zu orientieren: Er war in ein tiefes, schachtartiges Loch gefallen, und zu seinem Schrecken sah er sich von bleichem Gebein umgeben, sogar ein mächtiges Geweih war zu erkennen. Der Schacht war etwa eineinhalb Meter weit, und hoch oben konnte der gefallene Schuster noch Fetzen jenes Rasens sehen, der so trügerisch das Loch verdeckt hatte. Er konnte auch hören, wie in der Wieshütte seine Freunde tanzten und strampften, und er dachte, daß er nie mehr tanzen und strampfen werde, gelänge es ihm nicht, hier herauszukommen. Er war ein guter Kletterer, und den Bergstock hatte er auch bei sich, doch er brauchte die ganze Nacht, um die zehn Höhenmeter zu überwinden. Als er gerettet war, war's auch mit seiner Kraft zu Ende: drei Stunden blieb er liegen. Der Fall erregte solches Aufsehen, daß sogar gelehrte Herren der k.k. Geologischen Reichsanstalt gemessenen Schrittes herbeieilten und die einen Meter mächtige Knochenschicht auf dem Boden der Höhle untersuchten. Das große Geweih stellte sich als Haupteszierde eines vor urdenklichen Zeiten verblichenen Elches heraus und liegt heute im Wiener Naturhistorischen Museum.

Auch das Höllenloch nahe der Anzenau-Mühle bei Lauffen ist von alters her bekannt. Der k.k. Forstbeamte Johann Steiner beschreibt es in „Eine Wanderung im Jahr 1820 durch die Österreichische Schweiz" als „Höhlloch": „Es ist eine Felsenhöhle, die durch mehrere Klafter weit in den Berg hineingeht, und mannigmal auf- oder abwärts sehr mühsam befahren werden muß, man kömmt sodann zu einem Wasser, durch welches man bey trockner Jahreszeit durchzuwaden oder sich von einem Führer hinübertragen zu lassen wagen darf." Der wagemutige Wanderer fügt aber auch noch mahnende Worte hinzu: „Der Aberglaube findet noch heut zu Tage bey den gemeinen Menschen häufige Nahrung an dieser Höhle, indem sich schon oft dumme, geldsüchtige,auch einzelne neugierige Menschen in diese Höhle, die in ihrem Inneren mehrere Seitenschluchten hat, wagten und entweder in einem Wassersumpfe durch Ertrinken ihr Leben endigten, oder, wenn sie nicht mehr herausfanden, aus Hunger und Verzweiflung martervoll ihren Geist aufgaben; aber nach dem Aberglauben des gemeinen Mannes allgemein vom Satan, der den Schatz hüthet, geholt seyn mußten. Ganze Kadaver und einzelne Gebeine solcher Verunglückten fand und findet man noch."

Natürlich gibt es auch für das Wasser in der Höhle eine

Die Anzenaumühle wird als Objekt schon im Traunkirchner Urbar von 1325 erwähnt. Noch in den fünfziger Jahren flackerte in der Rauchküche offenes Feuer.

einsichtige Erklärung: Ein stattlicher Jägersmann war häufig hier zu sehen. Wenn ihm ein schönes Fräulein ins Auge fiel, begann er wie mit Engelszungen zu reden, um es in die Höhle zu locken. Er sparte nicht mit den süßesten Komplimenten und es fiel dabei gar nicht auf, daß er ziemlich stark nach Schwefel roch. Eines Tages geschah, was geschehen mußte: Anna, ebenso schön wie einfältig,

66

folgte seinen Lockrufen und ward nie mehr gesehen. Doch wer die Höhle betritt, holt sich nasse Füße von den vielen Tränen, die Anna seitdem geweint hat.

Mit dem beginnenden 20. Jahrhundert wurde es unter Tags für Teufel, Jungfrauen und Deserteure ungemütlich, denn nun machten die Forscher ernst und ließen dabei jede Wundergläubigkeit vermissen. 1910 wurden die Dachstein-Rieseneishöhle und die Dachstein-Mammut-höhle entdeckt, riesige Hallen und ausgedehnte Labyrinthe, die bewußt machten, wie gewaltig und vielfältig miteinander verbunden man sich die dunkle Welt im Berg vorzustellen hatte. 1918 wurden wichtige Bereiche der Grassl-Tropfsteinhöhle bei Ebensee erforscht, 1924 begann Otto Körber im Toten Gebirge mit der Erkundung der Salzofenhöhle, einer Wohnhöhle späteiszeitlicher Bärenjäger. 1949 gab es erste Berichte über die Hirlatz-höhle, deren Eingang sich im Echerntal bei Hallstatt befindet. In den letzten Jahren wurden immer weitere Bereiche dieses Höhlensystems entdeckt. Derzeit ist die Hirlatzhöhle mit 51 km vermessener Ganglänge die größte Höhle Österreichs.

Bleibt nur noch, dem Superlativ einen leisen, aber kostbaren Akzent hinzuzufügen: Die Rötelseehöhle am Ostufer des Traunsees ist nicht sehr groß, aber sie birgt eines der schönsten unterirdischen Gewässer, den einzigen Höhlensee im Salzkammergut, der es zu einem kartographisch verbrieften Namen gebracht hat.

UNTERWEGS IN DIE TIEFE DER ZEIT

Als die ersten Knappen den bergmännischen Abbau der Lagerstätten im Salzberg von Hallstatt wagten, war Rom tiefste Provinz, in Jerusalem folgte auf die Herrschaft König Davids die Regierung des weisen Richters Salomon, der blinde Dichter Homer verfaßte die Odyssee, und wo heute Wien steht, strichen Bären und Wölfe durch dunkle Wälder, da und dort siedelten Bauern oder Fischer und nur auf dem Leopoldsberg gab es eine befestigte Anlage. In den folgenden drei Jahrtausenden blühten Kulturen auf und versanken, und im zunehmend intensiveren Wechselspiel der wirtschaftlichen, kulturellen und politischen Kräfte entstand eine Weltordnung, in der nur das Prinzip der Veränderung wirklich Bestand hat. Doch Hallstatt liegt wie ein schwerer archaischer Klotz im Strom der Zeit: Alles mag sich geändert haben, die Arbeit der Knappen im Berg jedoch ist ihrem Wesen treu geblieben. Ein Bergmann aus der Bronzezeit hätte mit seinem Berufskollegen aus der Gegenwart eine durchaus aktuelle Gesprächsbasis; es gäbe eine Reihe von Themen, die gemeinsam interessierten. Das erklärt auch die lebendige, unsentimentale Beziehung der Hallstätter Bergleute zu ihrer reichen Vergangenheit, die hellwache Wißbegierde für die tiefen Wurzeln eines uralten Berufsstandes. Die Auseinandersetzung mit einer unvorstellbar fernen Zeit findet dabei nicht nur in den Köpfen statt: Während der Arbeit im Salzberg kommt es immer wieder vor, daß sich neue Stollen oder Laugwerke mit Anlagen des prähistorischen Bergbaus verschneiden – dann treffen Vergangenheit und Gegenwart unmittelbar und intensiv aufeinander. Oft genug entscheiden ein paar Zentimeter Gestein darüber, ob historische Fundstücke entdeckt werden oder verborgen bleiben.

Die Geschichte der Funde im Salzberg oder unter den Wiesen des Hochtales erstreckt sich über Jahrhunderte und ist reich an dramatischen Höhepunkten und Ergebnissen von überragender Bedeutung.

Menschen kamen erstmals in der ausgehenden Steinzeit, jener Periode, der auch „Ötzi", der Gletscherfund auf dem Hauslabjoch, zugeschrieben wird, in das Gebiet um Hallstatt. Vor allem im Salzberg-Hochtal wurden zahlreiche bearbeitete Steinwerkzeuge gefunden. Mit großer Wahrscheinlichkeit ist anzunehmen, daß die steinzeitlichen Jäger hier oben Wild beobachteten, wie es an Tümpeln salziges Wasser leckte, und recht bald den Gedanken faßten, diese natürliche Sole zu nutzen. Funde aus der mittleren Bronzezeit weisen bereits unmißverständlich auf Salzgewinnung hin: Fünf große, aus Holz gezimmerte Bassins konnten nachgewiesen werden, die offensichtlich dazu dienten, wilde Quellsole zu sammeln, die dann in speziellen Tongefäßen versotten wurde.

In der späten Bronzezeit, um das Jahr 1000 vor Christus, wurde in den Anlagen der „Nordgruppe" damit begonnen, Salz auch bergmännisch abzubauen. Die Lage der Funde in großer Tiefe und auf engem Raum läßt auf einen schachtartigen Bergbau schließen, mit dem man der Salzstruktur „im Fallen", also in die Tiefe, folgte. Es ist unbekannt, welches Ereignis dazu führte, daß dieses Bergwerk plangemäß stillgelegt wurde, wie das aus der Anordnung und Beschaffenheit der Fundstücke abzulesen ist. In den folgenden Jahren drang Wasser ein, das Bergwerk ersoff und versandete.

Die Fundpunkte der Ostgruppe, aufgereiht wie Perlen an einer Schnur, geben Zeugnis von einem neuen Bergwerk, das in der älteren Eisenzeit betrieben wurde. Im Gegensatz zur schachtartigen Anlage der Nordgruppe wurde hier das Salz dem Streichen folgend abgebaut, die Stollen führen annähernd waagrecht in die Lagerstätte. Hallstatt erlebte damals eine erste Phase glänzenden Reichtums mit weltweiten Handelsbeziehungen und fruchtbarem Kulturaustausch. Erlesener Luxus und Kunstverstand prägten den Alltag, und im Leben nach dem Tode gab es erst recht keinen Anlaß zur Bescheidenheit: Bernstein aus der Ostsee fand sich in den Gräbern, Bronzegeschirr aus dem Donauraum, Glas aus Italien und Elfenbein aus Afrika. Georg Ramsauer entdeckte Mitte des 19. Jahrhunderts jenes berühmte Gräberfeld, das einer ganzen Menschheitsepoche den Namen „Hallstattzeit" gegeben hat. Ramsauer war ein gelernter Bergmann, dem wissenschaftliche Arbeit völlig fremd war, und doch zählt er zu den wichtigsten Pionieren archäologischer Forschung. Planmäßiges Vorgehen, exaktes Vermessen und Skizzieren des Fundortes, die Dokumentation und Deutung der Fundstücke waren sein Werk. Auch wenn die moderne Archäologie diese Ausgrabungen sehr kritisch beurteilt und den Verlust kostbarer Fundstücke beklagt, bleibt das Verdienst Ramsauers ungeschmälert, vor über hundertfünfzig Jahren umsichtig, mit großem Verantwortungsbewußtsein und vorausblickend gehandelt zu haben.

Jenen Knappen, denen gut hundert Jahre zuvor ein vom Salz konservierter Bergmann vor die Füße fiel, war allerdings nicht nach wissenschaftlicher Akribie zumute. Sie bekreuzigten sich hastig und sorgten dafür, daß diese

70

übelriechende Leiche rasch unter die Erde kam: ein mehr als schmerzlicher Verlust für die Wissenschaft, doch immerhin gibt es auch realistische Gründe für die Annahme, daß sich ein solcher Fund wiederholen könnte. Der beklagenswerte „Mann im Salz" teilte sein Schicksal nämlich mit vielen anderen, die mit ihm unter Tag arbeiteten,

Ein prähistorischer Bergmann, rekonstruiert, mit dem Tragsack aus Rinderhaut, gebündelten Leuchtspänen, Fellmütze und Fellstiefeln.

als eine Katastrophe dem Bergbau in der Ostgruppe ein plötzliches Ende setzte. Während die Anlagen der Nordgruppe stillgelegt wurden und dann allmählich verfielen, ereignete sich in der Ostgruppe ein massiver Tagwassereinbruch: reißende Wassermassen strömten in die Stollen und Laugwerke, rissen Teile der Oberfläche mit sich und Muren füllten die Hohlräume. Dieses dramatische

Gemenge aus Materialien, Werkzeugen und Menschen ist bis heute Zeuge jener schrecklichen Minuten und Stunden, in denen ein reicher, betriebsamer Bergbau sein Ende gefunden hat. An einen neuen Anfang in diesem verwüsteten Bereich des Hochtales war für Jahrzehnte, ja für Jahrhunderte nicht zu denken. Zwar gab es Versuche, an die alten Lagerstätten wieder heranzukommen, doch blieben sie erfolglos.

Das dritte Bergwerk aus vorgeschichtlicher Zeit wurde weiter oben, am Fuße des Plassen, in Betrieb genommen: die Anlagen der „Westgruppe". Hier gerieten Geschichte und Vorgeschichte schon sehr früh ineinander. Das prähistorische Bergwerk der Westgruppe wurde vom historischen Bergbau als erstes angeschnitten – doch vor Hunderten von Jahren waren solche Begegnungen mit der Vergangenheit noch nicht Gegenstand wissenschaftlichen Interesses. Immerhin gibt es sporadische Erwähnungen in den Salinenakten und spärliche Fundstücke, aus denen wenigstens Lage und Ausdehnung der Westgruppe zu ersehen sind, des größten und 330 m tiefen prähistorischen Reviers.

Bald nach Christi Geburt kamen die Römer nach Hallstatt, ließen das unwirtliche Hochtal erst einmal beiseite und bauten prächtige Häuser auf die schmale Landzunge zwischen See und Berghang. Bergbau ist für diese Zeit nicht nachgewiesen, doch die alten Lateiner lebten auch in Hallstatt sehr aufwendig, und Luxus war in dieser einschichtigen Gegend eigentlich nur mit Salz zu finanzieren. Ein knappes halbes Jahrhundert blieben die Römer in Hallstatt, dann verleideten ihnen die Germanen mit sehr rüden Sitten den Aufenthalt. Bajuwaren und Slawen kamen ins Land, und für die Zeit nach den Wirren der Völkerwanderung gibt es zwar Hinweise auf den Salzbergbau

im Kammergut, die sich aber nicht explizit auf den Hallstätter Bergbau beziehen. Jedenfalls balgten sich die neu-
en Machthaber gewaltig um das salzige Schatzkästlein:
Die Könige von Böhmen bedienten sich ungeniert, doch
stets bedrängt von angriffslustigen Nachbarn, die Habsburger waren um nachdrückliche Präsenz bemüht, und
nachdem Graf Rudolf in der Schlacht auf dem Marchfeld
Ottokar II. besiegt hatte, waren sie auch wirklich die
Herren im Lande. Auf dem Hallstätter Salzberg wurde
1303 der Neubergstollen angeschlagen, 1308 der Stein-
bergstollen, 1311 kam Königin Elisabeth, die Gemahlin
Albrechts I., höchstselbst nach Hallstatt und übergab den
Bürgern jene Urkunde, die den Salzbergbau nun auch offiziell ins Licht der Geschichte rückte.

Der historische Salzbergbau und seine prähistorischen
Vorgänger berührten sich in den folgenden Jahrhunderten immer wieder, wenn der Stollenvortrieb auf historische Anlagen traf. Meist war der Zufall im Spiel, und erst
in den letzten Jahren war es möglich, gezielt intensiv zu
suchen. Das Ergebnis waren erstaunliche Funde und die
sehr konkrete Aussicht auf weitere Entdeckungen.

Der Weg in die prähistorischen Fundstätten im Berg war
seit jeher den Fachleuten vorbehalten, den Knappen und
Wissenschaftlern. Seit einiger Zeit sind auch Besucher
eingeladen, den Schritt in die Vergangenheit zu tun, ernst-
haftes Interesse und gute Kondition vorausgesetzt. Es
handelt sich nicht um einen netten Spaziergang durch ein
Schaubergwerk, sondern um eine kleine Expedition in eine versunkene Arbeitswelt, um einen Weg durch Jahrtausende. Wer nicht ganz so weit gehen will, wird bald mitten in Hallstatt sozusagen im Fahrstuhl durch die Zeit reisen können – vorausgesetzt, Fritz Janu verliert nicht die
Lust am Graben und verrechnet sich mit der Statik seines

Schrämmspuren, wie sie für den Abbau im Stügerwerk in der Ostgruppe typisch sind.

Hauses nicht, unter dessen Grundmauern er sich durch die Geschichte von Hallstatt wühlt. Das Unternehmen fing ganz harmlos an: Der Kunstschmied, Bildhauer und Fotograf aus Zwettl, der als Absolvent der Fachschule für Holzbearbeitung nach Hallstatt gekommen war, kaufte ein abbruchreifes Haus und eröffnete darin ein Geschäft, in dem es vom Salzkristall bis zum Filzhut so ziemlich alles zu kaufen gibt. Vor vielen Jahren begann er damit, unter dem Haus 9 m³ Keller für eine Heizung auszuheben. Heute ist die gesamte Fläche des Hauses unterminiert, und Fritz Janu schaut bereits begehrlich zur Straße vor seinem Haus und zum Vorgarten des Museums hinüber, unter dem er weitere Funde vermutet. Mauerwerk aus verschiedenen Epochen und bisher weit über 10.000

Fundstücke legen von der Neuzeit bis in die Jungsteinzeit Strukturen der Geschichte von Hallstatt frei, wie man sie bisher nicht studieren konnte. Da gibt es Reste dreier Schmieden, die Bleche für die Sudpfannen der Hallstätter Salinen herstellten, das mit riesigen Steinquadern ver-

Weil es unmöglich war, Eisenbleche für die gewaltigen Sudpfannen nach Hallstatt zu bringen, brauchte der Ort eine leistungsfähige Schmiede.

kleidete alte Bett des Mühlbachs, der als Fluter in die Schmiede geleitet worden war. Es findet sich Bausubstanz der abgerissenen Hofburg, Residenz von Albrecht I. und Elisabeth, Teile von Kachelöfen, Butzenscheiben, verkohltes Holz und bunte Mörtelreste.
Ältere Fundstücke sind Knochen, Scherben, Münzen, Fibeln und anderes. Längst ist das Bundesdenkmalamt beratend an der Ausgrabung beteiligt, und Archäologiestudenten helfen mit, doch die öffentliche Hand beschränkt sich darauf, anerkennend zu winken. Also wird Herr Janu sein Geschäft eben möglichst gewinnbringend in die Tiefe treiben: Oben verkauft er Waren, unten Vergangenheit, und irgendwie findet alles ganz gut zusammen.

SALZ AUF REISEN

Die Reisen des Salzes aus dem Ausseerland begannen bis zum Bau der Soleleitungen auf dem Landweg. Die Richtung bestimmte der jeweilige Machthaber. Saumpfade folgten über Obertressen, Altaussee und Pflindsberg nach Lauffen vermutlich der alten Römerstraße. Die Salzstraße ins Ennstal führte über den Radling. Das Salz aus Hallstatt und später auch aus Ischl war hingegen seit jeher auf dem Wasser unterwegs. Die Salzfertiger traten dabei sozusagen als Reiseveranstalter auf. Sie bereiteten das Salz für ausgedehnte Fluß- und Seereisen vor, die sie bis ins Detail durchorganisierten und durchführten. Natürlich gehörte auch die Reisebetreuung des Salzes dazu, zum Beispiel das „Dörren", wenn es unterwegs feucht geworden war. Diesen Berufsstand gibt es seit dem Jahre 1311, und erst 1849 hob ihn Kaiser Franz Joseph I. definitiv auf. Salzfertiger übernahmen das Salz von der Saline, dörrten, also trockneten es und besorgten die Verpackung in Holzbehältern, den „Küfeln", sie unterhielten Werften zur Herstellung der Salzschiffe, sorgten für die Verfrachtung und endlich für den Verkauf. Diese Universalmanager im Dienste der historischen Salzvermarktung, unter denen es übrigens auch Frauen gab, brauchten die Dienste zahlreicher Spezialisten, und so entstanden Berufe, wie es sie nur im Salzkammergut geben konnte. Für die Herstellung der Salzbehälter gab es „Bodenbrettersägeknechte", „Daubenstückknechte", und, noch

ein wenig spezialisierter, „Falzdaubensägeknechte".
„Kipfengraber" waren kundigen Blicks in den Wäldern unterwegs, um Wurzelholz für die Schiffsrippen auszugra-
ben, und „Schiffsbauer" stellten eine erstaunliche Vielfalt
von Wasserfahrzeugen her: „Herrenfuderzillen", „Maut-
amtszillen", „Sechserzillen", „Neunerzillen", „Kobelzillen"
und „Geschirrplätten". Während der Reise behielten

Für Salzschiffer waren Hindernisse dazu da, überwunden zu werden. Stand ein Wehr im Wege, wurde eine eigene Fahrrinne geschaffen.

„Wasserseher" den ziemlich unberechenbaren Lauf der
Traun und ihren Wasserstand im Auge, „Fasselstösser"
besorgten das Beladen und Entladen der Boote, „Traun-
knechte" waren als Binnenmatrosen unterwegs und
„Traunbauern" für die Fahrt flußaufwärts zuständig, mit
der Nahrungsmittel und Wein ins Salzkammergut gelang-
ten. Als mehr und mehr Salz produziert wurde und die
Hallstätter Salzfertiger ihre Aufgaben nicht mehr allein

bewältigen konnten, wurden ihre Rechte und Pflichten auch den Bürgern von Lauffen, Ischl, Gmunden und Enns zuerkannt.

Lange Zeit war die Schiffahrt auf der Traun ein abenteuerliches Unternehmen, bei geringem Wasserstand, mit drohenden Sandbänken und gefährlichen Stromschnellen. Oft genug kamen die Schiffsleute kaum mit dem Bekreuzigen und dem Fluchen nach, so wild ging es zu, zwischen Obertraun und Ischl, obwohl es vermutlich schon sehr früh eine primitive Vorrichtung zum Stau des Wassers am Ausfluß des Hallstätter Sees gab, die für etwas mehr Wasser in der Traun sorgte. Einige Erleichterung schaffte jene Steegklause, die 1511 auf kaiserlichen Befehl errichtet wurde und 1572 einem Hochwasser zum Opfer fiel. Damit war es Zeit für die große Lösung, die Errichtung einer „mit Ablaßthorn (Ablaßtoren) versehenen kunstreichen Claus zu Schwöl- und Ablassung des Salzes am Hallstätter See am Steg". Der Konstrukteur und Erbauer dieser eindrucksvollen Anlage, die zum Teil noch heute besteht, war ein in fast jeder Hinsicht erstaunlicher Mann: Thomas Seeauer. Er wurde um die Wende zum 16. Jahrhundert geboren und besaß einen schönen, bis heute erhalten gebliebenen Bauernhof in der Seeau bei Steg. 1523 trat er in den Dienst der Saline, war erst für das Sudholz zuständig und dann über Jahrzehnte für Wasserbauten. Kaiser Rudolf II. erhob ihn in den Adelsstand, und seitdem gehören die Seeauer zu den bedeutendsten Familien im Salzkammergut. Die Seeauer schrieben Hallstätter Geschichte, und einer, Bedra, brachte es sogar zum Abt von St.Peter. Der letzte Seeauer heiratete in Ischl in die mächtige Hoteliersfamilie Koch ein und führte das noble Hotel Elisabeth.

Zurück zum „alten Seeauer". Sein beachtliches techni-

Die Seeklause bei Steeg: eine technische Pionierleistung aus dem 16. Jahrhundert.

sches Talent und sein vitales Durchsetzungsvermögen, das manche Zeitgenossen wohl auch als selbstherrliche Rücksichtslosigkeit empfunden haben, waren jedenfalls gute Voraussetzungen für ein erfolgreiches Leben. Thomas Seeauer bändigte die Traun im Wilden Lauffen, er machte die Überwindung des gefährlichen Traunfalls möglich und war auch außerhalb des Salzkammergutes an der Enns, der Mur und sogar der Moldau tätig. Mit ihm

79

kam der Salztransport auf der Traun erst so richtig in Schwung. Zwischen Steeg und Ebensee waren hauptsächlich Sechserzillen unterwegs, etwa 30 m lang, mit sechs Mann Besatzung. 12.000 Küfel Salz trug so ein Boot, also etwa 7,2 Tonnen. In Steeg steht noch heute das alte Klauswärterhaus. Ein Relief zeigt eine „bedeckte Siebenerzille" und darüber wacht ein ehemaliger Doppeladler, dem an-

Auch in Lauffen trugen Seeauers Erfindungsgeist und Tatkraft dazu bei, die Schiffahrt auf der Traun zu erleichtern.

läßlich seiner republikanisch entflammten Renovierung ein Kopf abhanden kam.

Steeg war zu einem wichtigen Umschlagplatz für Salz geworden. Bei Niederwasser wurden hier Küfel und Fuder gelagert; waren sie feucht, wurden sie von den Pfieselheizern nachgedörrt. Dann ging's munter traunabwärts. Zwei Umstände trübten allerdings die Laune der Nauf--rer und Ruderknechte: Die meisten von ihnen konnten nicht schwimmen, und es gab immer wieder Ertrunkene. Außerdem war es „bei schwerer Ahndung verboten, Frauenvolk an Bord zu nehmen, sie würden sich verplaudern und auf die vielfältigen Gefahren nicht mehr achten". Zu all dem kam der ständige Ärger mit den Traunflößern,die für den Holztransport zuständig waren und mit ihren ungeschlachten Fahrzeugen die Schiffahrt behinderten. Das Salzoberamt erließ mehrmals Verbote, nicht zuletzt, weil man das Holz nicht gern aus dem Salzkammergut fortschwimmen sah, und die Schiffer sagten den Flößern auf ihre Art und sehr viel deutlicher, wohin sie sich scheren sollten.

Unterwegs mußte das Salz häufig umgeladen werden, und daß sich dabei ein gewisser Schwund ergeben konnte, liegt eben in der menschlichen Natur begründet. In Lauffen sind noch heute jene unterirdischen Gänge zu finden, welche die Häuser am Traunufer mit den höher gelegenen Häusern verbinden, auch für dunkle Geschäfte trefflich geeignet.

Auf dem Traunsee setzten die Zillen bei gutem Wind übrigens Segel, und wurde der Wind einmal zu stark, wenn gar der gefürchtete „Viechtauer" von Südwesten hereinbrach, konnte schon auch ein Unglück geschehen, wie zum Beispiel im Jahre 1677, als in der Woche nach Ostern ein dermaßen heftiger Sturm den See aufwühlte, daß drei Salzfuhren samt Bemannung in den Fluten versanken.

Die Gmundner Salzfertiger verpackten die Fracht neu und schickten sie weiter nach Stadl-Paura, wo es für die nunmehr seichtere Traun auf flache Zillen verladen wurde, bis dann die großen Donauschiffe die Ladung übernehmen konnten. Hier wurden auch die „Hingeberinnen", unbrauchbare Zillen, die über vier Jahre alt waren, als Brennholz verkauft. Jene Zillen, die noch fahrtauglich waren, wurden „betaucht", also beladen und im „Gegenzug" zurückgebracht. Das besorgten die „Traunbauern". Mit drei oder vier mächtigen Rössern zogen sie auf den Treppelwegen die Boote flußaufwärts. Die Stromschnelle an der Wilden Lauffen wurde bis 1881 mit einer Windenvorrichtung bewältigt, mit deren Hilfe der Windenmeister die Schiffe durch die Floßgasse zog.

Als der Salztransport durch die Traunfall-Schleuse bei Gmunden an Bedeutung verlor, durften auch ein paar nervöse Passagiere mitfahren.

Die Flotte der Salzschiffe, aus bestem Fichtenholz gezimmert, mit Rudern aus Buchenholz, wurde auch immer wieder für andere Zwecke eingesetzt. 1614 bekam das Salzamt in Gmunden den Befehl, „zehn gute, gerechte Siebnerinnen samt 50 Schiffsleuten" nach Linz zu schaffen, um dem Hofstaat des Kaisers Matthias eine bequeme Reise donauabwärts zu gewährleisten. 1653 reiste Kaiser Ferdinand III. mit einer Flotte von 50 Zillen von Regensburg nach Wien und 1664 schaukelte die Leiche Erzherzog Karls auf einer Salzzille gen Linz. Auch Sonderanfertigungen waren möglich, so wurde 1670 zwecks Ausübung des mehr oder minder edlen Waidwerkes vom Wasser aus für Kaiser Leopold I. ein „Leibschöff zu den Lustgejagden" gebaut. 1742 und 1743 unternahm Maria Theresia Donaureisen auf Schiffen des Salzamtes. Die Zillen aus dem Salzkammergut bewährten sich sogar bei kriegerischen Auseinandersetzungen. 1661 wurden mit 80 Booten drei Schiffsbrücken in Ungarn geschlagen, 1682 und 1683 halfen große Mengen von Zillen der Türkengefahr zu begegnen, und 1688 forderte die Hofkammer an die 100 Schiffe „zur nothwendigen Proviantbäckerei mittels Schiffsöfen im künftigen Feldzug" an.

Wie heißt es so schön im Volkslied? „Prinz Eugen, der edle Ritter/wollt dem Kaiser wiederum kriegen/Stadt und Festung Belgerad/Er ließ schlagen eine Brucken/Daß man kunnt hinüberrucken…" Die „Brucken" bestand aus Zillen aus dem Salzkammergut.

Das Salzamt baute im 18. Jahrhundert sogar große Streitschiffe: „Ganze Tschaiken" besaßen immerhin 28 Ruder und wurden bei Stromgefechten eingesetzt.

Die Salzschiffahrt auf dem Hallstätter See, der Traun und dem Traunsee wurde erst 1877, als die Salzkammergut-Eisenbahn eröffnet wurde, eingestellt. Doch schon gegen Ende des 16. Jahrhunderts zeichnete sich für den Salztransport eine Änderung ab: Für ein künftiges Pfannhaus in Ebensee wurde eine Soleleitung benötigt. Der Holzmeister Johann Spielbüchler erklärte sich bereit, den Bau zu übernehmen. An die 13.000 Rohre waren notwendig, um die Entfernung von etwa 40 km zu bewältigen. Sie bestanden aus gebohrten Baumstämmen mit glattgehobeltem Innen- und Außenkonus. „Mandel" und „Weibel" fügten sich sinnenfroh und wasserdicht ineinander. Die erste Rohrleitung führte noch durch den tiefen Taleinschnitt des Gosaubachgrundes steil hinab und unter Druck – unter „Zwang" – die andere Hangseite hoch. Die kühne Überbrückung dieses Tales, 150 Jahre später gelungen, bekam dann auch den Namen „Gosauzwang". Die eindrucksvolle Brücke, über die noch heute schwindelfreie Wanderer dem Weg der Sole folgen können, wurde 1757 fertiggestellt. Als die 46 m hohen Quaderpfeiler standen, je 28 m voneinander entfernt, hatte Spielbüchler schon die langen, 45 cm starken Kanthölzer vorbereiten lassen. Sie waren aus Baumriesen, wie sie nur auf der Jochwand bei Goisern wuchsen, herausgehackt worden. Das Problem bestand nun darin, in luftiger Höhe den ersten schmalen Balken von Pfeiler zu Pfeiler zu schieben. Eine Kommission des Salzoberamtes war angereist, und die Herren zogen sich angesichts einer dermaßen schwindelerregenden Problematik erst einmal ins Wirtshaus Gosaumühle zurück. Als sie dann geraume Zeit, ein gutes Essen und ein paar Gläser später satt und entscheidungsfreudig zur Baustelle zurückkehrten, sperrten sie trotz beamteter Würde Augen und Münder auf: Der erste Balken lag nämlich schon auf den Pfeilern. Johann Spielbüchler war die Zeit zu lang geworden, und so hatte er das Problem eben ohne Salzamt gelöst. Die Herren staunten, dann zürnten sie ob dieser frechen Mißachtung des Amtsweges, wollten den Holzmeister entlassen und taten es dann doch nicht. Weil aber niemand so recht wußte, wie es Spielbüchler geschafft hatte, entstand auch gleich eine Sage, die ihn mit finsteren Mächten in Verbindung brachte. Der Holzmeister ließ sich darob keine grauen Haare wachsen: Er wußte, daß er sich ein stattliches Denkmal gesetzt hatte und ein sehr dauerhaftes obendrein.

Im Ausseerland gab es seit dem 15. Jahrhundert eine Soleleitung von Altaussee nach Aussee, die verlängert wurde, als man die Saline nach Kainisch verlegte. Eine Soleleitung, die über die Blaa-Alm durch das Rettenbachtal auf kürzestem Weg nach Ischl führt, gibt es erst seit 1908, als sie in Zusammenarbeit mit den Ebenseer Solvay-Werken gebaut wurde. Die Salzfuhren nach Gmunden mühten sich noch bis 1877 über die Pötschen, dann übernahm die Salzkammergutbahn den Transport.

Die erste Soleleitung von Hallstatt nach Ebensee endete in einem wahrhaft urtümlichen Sudhaus, das übrigens an der Stelle des heutigen Rathauses stand. An einem Bündel eiserner Hakenstangen hing die große Pfanne aus schuppenartig aneinandergenieteten Eisenblechen unter dem hölzernen Dachstuhl, der sich in Rauch und Dunst verlor: Kamin gab es keinen. Im offenen Feuerloch unter der Pfanne loderten zweimetrige Stämme. Ein großes Schöpfrad tauchte Kübel um Kübel in die Mutterlauge und goß sie in die Pfanne. Die Kraftversorgung dieser Maschine war zwar originell, wäre heutzutage aber doch Gegenstand herber Kritik: Im Schöpfrad traten beherzten Schrittes kräftige Ebenseerinnen auf der Stelle. Sechs Stunden arbeiteten Männer und Frauen, sechs Stunden hatten sie Ruhepause. Einige der ersten Salinenarbeiter trugen übrigens den Namen Luitpold und waren damit die Urväter der unzähligen Ebenseer namens Loidl.

Diese Saline des 16. Jahrhunderts stand trotz ihrer archaischen Erscheinung am Anfang einer zunehmend rationalisierten Salzgewinnung. Immer mehr Sole floß nach Ebensee, nach und nach nahm die Bedeutung der Salinen in Aussee, Hallstatt und Gmunden ab. Auch die Transportwege für das Salz wurden effizienter. Schon 1832 hatte Kaiser Franz I. tollkühn eine Probefahrt mit Europas erster und einziger Pferdeeisenbahn unternommen – allerdings nur das kleine Stück von Linz nach St. Magdalena. Doch noch im selben Jahr konnte der Verkehr Linz-Budweis aufgenommen werden. Nachdem der Salztransport eine der wichtigsten Aufgaben der neuen Bahn war, dachte man bald daran, sie bis Gmunden zu verlängern. Franz Zola, der Vater des französischen Schriftstellers Emile Zola, erhielt ein Privileg für die Errichtung und den Betrieb, er verkaufte es, die Käufer verkauften es weiter und so weiter, doch am Ende wurde ja doch gebaut:

Salz auf Rädern: Mit der Pferdeeisenbahn erhielt die Handelsstadt Gmunden eine leistungsfähige, internationale Verkehrsverbindung.

exakte 67,915 Kilometer – die erste Eisenbahn des Salzkammergutes. Der Bahnkörper bestand aus durch Querschwellen verbundenen vierkantigen Gleisbäumen, auf die geschmiedete Schienen genagelt waren. Zur Errichtung des Bahnhofes Gmunden wurde das alte Schulmeisterhaus demoliert. Ein Gleis führte zum Rathausplatz und verzweigte sich dort zum Beladen der Wagen mit Salz. Gleich nach dem Seeufer stieg die Trasse ziemlich steil an, und zwei Zugpferde mußten vorgespannt werden, während auf dem flachen Lande ein Rößlein vor sich hintrabte. Eineinhalb Tage war die Bahn wiehernd und schnaubend von Gmunden nach Linz unterwegs.

Der wichtigste Passagier war das Salz, der Personentransport war Nebensache. Das sollte sich mit dem beginnenden Fremdenverkehr rasch ändern. Immer mehr Stellwägen mit 24 Sitzplätzen wurden in Betrieb genommen, bessere Leute blieben im Separatwagen mit 6 oder 8 Sitzplätzen unter sich, und es gab sogar eine Frühform der heutigen Einrichtung „Auto im Reisezug": auch Kutschen wurden transportiert. 1855 hatte es sich dann so ziemlich ausgewiehert: zwischen Linz und Traundorf schnaubten nur noch Dampflokomotiven. In Gmunden, von Traundorf zum Rathausplatz, trabten aber noch immer Pferde.

1903 war das Ende der Schmalspurbahn gekommen. Auf Normalspur umgestellt, entwickelte sich die Bahnlinie allmählich zu ihrem Ursprung zurück. Der Frachtverkehr nahm an Bedeutung zu, wenn auch das Salz inzwischen mit der Salzkammergutbahn reiste, und der Personenverkehr wurde 1988 eingestellt.

Ob Mensch, ob Salz, man reist eben heutzutage anders: schneller, sicherer, kostengünstiger und langweiliger.

DER HIMMEL IM BERG

Seit Jahrtausenden wird Salz im Salzkammergut händisch abgebaut. Seit Jahrhunderten wird Salz mit Wasser aus dem Gestein gelöst. Das Prinzip ist geblieben. Die Technik hat sich gewandelt.

Der Bau von Stollen bleibt den Bergleuten bis heute nicht erspart, den Abbau des Salzes überläßt man allerdings seit dem Mittelalter dem Wasser. Zwischen den durch Stollen und Seitenstrecken gebildeten Horizonten liegen die Kammern der Laugwerke. Durch einen schrägen Zubau, das Sinkwerk, werden sie mit Wasser gefüllt. Das nützliche Naß löst das Salz vor allem von der Decke (dem Himmel) und den Wänden (den Ulmen). Unlösliche Bestandteile sinken zu Boden. Dieser „Laist" ist aber von einigem Wert: Er wird in den Kurhäusern zu Heilzwecken angewendet. Die vollgrädige Sole fließt durch den Filterkasten in den unteren Horizont und weiter zur Saline. Somit kann das Werk neu befüllt werden, ein Vorgang, der an die fünfzigmal wiederholt wird. Erst wenn sich der Himmel dem oberen Stollen auf weniger als zehn Meter nähert, wird das Werk stillgelegt und damit sichergestellt, daß auch unter Tag keinem der Himmel auf den Kopf fällt.

Dieser „Nasse Abbau" ist in Altaussee, Hallstatt und Bad Ischl nach wie vor aktuell. In Altaussee werden überdies besonders reine Steinsalzvorkommen noch immer händisch abgebaut und zum Beispiel als Lecksteine für das liebe Vieh vermarktet. Es stellt sich also die respektlose Frage, ob moderne Technik denn gar nichts am Salzbergbau verändert hätte. Sie hat natürlich so ziemlich alles verändert. Das Tiefenwerk und die Bohrlochsonde bringen bessere Ergebnisse beim „Nassen Abbau". Das Tiefenwerk wird am Ende eines Schachtes ausgesprengt. Die Sole fließt nicht nach unten ab, sondern wird mit Hilfe einer Pumpe nach oben befördert. Tiefenwerke können größere Höhen auslaugen und damit mehr Sole gewinnen.

Die Bohrlochsonde stellt das modernste Verfahren dar, setzt allerdings einen hohen Salzgehalt im Haselgebirge voraus. Das etwa 120 m tiefe Bohrloch hat nur 20 cm Durchmesser und birgt zwei ineinandergeschobene Rohre. Durch das eine wird Wasser nach unten gepreßt, durch das andere wird die gesättigte Sole hochgepumpt.

Wer von Lauffen her mit dem Auto nach Ischl fährt, wird am linken Straßenrand einige kleine Gebäude bemerken, die ohne erkennbaren Zweck über ein Feld verteilt sind. Das Feld ist ein Sondenfeld, sozusagen ein Bergwerk auf der grünen Wiese, und der Knappe fährt nicht mehr in den Berg, sondern überwacht im Büro die Instrumente. Zehn Sonden sind hier in Betrieb, und sie liefern stündlich 50 m^3 Sole.

Auch der Bau von Stollen hat sich grundlegend geändert. Zu Kaisers Zeiten wäre ein Bergmann wohl vor Schreck erstarrt, hätte er jenen stählernen Tyrannosaurus Rex erblickt, der neuerdings Stollen in den Berg schrämmt. Diese Teilschnittmaschine läuft auf Raupenketten, ihr mechanischer Arm reckt dem Gestein einen rotierenden, meißelbestückten Schrämmkopf entgegen, abgebautes Material wird mechanisch abtransportiert. Was einmal händische Arbeit war, erledigt heute eine hochspezialisierte, elektronisch gesteuerte Maschine. Es bleibt kein anderer Weg: Nach Tausenden Jahren fällt das Salzmonopol.

Darüber, ob Salz auch in Zukunft noch zur Identität des Salzkammergutes gehören wird, entscheidet die Wettbewerbsfähigkeit im Welthandel. Das bedeutet schmerzliche Rationalisierung. Seit den siebziger Jahren gibt es die Salinen von Hallstatt und Ischl nicht mehr. Die Ausseer Saline wartet auf neue Aufgaben, die sich nicht recht finden lassen wollen. In den Bergwerken schwinden die Arbeitsplätze.

Aber in Ebensee findet schon heute die Zukunft statt, da wird mit modernster Technik verdampft und versotten, daß es nur so raucht. Unter der riesigen Kuppel der Lagerhalle haben 60.000 Tonnen Salz Platz.

Längst ist es der Fremdenverkehr, der das Salzkammergut ernährt, und zwar, wenn man ehrlich ist, üppiger als dereinst. Aber so ganz ohne salzige Würze wär's ja doch ziemlich fad.

DAS MAJESTÄTISCHE SALZKAMMERGUT

Ohne die Habsburger gäbe es das Salzkammergut nicht, und ohne das Salzkammergut wären die Habsburger weit weniger reich gewesen und im Herbst ihrer Geschichte noch ärmer: Erst ging es um materiellen Gewinn und zuletzt um einen kostbaren Rest tröstlicher Freude für einen unendlich müden Monarchen.

Durch Jahrhunderte ging es den Herrschern aber schlichtweg um Salz und um die Reichtümer, die damit zu holen waren. Sozusagen als Zusatznutzen dieser ohnedies schon sehr nützlichen Gegend konnte man sich an Jagdgründen und Fischweiden erfreuen. Doch schon im Jahre 1518 entging Ischl die Gelegenheit, sich als mittelalterlicher Kurort zu profilieren: Maximilian I. hatte sich während einer Besichtigungsreise durch das Salzkammergut wieder einmal verkühlt und trank vom offensichtlich damals schon bekannten Heilwasser in Ischl. Wenig später hauchte er in der Burg Wels sein Leben aus. Das war natürlich Pech für Ischl: Im nahen St. Wolfgang drängten sich um diese Zeit die frommen Pilger, und die Kunde von einem wundertätigen Brünnlein in Ischl, das einen Kaiser errettet habe, hätte weiß der Himmel was bewirkt. So aber blieb Ischl ein wohlgeordneter, aber verschlafener Salinenort, der sich noch dazu mit den Launen einer beamteten Majestät, des Pflegers auf Burg Wildenstein, auseinanderzusetzen hatte. Mit einem, Sebastian

Hofer, stritten die Ischler besonders heftig, wenn auch nicht allzu erfolgreich. Immerhin setzten sie das Recht durch, Übeltäter, die innerhalb des Burgfriedens auf frischer Tat ertappt wurden, selbst abzuurteilen, und sie sollten vom Pfleger auch Holz „für Haus und andere Nottürfften" zugewiesen bekommen, allerdings nur dort, „wo dem Cammergut kein Schaden erwächst" – und solche Plätze gab es eigentlich nicht. Außerdem hatten die „urbarn Leith in Ischl" nach wie vor Robot zu leisten, also Wein zu liefern, Kraut setzen zu helfen, die Hofwiesen zu heuen und so weiter. Eine zur Schlichtung angerufene Kommission hielt alles schriftlich fest und mahnte abschließend „...daß hinfüran kain Tail dem andern schmehliche Schelt und Schmachwort erlasse".

War Wildenstein schon für brave Bürger keine sehr erfreuliche Stätte, hatten Missetäter aller Art noch viel Schlimmeres zu befürchten. Wer fluchte oder Gott lästerte, saß gleich einmal acht Tage bei Wasser und Brot. Für „peinliche Verhöre" standen bewährte Folterwerkzeuge bereit, unter denen Daumenschrauben noch die harmlosesten waren. Endlich gab es eine reiche Zahl recht phantasiereicher Todesstrafen, zum Beispiel den Feuertod, wobei „dem armen Verzweifelnden zuweilen ein Pülversäckel auffs Herz zu binden" war. Vor dem Vierteilen pflegte man das lebende Herz herauszunehmen, das Radbrechen geschah mildtätig von oben herab oder hartherzig von unten herauf.

Als die ungeliebte Zwingburg 1715 zum zweitenmal ein Raub der Flammen wurde und diesmal zur Ruine verkam, hielt sich die Trauer im Ischlland in Grenzen. Rasch war auch eine Sage zur Hand, die Wildenstein ins rechte Licht rückte: Da gab es einen moralisch verkommenen Burgherrn, räuberische Knechte und ein Burgfräulein, das

Burg Wildenstein schaute als schier unzerstörbares Symbol herr-
schaftlicher Willkür und rüder Rechtsprechung über das Ischlland.
Geblieben sind ein paar verträumte Mauerreste.

auch ganz gern lustig lebte. Schon aber näherte sich das
rächende Schicksal in Gestalt eines reichen Pilgers. Als
ihn der entartete Ritter in Ketten schlagen ließ und Gut
und Leben forderte, verfluchte ihn der fromme Mann
kurz, aber nachdrücklich. Ein Blitz zuckte hernieder, der
Ritter fuhr zur Hölle, die Burg verbrannte, und nur das
Fräulein blieb als holdes Gespenst übrig. Einmal, vor vielen Jahren, hätte sie ein Bauernbursch beinah erlöst,
brachte aber die Spielregeln durcheinander. Somit ist das
Fräulein noch zu haben, wenn auch indes ein wenig in die
Jahre gekommen.
Heutzutage sind die Mauerreste auf einem Felskegel über
dem Kaltenbachtal nur noch das Ziel einer freundlichen
Wanderung. Der literarisch versierte Mensch darf dabei
sogar Schnitzler zitieren: „Umrankt von Efeu ragen steil

die Mauern/Die morschen Stützen des zerrissenen Baus/Aus Turmesfesten weht in kühlen Schauern/Ein Duft nach Moder in den Lenz hinaus."

Der Hof in Wien war seit jeher über lokales Geplänkel erhaben. Solange im Salzkammergut alles seine Ordnung hatte und die Erträge stimmten, gab es wenig Grund, sich den kaiserlichen Kopf zu zerbrechen. Mit der Reformation kam allerdings eine auch für die allerhöchsten Nutznießer des Salzkammergutes bedenkliche Unruhe ins Land, um so mehr, als sie hauptsächlich von Knappen und Salinenarbeitern getragen wurde. Erst zeigte sich Maximilian II. dem neuen Bekenntnis einigermaßen geneigt, nicht zuletzt, weil er sich damit neue Geldquellen erschließen wollte, doch schon sein Nachfolger Rudolf II. entschloß sich im Sog der Gegenreformation zur Kehrtwendung. Die vielen Jahrzehnte der Unterdrückung und Verfolgung der Protestanten zwangen nicht nur wertvolle Facharbeiter und Führungskräfte zur Auswanderung, sondern rissen auch zwischen den Leuten, die im Salzkammergut blieben, Gräben auf. Eines der kurioseren Beispiele ist jener Sachverhalt, mit dem sich eine salzamtliche Kommission im Jahre 1698 auseinanderzusetzen hatte: „Der Pfarrer Heinrich Holzmayr in Hallstatt schimpfte den Salinenamts-Maurermeister: Du Hund, du Lutheraner, du Bestie! Er wurde auch von der Ehefrau des Meisters beschuldigt, die Abwesenheit ihres Mannes ausgespäht und dazu benützt zu haben, um sie unanständig am Leibe zu betasten, und daß er ihr im Beichtstuhle vorgeworfen habe, daß sie es allen anderen Leuten sage, und daß der Pfarrer gleichfalls in der Abwesenheit des Ehemannes zur Tischlerin kam und jedem Kinde derselben einen Zwaier (halber Kreuzer) gab, daß sie hinaus ins Feld gehen und Bliembl procken sollen."

Eine Rückkehr zur friedlichen Vernunft zeichnete sich erst ab, als Joseph II. 1779 anläßlich einer Informationsreise das Salzkammergut aufgeklärten Blickes ins Auge faßte und zwei Jahre später mit dem Toleranzedikt eine allgemeine Normalisierung ermöglichte. Bald entstanden in Gosau und Goisern selbständige evangelische Gemeinden, die ein wenig nachdenklich gen Ischl blickten, wo man überwiegend katholisch blieb.

Einem anderen Stand, zwar gottes-, aber nicht gesetzesfürchtig, blieb die unerbittliche Verfolgung allerdings unter keinem Herrscher erspart: den Wilderern. Die schwarzen Gesellen kamen mit ihrer verbotenen Jagdlust den noblen Jagdherren höchstpersönlich in die Quere, und solches ging einfach zu weit. Sogar Maria Theresia, die gütige Landesmutter, ließ es sich nicht nehmen, drakonische Strafen anzudrohen: „Neu verschärftes Wildprät-Schützen Pönal, womit 1. auf die formalen Raubschützen die Straf zur Verschickung zum Schanzenbau in Eisen nach Peterwardein gesetzet; 2. auf andere Schützen eines größeren Wilds die Straf einer Vestungs-Arbeit außer Hungarn und des kleineren Wilds die Straf der inländischen Vestungs-Arbeit, auf öfteres Betreten aber die gänzliche Abschaffung aus dem Land statuieret."

Mit der Wende zum 18. Jahrhundert kamen allerdings Plagegeister ins Salzkammergut, gegen die sich Wilderer geradezu harmlos ausnahmen.

Fast zwanzig Jahre lang zogen Horden von Kriegern, französische oder kaisertreue, durch das Salzkammergut und blieben auch viel zu lange, gemessen an ihrem verheerenden Durst, ihrer erschreckenden Gefräßigkeit und minderen Moral.

Doch kaum waren sie abgezogen, brach für das Salzkammergut und besonders für Ischl eine neue Ära an. Es begann damit, daß der junge Kammergut-Sekundarphysikus Doktor Joseph Götz, aus dem Geschlechte derer von Berlichingen, versuchsweise Salinenarbeiter, die von Hautkrankheiten befallen waren, in warme Sole steckte. Dann kam der tüchtige Doktor Franz Wirer aus Wien, ein Medizinmann modernen Zuschnitts, aber auch ein Mann der Tat: In Kriegszeiten hatte er ein Spital in der Walachei geführt, Gefangene aus Konstantinopel abgeholt und in Quarantäne gehalten und endlich Pestkranke betreut. Wieder in Wien brachte er es bald zu einer ebenso treuen wie reichen Patientenklientel. Was Ischl betraf, war Dr. Wirer der gewinnbringenden Überzeugung , daß ein gesunder Geist, der in einem gesunden Körper zu logieren wünsche, dafür das entsprechende fürstliche Salär zu entrichten habe. So entschloß er sich, nachdem er auch noch Gmunden in seine Überlegungen einbezogen hatte, letztlich ja doch gemeinsam mit Ischl Karriere zu machen. Heute residiert er als Denkmal in einer Stadt, die ihm alles verdankt, obwohl sie sich dessen nicht immer bewußt war. Der vortreffliche Arzt erwies sich als geschickter Organisator, versierter Marktstratege und begabter Werbetexter: In seinem einflußreichen Bekanntenkreis pries er die Wirkung „solegesättigter Meerbäder" und lockte damit Gäste nach Ischl, die eine beschwerliche Reise an ferne Gestade scheuten. Schon zwei Jahre später trafen die ersten vierzig Kurgäste, allesamt vermögend, in Ischl ein, erstarkten an Leib und Seele und waren nur zu gerne bereit, dafür großzügig zu bezahlen. Joseph Baron von Wenker, der alte Haudegen, war auch dabei, ganz mit Wunden bedeckt und wenig später wieder putzmunter. Ischl blühte auf, und die Gäste wurden immer nobler: Im folgenden Sommer reiste Graf Arthur Potocky aus Polen an, mit ihm Equipage, Dienerschaft und Leibarzt. Graf Potocky begnügte sich nicht damit, selbst zu gesunden, er ließ die Segnungen der modernen Medizin auch jenen einfachen Bewohnern des Salzkammergutes zukommen, für die das höfische Spektakel in Ischl eine staunenswerte fremde, unerreichbare Welt war. Der Pfarrer wurde gebeten, in der Predigt alle Augenkranken des Salzkammergutes nach Ischl zu rufen. Sie kamen auch, zwanzig an der Zahl, darunter eine dreiundneunzigjährige Frau, seit zwei Jahrzehnten blind. Alle Operationen wurden erfolgreich durchgeführt, sogar die Greisin war sehend geworden und faßte glücklich ihre achtzehn Kinder, Enkel und Urenkel ins Auge. Ein Jahr darauf weilten Fürst Metternich und Fürsterzbischof Kardinal Rudolf von Olmütz in Ischl; Prinz Gustav von Schweden gesellte sich dazu, und Kaiser Franz höchstselbst logierte ein paar Tage im Haus des Bürgermeisters. Durch Jahrhunderte hatten der Salzbergbau und die Saline das Leben in Ischl geprägt – innerhalb von nur vier Jahren war die kleine Stadt zum berühmten Sole-Heilbad und zum Tummelplatz gekrönter Häupter geworden.

Zwei der erlauchten Kurgäste kamen aber nicht der höheren Diplomatie wegen, sondern aus sehr privaten Gründen, die gleichzeitig von geradezu staatstragender Bedeutung waren: Die Habsburger drohten nämlich auszusterben. Kaiser Franz I. hatte zwei Söhne. Der Thronfolger, Kronprinz Ferdinand, gab wenig Anlaß zu großen Hoffnungen, und der Volksmund drückte diesen Umstand zwar unhöflich, doch um so präziser aus: „Unser Nandl is a Trottl." Sein Bruder, Erzherzog Franz Karl, war zwar auch kein Ausbund an Genialität, aber er heiratete eine Tochter des bayerischen Königs, und diese Prinzessin Sophie war klug und voller Tatkraft. Es fehlte nur noch ein kräftiger Sohn, und das Spiel um den Kaiserthron war

Bad Ischl wird vornehm: Das Lehár-Theater ist fertig, die Bürger-häuser strahlen gediegenen Wohlstand aus, und es gibt noch keine Parkplatzprobleme.

so gut wie gewonnen. Allerdings blieben die ersten zwei Ehejahre kinderlos; darum besuchte erst einmal Franz Karl jenes Ischl, von dem man neuerdings wahre Wun-derdinge berichtete, und im nächsten Sommer begleitete ihn seine Gemahlin. Als eindrucksvolles Ergebnis dieser Kur erblickte am 18. August 1830 ein Knabe das Licht der Welt: Franz Joseph, der spätere Kaiser. Von da an setzte Sophie voll auf die Wirksamkeit der Ischler Solebäder, und das war gut so, denn zwei Jahre später wurde Ferdi-nand Maximilian geboren und im folgenden Jahr Karl Ludwig. Damit gab es drei „Salzprinzen", die nicht nur den Bestand des Hauses Habsburg sicherten, sondern auch den Ruhm des neuen Kurortes Ischl in alle Welt tru-gen.

Damit hatte das Heilbad mehr als seine Schuldigkeit ge-tan und hätte für das Kaiserhaus zu einem der vielen schönen Kurorte im alten Österreich werden können, die man eben von Zeit zu Zeit besuchte. Doch eine eigenartige Anziehungskraft, die bereits jene Schriftsteller und Gelehrten verspürten, die das Salzkammergut im 18. Jahrhundert bereist hatten und die später Künstler aller Art anlockte, machte auch vor dem Hause Habsburg nicht halt.

Erzherzog Franz Karl verbrachte mit seiner Familie fast jeden Sommer in Ischl. Franz Joseph war immer dabei, als Bub erst, als Knabe und natürlich auch als junger Kaiser.

Er war dreiundzwanzig Jahre alt, als er nach Sophiens mütterlichem Ratschluß verlobt werden sollte – in Ischl, wo sonst.

DER KAISER UND DAS KLEINE TÜRL

Man mutet ihm heutzutage so allerhand zu, dem guten alten Kaiser; er kann sich ja nicht mehr wehren. Jener Franz Joseph, der schon zu Lebzeiten dazu verdammt war, sozusagen in doppelter Ausfertigung zu existieren, einmal echt und einmal Legende, wird posthum ganz einfach in originelle Klischees zerschnipselt, weil er in einem Stück zu groß ist, nicht wirklich begreifbar und schon gar nicht vermarktungsfähig. Außerdem nimmt man ihm insgeheim übel, daß er seine Rolle so verhalten gespielt hat. Mein Gott, was hätte Klaus Maria B. daraus gemacht! Franz Joseph aber trat mit achtzehn sein Amt mit den traurigen Worten an: „Leb wohl, meine Jugend!" Von da an zog er sich Schritt für Schritt ins enge Gehäuse seiner Pflichten zurück, wurde mit jeder Bürde, die er sich selbst auflud, oder die ihm andere auf die Schultern legten, ein wenig förmlicher, noch genauer, noch mehr seiner Verantwortung bewußt. Die Schicksalsschläge, die ihn trafen, und es herrschte wahrlich kein Mangel daran, nahm er hin, ohne sich etwas vorzumachen und ohne der Welt etwas vorzuspielen: die große Geste war nicht sein Stil.

Soviel zur einen Seite, der beruflichen, die bei einem Kaiser natürlich auch genug mit dem Privatleben zu tun hat. Die andere Seite, die leider auch öffentlich sein mußte, obwohl sie doch wirklich sehr persönlich war, hat einen eigenartig verschmitzten Wesenszug, einen unkonventionellen, widerspenstigen. Hier geht es um jene „kleinen Türln", die Franz Joseph auf der Flucht zu sich selbst benutzte und von denen er eines sogar höchstselbst so bezeichnete, doch davon später.

Das erste verbriefte Unternehmen dieser Art leitete er noch nicht selbst ein. Es gehörte zu seiner höfischen Erziehung, schon sehr früh mit der Jagd Bekanntschaft zu machen. Im Alter von vierzehn Jahren schoß er am 11. 10. 1844 auf der Hohen Schrott seine erste Gemse. Ihre Trophäe ziert mit 1.364 weiteren Gemsen, 33 Hirschen, 22 Rehböcken, 5 Wildschweinen, 1 Adler und 1 Bären die Ischler Kaiservilla, die er „mein Jagdhaus" nannte. Die über fünfzigtausend Mal, die der Kaiser zielte, schoß und traf, erzählen von einer bis zur Neige ausgelebten Leidenschaft, exzessiv in ihren Auswirkungen und fast unbestritten waidmännisch in ihrem Wesen. Mit dem Schrotgewehr, der einläufigen „Ischler Büchse" und später mit der „Lancaster Doppelbüchse" schoß Franz Joseph frohgemut eine Bresche in das vielfach verschachtelte, unbarmherzige System der Zwänge, dem er sich seiner Überzeugung nach zu stellen hatte. Kein Wunder, daß er dabei nicht oft genug abdrücken konnte. Die Jagd bot überdies eine Möglichkeit, andere Schritte zu tun als protokollarisch festgelegte, unter Leuten zu sein, die, wenigstens im Augenblick, nichts von ihm wollten, in einer Gebirgslandschaft, die nicht vor ihm buckelte, weil sie ebenfalls majestätisch war. Es tat ihm gut, diese Landschaft in seiner Nähe zu wissen. Im Park der Kaiservilla wurde sogar ein Fenster im Geäst der Bäume freigehalten, um jederzeit den Blick zum Dachstein zu ermöglichen. Es dürfte auch verfehlt sein, aus der schlichten Jagdkleidung des Kaisers auf besondere Bescheidenheit zu schließen. Die abgewetzten, glänzenden Lederhosen, sehr zum Miß-

Gamsbart, Goiserer und ein Baumstumpf als Regierungssitz für den allerhöchsten Jagdherrn: So war Franz Joseph sich selbst am nächsten.

fallen seines Kammerdieners Eugen Ketterl „wie die echtesten Hosen des nächstbesten Holzknechtes" aussehend, waren eben jene derbe und naturnahe zweite Haut, die sich der Monarch mit urtümlichem Behagen überzog, wenn er das Leben und das Sterben endlich wieder einmal von der sportlichen Seite nehmen durfte.

Ein anderes, recht eindrucksvolles Fluchtmanöver setzte Franz Joseph sogar im Saale, auf glattem Parkett, zu einem höchst sensiblen und politisch bedeutenden Anlaß in Szene: Als er anläßlich seiner geplanten Verlobung mit der sanftmütigen Helene, Nené, Prinzessin in Bayern, deren Schwester Elisabeth, auch Sisi genannt, wie seit Romy Schneider jeder weiß, erblickte, riskierte er einen Eklat auf höchster Ebene. Er tanzte den Kotillon, also den Haupt- und Ehrentanz, mit Sisi, und statt Blumenbouquets an verschiedene Damen zu verteilen, überhäufte er damit nur eine – Elisabeth. Schon tags darauf, am 18. August 1853, des Kaisers Geburtstag, wurde die Verlobung verkündet, Ischl erstrahlte in Festbeleuchtung, und vom Siriuskogel her leuchteten die Buchstaben FJ und E – so schwierig war es dann auch wieder nicht gewesen, das vorbereitete „H" umzubauen. Franz Josephs Brautwerbung, diese leichte, intuitive und doch energische Hinwendung, war zwar für den Augenblick und eine kurze darauffolgende Zeit ein triumphaler Erfolg, doch letztlich der Beginn einer Tragödie: Der Kaiser hatte die falsche Frau erwischt und sie hatte den falschen Mann erhört. Sisi war von einem verwegenen Jüngling geheiratet worden, der sich übergangslos in einen chronisch überarbeiteten und penibel pflichtbewußten Kaiser verwandelte, und dieser hatte eine Kaiserin zur Seite, die sich von ihrer Schwiegermutter bedrängt fühlte, vom Wiener Hof gegängelt und von ihrem Mann nicht verstanden. Elisabeths

Die paar Schritte zwischen dem Ischler Bahnhof und dem Hofzug führten geradewegs von der Sommerfrische in die Pflicht.

Antwort auf das Ehedebakel war eine zweifache Flucht: in die Welt hinaus und nach innen, ins dunkelblaue Reich der Poesie. In vierundvierzig Ehejahren weilte Elisabeth nur vier Jahre bei ihrem Mann. Der Kaiser, unerschütterlich in seiner Zuneigung, erkannte schmerzlich klar, daß er ihre „Wolkenkraxeleien" – wie er es selbst ausdrückte

– nicht nachvollziehen konnte und schob von da an die Kapitel „Liebe" und „Ehe" ins Ressort der ihm auferlegten Lasten und Pflichten.

Damit kommen wir zum dritten „kleinen Türl", und dieses erwies sich in vielerlei Hinsicht als das gangbarste. In einem seiner unzähligen Briefe an die Burgschauspielerin Katharina Schratt schrieb Franz Joseph: „Theuerste Freundin, wenn es Ihnen nicht zu unbequem ist, würde ich mir erlauben, die unbescheidene Bitte an Sie zu richten, daß Sie die Güte hätten, heute um 1/2 7 Uhr durch das kleine Türl in unseren Garten zu kommen."

Des Kaisers Freundin von Elisabeths Gnaden hatte einige Jahre den Sommer auf Schloß Frauenstein bei St.Wolfgang verbracht, und schon einer der ersten Briefe Franz Josephs zeichnet ihn so, wie er vermutlich gerne gewesen wäre, ohne seinen beschwerlichen Beruf: „Ich werde um 7 Uhr früh von hier nach St. Wolfgang fahren, und mich dort zu Fuß durchfragen, bis ich Frauenstein gefunden habe." Eine Majestät,die sich durchfragt! Als Frauenstein als Quartier nicht mehr in Frage kam, murrte der Kaiser brieflich, „der neue Besitzer muß eine Art Ungeheuer sein" – und stellte Frau Schratt die Villa Felicitas auf der Straße nach Pfandl zur Verfügung. Damit bekam das vorhin erwähnte „kleine Türl" seine besondere Bedeutung für den täglichen Weg von der Kaiservilla zur Schratt-Villa. Der kleine Pfad durch den hinteren Teil des Kaiserparks zur Umzäunung ist heute verwachsen, ein Stück führt er sogar durch den Komposthaufen – es ist ja kein Kaiser mehr unterwegs, den dieser Umstand stören könnte. Jedenfalls muß es ein schöner, genußreicher Beginn des Spazierganges gewesen sein: Zur rechten Hand das verspielte Marmorschlössel, Wolkenkuckucksheim für Elisabeth und das für sie im Achteck erbaute Spiegel-

Lusthaus, zur Linken der freundliche Siriuskogel mit der Kaiser-Franz-Josephs-Warte, hoch überragt vom Felsgipfel der Katrin mit dem Franz-Josephs-Kreuz, und am Fuß des Berges, nicht zu sehen, aber geschätzt und vertraut, das ihm gewidmete Jagdstandbild. Das „kleine Türl", des Kaisers ureigenstes und privatestes, ist allerdings nicht mehr vorhanden, wozu auch. Die Bewohner der Häuser

Der Kaiser, volkstümlich: rechts von ihm Mitzi Leithner und ihr Vater, der Ischler Bürgermeister Franz Leithner.

entlang des nunmehr versperrten Weges wissen aber noch sehr gut aus den Erzählungen ihrer Eltern und Großeltern, wie der Kaiser seine Schritte lenkte und sich geraume Zeit vorher die „Geheimen" im Gebüsch verbargen, um lästige Bittsteller oder gar ernstere Bedrohungen abzuwenden. Einmal kam es sogar zum Disput zwischen den „Geheimen" und einem Anrainer, der sich bitter darüber beschwerte, daß fallendes Laub und Äste aus dem Kaiserpark das Holzdach seines Hauses beschädigten.

Die Beschwerde drang ans Ohr des Monarchen, und der ließ eiligst eine goldene Uhr überreichen – man will doch keinen Unfrieden, nicht an dieser Strecke Weges.

Nach dem Verlassen des Kaiserparks führte der Weg dann nach rechts, Richtung Doppelblick, vorbei am „Kaiserdörfl", und wenig später, nach dem Bildstock, steil hinunter zur Ischl. Nun folgte der Monarch auf der heutigen Kreuternstraße dem Ufer, vorbei an jenem Haus Nr. 6, in dem später Carl Michael Ziehrer vier Sommer verbringen sollte, zum Dammweg, der bis nach St. Wolfgang führt. Belebten Schrittes überquerte Franz Joseph den munteren Jainzenbach und gelangte endlich zum Gebäude der ehemaligen Trenkelbachschmiede, in der noch in den fünfziger Jahren die Hämmer dröhnten. Dort hielt der Kaiser erst einmal fröhlich inne und rief launig, aber doch mit einiger Autorität: „Die schöne Schmiedin soll heraus-

Der Kaiser, entspannt: unter seinen Füßen jener Steg, der über die Ischl zur Schratt-Villa führte. Im Hintergrund eine Station der Salzkammergut-Lokalbahn.

kommen!" Diese zeigte sich dann auch und war wirklich ein belebender Anblick. Somit konnte erwartungsvoll beschleunigten Schrittes die Ischl auf dem eigens errichteten Steg überschritten werden. Nun ging es zwischen dem Fluß und einem lieblichen Bächlein, das heute im Volksmund „Schrattbacherl" heißt, durch ein lichtes Wäldchen dem Ziele zu.

Was dann der Kaiser dort tat oder bleiben ließ, wird allenthalben mit der peinlichsten Diskretion beschrieben und analysiert. Wir wollen ihm hingegen sein „kleines Türl" lassen und erst recht die Freude, die er daran hatte, gar so viel gab's nicht davon in seinem Leben. Und wir wollen uns auch die Pikanterie verkneifen, für die Rückkehr nach Ischl den „Kaiserin Elisabeth-Waldweg" zu wählen.

MAJESTÄTEN ZU WASSER UND ZU LANDE

Wer mit österreichischen Verhältnissen einigermaßen vertraut ist, wird es gar nicht so verwunderlich finden, daß im Salzkammergut dereinst für fast alle Lebensbereiche das Salzamt zuständig war. Das fanden die Bewohner dieser Gegend zwar bisweilen umständlich, doch im großen und ganzen beruhigend, und für den Hof in Wien war es erst recht praktisch, wenn eine knappe Anforderung an das Salzamt genügte, und schon wurden Schiffe aller Art gebaut, Arbeitskräfte zur Verfügung gestellt oder Reisen organisiert. Man sagt den Gmundner Salzoberen wohl nicht ganz zu Unrecht trockene Selbstgefälligkeit nach, doch wenn es um kaiserliche Belange ging, sprühten sie förmlich vor Phantasie und Tatkraft. Ein schwimmendes Denkmal ihrer nimmermüden Beflissenheit war das Kaiserschiff. Zwar bestand der eigentliche Schiffskörper nur aus einer etwas größer geratenen Salzzille mit hochgezogenen Bordwänden, doch sollten runde Verkleidungen an Heck und Bug, die mit angedeuteten Kielen ins Wasser tauchten, sowie zahlreiche andere Aufbauten den Charakter eines vornehmen, seetüchtigen Schiffes vermitteln. Auch an Bequemlichkeit fehlte es nicht. Der reisende k.k. Forstbeamte Johann Steiner schrieb darüber 1829: „In der Mitte des Schiffes ist eine Kajüte erbaut, welche so wie der über der Kajüte befindliche Balkon, mit Tischen, Sophen und Sesseln eingerichtet ist.

Bei Gebrauch dieses Fahrzeuges wird es mit vielen rothen und weißen Fähnchen und Adlern verziert. Seine Bemannung besteht außer dem Steuermann, der dasselbe mit dem in das Wasser senkrecht stehende Steuerruder leitet, aus zwölf geübten, an den beiden Schiffswänden gleich vertheilten und gleich gekleideten Matrosen. Die Kajüte ist von innen tapetenartig blau, und das ganze Schiff von außen braun bemalen, mit Arabesken und Rosetten verziert." Die Jungfernfahrt dieses noblen Kahns hatte schon 1814 stattgefunden. Kaiser Franz I. und Ihre Majestät die Kaiserin weilten in Gmunden und gönnten sich eine Schiffahrt nach Ebensee. Prokop Elßner beschreibt diese optisch wahrlich opulente Wasserlustreise in seiner „Chronik von Gmunden": „Etwelche zwanzig Schiffe größerer Gattung waren herrlich dekoriert… Während dieser Fahrt begegnete man: 1. unter Begleitung mehrer Musikchöre einem großen Marktschiffe mit allen Arten Holzarbeiten von der Viechtau; 2. kam ein Schiff mit einer Juden-Synagoge; 3. defilierte weiters eine Menge Militär in einem Schiffe vor dem Kaiserschiff, 4. sah man eine sogenannte Alm mit sehr schönen Kühen, wo die Sennerin (die schöne Hofschmiedin von Ebensee) Butter rührte und dieselbe Ihrer Majestät der Kaiserin überreichte, 5. ließen sich in der Nähe von Ebensee 20–30 schwimmende Individuen der dortigen Schwimmschule bei dem Kaiserschiffe sehen; dies hat sich Ihre Majestät sogleich verboten."

In Ebensee hielt ein Kind eine Rede, Schwerttänzer traten auf, und endlich scheuchte ein Platzregen die muntere Gesellschaft in die Häuser. Doch die abendliche Rückfahrt war schon wieder vom Feinsten: Seeufer und Berghänge waren beleuchtet, der „Wiener Prater" glitt über das nachtdunkle Wasser, über den Seebefestigungsanlagen vor Gmunden schwebte ein Garten, und auf dem heutigen Rathausplatz stand ein klassischer Tempel, aus dem vier weißgekleidete Beamtentöchter traten, von denen gottlob nur eine ein Gedicht deklamierte. Nachdem sich auch alle Herren des Salzamtes in der Nähe des Kaiserpaares gesonnt hatten, endete das Fest, und tags darauf reisten Kaiser Franz und Gemahlin nach Ischl und Aussee weiter. Die k.k. salinenoberämtliche Kasse zahlte später den horrenden Betrag von 80.000 Gulden, den das Fest gekostet hatte, und überreichte, nun nicht mehr ganz so festlich gestimmt, dem Kaiserpaar die Belege zur Ratifizierung. Die Unterschrift wurde gegeben, allerdings mit ein paar kaiserlichen Randbemerkungen, die recht deutlich zu künftiger Sparsamkeit mahnten.

Aber so ganz wollte man sich die Lust am Feiern nicht nehmen lassen. 1837 kam wieder allerhöchster Besuch, diesmal von Ischl aus. Kaiser Ferdinand I. hatte geruht, die Einladung des Erzherzogs Maximilian von Österreich-Este nach Schloß Ebenzweier in Altmünster anzunehmen. Auf der Straße waren an diesem sonnigen Augusttag zahlreiche Fuhrwerke mit schaulustigen Kurgästen unterwegs, während der Kaiser nebst Gefolge die Traun als Verkehrsweg vorzog. In Ebensee wartete schon das Kaiserschiff, und neben den üblichen Honoratioren hatten die Salinenarbeiter mit ihren Werkzeugen Aufstellung genommen. Der Kaiser besichtigte das nach einem Brand neu errichtete Salinengebäude und begab sich anschließend an Bord. Der zeitgenössische Schriftsteller O. Weidmann berichtet: „Die Fahrt nach Ebenzweier gewährte ein schwer zu beschreibendes Bild von Fröhlichkeit und Lust, und ich erinnere mich kaum eines ähnlichen. Alles vereinte sich, die Wirkung des prächtigen Gemäldes zu erhöhen. Der Tag war einer der herrlichsten des ganzen Sommers. Ein italienischer Himmel schien über See und Berge, nicht ein Luftzug regte den See, glatt und eben, wie ein unermeßlicher Spiegel, breitete er sich zwischen seinen Felsufern aus. In der Mitte glitzerte das kaiserliche Schiff und jenes Sr. königlichen Hoheit, des Erzherzogs Maximilian. Ihnen zur Seite schwammen zwei große Fahrzeuge mit der Regimentsmusik der Deutschmeister und eines Jägerregiments. Ringsum ruderten die größeren und kleineren Fahrzeuge mit der übrigen Gesellschaft, über 100 Boote an der Zahl, mit mehreren 1000 Personen. Ringsum an den Ufern donnerten die Böllerschüsse, rollten im langanhaltenden Echo an den Felswänden der umliegenden Berge zurück. Diese Kanonenschläge mit dem imposanten Echo, dieser fortgesetzte Jubelruf von allen Seiten, die schmetternde Militärmusik und die munteren Weisen der Alpensängerinnen, all dieses verschmolz in ein Ganzes, von dem man selbst Zeuge gewesen sein muß, um den Eindruck ermessen zu können, den es hervorbringen mußte. Als das erste Vorgebirge umschifft war, und nun die liebliche Bucht von Traunkirchen mit der reizenden Halbinsel, welche die pittoreske Johanneskapelle trägt, in Sicht kam, erblickte man auch dort Geistlichkeit, Schuljugend und Bewohner am Gestade versammelt. Feierlich erscholl der Glockenklang von den Thürmen Traunkirchens, dieser tausendjährigen Stätte der Andacht, den Herrscher zu begrüßen. Ein weißgekleidetes, mit Blumen geschmücktes Mädchen fuhr in einem Nachen an das Kaiserschiff und überreichte ein Gedicht. Die Fahrt ging weiter und endlich erblickte man das freundliche Ebenzweyer… Auf dem Weg dahin waren 18 Richter mit ihren Gemeinden aufgestellt. Auch noch ein anderes, sehr sinnig geordnetes Schauspiel bot sich hier dem Auge des Monarchen. Es waren nämlich, von dem Landungsplatz bis zum Schlosse, in zahlreichen Gruppen alle Beschäftigungen der Bewohner dieser Gegend versinnbildlicht. Da zeigten sich zuerst die Fischer mit ihren Netzen, Angeln und anderem Werkzeug. Dann die Obstmädchen mit Körben der herrlichsten Früchte, ferner die Blumenmädchen mit den lieblichsten Blüthen und Blumen, dann die Viechtauer Holzarbeiter, diese Berchtesgadener des Traunsees, mit ihren Holzarbeiten und viele andere."

Jubelrufe, allenthalben, man schritt zu Tische, diesmal trug der Oberbeamte der Herrschaft Ort ein Gedicht vor, dann zeigten sich die hohen Herren, nunmehr gesättigt, auf dem Balkon erneut der Menge, die prompt tat, was von ihr erwartet wurde: sie jubelte. Zum Schluß hatten

Wenn es darum ging, Boote für hochgestellte Herrschaften eindrucksvoll zu dekorieren, entwickelte das Gmundner Salzamt einen erstaunlichen Reichtum an Phantasie.

noch die Schwerttänzer und zwei Alpensängerinnen ihren großen Auftritt. Gegen fünf Uhr bezwang der Kaiser nebst Familie dann kühn mit dem Wagen die damals noch sehr schmale Straße nach Traunkirchen, und von da an war man ohnedies auf das Boot angewiesen.

So schön und romantisch sich die Fahrt über den Traunsee auch gestalten konnte, sie war doch recht umständlich, bedenkt man, daß sogar die Postkutsche ein Stück Weges per Schiff reisen mußte. Schon 1835 hatte man ernsthaft überlegt, eine „Kunststraße" zwischen Ebensee und Traunkirchen zu bauen, scheute aber vor den beträchtlichen technischen Schwierigkeiten zurück. 1856 wurde die aufwendige Trassierung am steilen Felsufer um so energischer in Angriff genommen, und drei Jahre später konnten die ersten Wagen zu Lande in das Salzkammergut einreisen. 1865 bekam die Straße von Gmunden nach Traunkirchen eine neue, breitere Trasse, und weil zum Zeitpunkt der Eröffnung sich Erzherzogin Elisabeth soeben anschickte, die neu erbaute „Rosenvilla" in Gmunden zu beziehen, wurde sie von gewitzten Gemeindevätern auch gleich in die Eröffnungsfeierlichkeiten eingebunden: „Ihre kaiserliche Hoheit geruhten hiermit in huldvollen, herzlichen Worten Höchstihre Freude über den gewordenen Empfang auszudrücken und die Eröffnungsfahrt auf der neuen Straße anzunehmen."

Bislang war es etwas ganz Besonderes gewesen, das Salzkammergut zu erreichen: Ab Gmunden wurde die Welt zusehends enger und einschichtiger, dann war auch noch der Landweg versperrt. Wer auf dem Wasser nach Ebensee kam, hatte eine Zaubertür durchschritten und die große weite Welt vorerst hinter sich gelassen. Das Ischlland öffnete sich wie im Märchen: Da saß ein bärtiger Kaiser in seiner Villa, umgeben von seinem sommerlich heiter gestimmten Hofstaat und belauert von „Kaiserjägern", die nicht ohne Eigennutz seine Nähe suchten, und da gab es ein seltsam knorriges Volk, das in den Bergen nach weißem Gold schürfte und in den Salinen dampfumwölkt uralte Fertigkeiten übte. Es war eine tüchtige, ertragreiche Welt, unbeachtet im Winter, gekrönt und auf das festlichste dekoriert im Sommer. In diese kleine, in sich gerundete Welt stach nun eine Straße, in eilfertiger Verbindlichkeit an die großen Verkehrswege geknüpft. Auf den Seen fuhren die ersten Dampfboote, man redete von neuen Eisenbahnlinien. Der Fortschritt war nicht mehr aufzuhalten.

Heute berührt die Autobahn das Salzkammergut, bringt dem Attersee ein paar Gäste mehr und legt den Salzburgern den Mondsee vor die Haustür. Die dereinst gefürchteten Pässe sind flachgebügelt, die engen Straßen sind breit geworden, sogar am Traunsee-Ufer, wo der zungen-

Dereinst als Sinnbild der modernen Zeit gepriesen, ist die „Kunststraße" am Traunsee-Ufer längst schon wieder zu schmal geworden, und der zungenlose Denkmallöwe bewacht heute einen Verkehrsweg von gestern.

lose Denkmal-Löwe ein krummes, nutzlos gewordenes Stück Uferstraße bewacht.

Als Leo Hegele Ende des 19. Jahrhunderts das Salzkammergut bereiste, blickte er allerdings ohne jede Wehmut auf vergangene, stillere Zeiten zurück: „Überall fehlte damals noch das vollendende Werk der schmückenden Menschenhand, die Cultur des Geschmackes, die vollständige Ausnützung der natürlichen Anlagen, um eine Landschaft zu schaffen, wie sie das Kammergut in seiner gegenwärtigen Ausgestaltung zeigt." Daß diese „Ausgestaltung" einer gewordenen Kulturlandschaft nicht selten den Charakter einer Bühnendekoration hatte, tat seiner Begeisterung keinen Abbruch: „Bald zeigten sich die zierlichen Bauwerke parkumschatteter Villen, hier sah man die träumerischen Gruppen idyllischer Landsitze, dort die Romantik malerischer Burgen entstehen." Und unerbittlich weist er in die Zukunft: „Nachdem einmal der Finger des Zeitgeistes dem Kammergutbewohner den Pfad gewiesen, nachdem einmal das Kammergut vom Zeichen des Salzes in jenes des Fremdenverkehrs getreten war, und dies war vom Augenblicke des Bestandes besserer Verkehrsmittel der Fall, da hieß es den Fortschritt auf die Fahne schreiben, und dies ist auch ausnahmslos in sämmtlichen Salzkammergutorten geschehen." Nach diesem Ausbruch zeitgeistiger Euphorie gestattet sich der Autor allerdings dann doch eine besinnliche Abschweifung: „Ja, es ist zum nicht geringen Theile die Vergangenheit, welche dem Salzkammergut von heute ihr ganz eigenartiges Colorit verleiht. Gerade die aus vergangenen Zeiten in unsere Tage hereinragenden Sitten und Gebräuche der Bevölkerung, die geschichtliche Entwicklung der Culturzustände, von den vorchristlichen Zeiten angefangen, wo die ersten Bewohner ihre Schritte nach dem Hallberge gelenkt, bis auf unsere Tage, vermögen unser Interesse besonders zu erregen."

Das Interesse an alten Zeiten mochte noch so erregt sein, die neuen Zeiten hatten das Sagen, und zur Straße kam auch noch die Eisenbahn. Ein altes Projekt, eine Linie von Steeg am Hallstätter See zum Traunsee zu führen und sie mit einer Dampffähre per Trajektverkehr mit Gmunden zu verbinden, wurde wieder aufgenommen und abgeändert. 1873, sechzehn Jahre vor der Tragödie von Mayerling, begann der Bau des letzten Abschnittes der Kronprinz Rudolf-Eisenbahn, der Salzkammergutbahn. Bis zu 6000 Arbeiter gingen ans Werk, viele davon kamen aus Italien, und diese vitale Blutauffrischung erklärt wohl die seltsame Tatsache, daß sich noch heute in den Telefonbüchern des Salzkammergutes neben den althergebrachten Namen auch etliche, inzwischen längst vertraute, italienische finden.

Am 6. Mai 1877 gab es die ersten Probefahrten zwischen Ebensee und Ischl. Schon im August desselben Jahres unternahm der Männergesangsverein Wien eine kühne Ausflugsfahrt über diese Distanz und genoß, auf einfachen Holzbänken sitzend, die behelfsmäßig in Güterwaggons gestellt worden waren, mit einem Lied auf den Lippen die sausende Fahrt. Besonders problematisch war natürlich der Abschnitt Ebensee–Traunkirchen. Mit erstmals eingesetzten hydraulischen Bohrmaschinen gelang jedoch die termingerechte Fertigstellung der Tunnelstrecken, und am 23. Oktober 1877 dampfte der Eröffnungszug von Attnang-Puchheim durch das Salzkammergut nach Stainach-Irdning. Auch die Bahnhöfe erzählen einiges über die Entwicklung des Salzkammergutes: Ischl bekam natürlich seinen „Kaiserbahnhof", den größten und schönsten von allen, mit einem räumlich diskret getrennten Frachtbahnhof. Aussee, Ebensee und Gmunden durften sich ebenfalls über würdige Stationsgebäude freuen, während in Goisern, das für den Fremdenverkehr nur allmählich an Bedeutung gewann, vorerst nur eine bessere Hütte als Stationsgebäude errichtet wurde. In Steeg und Anzenau war hingegen ein größeres Güteraufkommen zu erwarten: Salz aus Hallstatt, Holz aus der Gosau und aus dem Weißenbachtal. Zwölf Jahre später wurde es dem Goise-

Große Bahnhöfe gab es nur für noble Passagiere und einträgliche Fracht. Aber Goisern wußte sich bald selbst zu helfen.

rer Konsumverein endlich zu dumm, und mit seiner massiven finanziellen Unterstützung wurde vorerst ein Frachtenmagazin und dann ein Bahnhof gebaut. Wie als Reminiszenz an bahnhofslose Anfangszeiten steht heute das „Bahnhofshüttl" hölzern und trotzig neben dem gemauerten Bahnhof und ist innen ein Wirtshaus, wie es sein soll, während anderswo im Lande die Bahnhofsrestaurants kläglich verkümmern.
Jedenfalls brachte die Eisenbahn für das Salzkammergut

einschneidende wirtschaftliche Veränderungen mit sich. Salz und Holz wurden nicht mehr auf der Traun verfrachtet, und damit war für eine ganze Reihe von Berufen das Ende gekommen. Die Traunschiffer saßen arbeitslos in den Einkehrwirtshäusern, und es gab auch schon ein neues, grimmiges Gstanzl: „Eisenbahn, Eisenbahn, Lokomotiv/Fercht'n (voriges Jahr) hat's a Seidl trag'n/Heuer an Pfiff."

Andererseits bot die neue Eisenbahn vielen Städtern einen Anreiz für die nunmehr schnelle und bequeme Reise ins Salzkammergut. Es dauerte allerdings geraume Zeit, bis auch in weniger bekannten Dörfern und Märkten die Nächtigungszahlen stiegen.

Kaiser Franz Joseph, der technischen Neuerungen mit allerhöchstem Mißtrauen, wenn nicht mit unverhohlener Ablehnung gegenüberstand, hatte sich mit Bahnreisen wohl oder übel angefreundet. Seine beiden Kaiserzüge – der ungarische wie der österreichische – ließen aber auch kaum etwas zu wünschen übrig. Im Dienst-, Gepäcks- und Beleuchtungswagen, gleich hinter der Lokomotive, walteten Bahnfunktionäre ihres Amtes, im Kammerwagen standen der Hofreisekassier und anderes Personal dem Kaiser für persönliche Dienste zur Verfügung, und Seine Majestät residierte, umgeben von Plüschvorhängen, Lamperien und Lambrequins im Salonwagen. Im Gegensatz zum üppigen Fin-de-siècle-Dekor waren die kaiserlichen Möbel, wie gewohnt, spartanisch: Schreibtisch mit Lehnstuhl, zwei Fauteuils für Besucher und ein Feldbett im Schlafsalon. Ein kleiner Eiskasten mit Wiener Hochquellwasser durfte nicht fehlen. Außerdem gab's eine Telephonverbindung zum Lokführer, damit der Kaiser auch jederzeit die Geschwindigkeit bestimmen konnte, was ihn doch sehr beruhigte. In Ischl angekommen, versäumte er nie, sich bei den Eisenbahnbeamten für die angenehme Reise zu bedanken. Außerdem bezahlte der Kaiser für die Benutzung der Salzkammergutbahn: Die Betriebsgesellschaft errechnete penibel, welche Anzahl von Achsen wie viele Kilometer zurückgelegt hatte, und er-

Wer sich in der Frühzeit des Autos an den Volant wagte, war verwegen, wohlhabend und fortschrittsbewußt: So sahen sich auch biedere Kurgäste gern.

hielt vom Hofreisekassier Kreditscheine, die halbjährlich von der Hofkammer abgerechnet wurden.

Weitaus weniger Vertrauen brachte der Kaiser einem noch neueren Verkehrsmittel, dem Auto, entgegen. Er konnte zwar nicht gut ablehnen, als ihn Edward VII., König von England, 1908 in Ischl zu einer Autofahrt einlud – zur ersten und letzten im langen Leben des Kaisers –, aber er war doch sichtlich erleichtert, als die Fahrt been-

det war. In einem Brief an Katharina Schratt formulierte
er noch einmal seine Bedenken: „Sie scheinen Ihr Auto-
mobil in großem Style und auf weite Distanzen zu benutzen. Wenn es, wie ich innigst hoffe, kein Malheur gibt, will
ich nichts sagen, aber heimlich ist die Sache doch nicht."

Die Salzkammergut-Lokalbahn mußte dem Autoverkehr weichen;
ausgerechnet eine Tankstelle zwischen Ischl und Strobl übt sich
mit einer kleinen Ausstellung in tätiger Nostalgie.

Hingegen dürfte der schmale Schienenstrang der Salzkammergut-Lokalbahn eher freundliche Gefühle im kaiserlichen Herzen geweckt haben, stand doch eine Station
genau dort, wo er auf dem Weg zur Schratt-Villa die Ischl
überquerte.
Die kleine Bahn, 1892 eröffnet, verband Ischl und Salzburg mit einer Schienenstrecke, deren Linienführung von
liebenswürdiger Beschwingtheit war: Nach der Überque-

rung der Traun über die Kaltenbachau, durch den Kalvarienbergtunnel ins Tal der Ischl nach Pfandl, Strobl und dann in sanften Kurven das Wolfgangsee-Ufer entlang, zwischendurch ein wenig entfernt, dann wieder dicht am Wasser. Nach St. Gilgen stieg der Schienenweg zum Eibenbergtunnel an, um dann sachte in sanften Bögen hinunter an den Mondsee zu führen. In St. Lorenz zielte eine Abzweigung zum Bahnhof Mondsee; die Hauptstrecke folgte dem Tal der Fuschler Ache, erreichte Thalgau und wand sich ein paar Stationen später den steilen Abhang nach Salzburg hinunter. Heute folgt der „Söllheimer Wanderweg" dieser Trasse. Am 30. September 1957 befuhr der letzte planmäßige Personenzug die Strecke. Auto und Straße waren die neuen Symbole einer Zeit hitziger Modernisierung und bedenkenlosen Fortschrittsglaubens. Da hatte eine schmale, krumme Bahnlinie, auf der Züge mit 30 km/h Höchstgeschwindigkeit beschaulich durch das Land zogen, keinen Platz. Es war ganz einfach ein paar Jahre zu früh für einen Sieg der lächelnden Unvernunft, für den Schutz unwiederbringlicher Eigenart.

Aber vielleicht gibt es irgendwann in irgendeinem Disneyland eine Salzkammergut-Abteilung. Dann wird dort ganz bestimmt eine Salzkammergut-Lokalbahn fahren. Aus Plastik, natürlich.

MAJESTÄTEN ZU FUSS

Spricht man von einem „Goiserer", kann ein Mensch oder ein Schuh gemeint sein, und das kommt nicht von ungefähr: Beide sind zwiegenäht, bergfreudig und von eher rustikaler Eleganz. Spricht man von einem Ort, wohin auch der Kaiser zu Fuß geht, gibt es eigentlich nur eine Deutung, und die tut Sr. Majestät bitter unrecht. Kaiser, speziell österreichische, waren zu allen Zeiten bereit, auch beschwerliche Fußmärsche auf sich zu nehmen, wenn es um die Jagd ging. Die Jagd war es auch, die Kaiser und Untertanen einander näherbrachte, nicht unziemlich nahe natürlich, aber doch so nahe , daß jeder den anderen sozusagen auf freier Wildbahn beobachten konnte. Die Untertanen hatten genug damit zu tun, kaiserliche Jagdanekdoten zu sammeln, damit sie später von Enkeln und Urenkeln weitererzählt werden konnten und irgendwann für die Fremdenverkehrswerbung nützlich waren. Der Kaiser seinerseits faßte seine Begleiter huldvoll ins Auge, weil ihn das Erscheinungsbild dieser rauhen Gebirgsbewohner interessierte und weil er vielleicht für ein Weilchen ein ganz klein wenig so wie sie sein wollte: naturverbunden und echt. Damit sind wir aber auch schon wieder beim Goiserer – Mensch und Schuh. Jäger, Förster und Holzknechte in dieser Gegend trugen die genagelten Zwiegenähten ganz einfach, weil sie praktisch, fest und doch elastisch und vor allem nicht umzubringen waren. Irgendwann fiel dieser Schuh dann eben dem Kaiser ins

Auge, und er fand Gefallen daran. Nachdem er aber nicht nur oberster Jagdherr, sondern auch oberster Trendsetter war, schnürte man alsbald bei Hofe sogar dann den Goiserer, wenn es bloß darum ging, den Siriuskogel zu erklimmen. Ganz abgesehen davon, steht hinter dem Erfolg der „Goiserer" eine Entwicklung des späteren Schuhmachermeisters Franz Neubacher. Als Geselle eines in der zweiten Hälfte des 19. Jahrhunderts sehr erfolgreichen Schuhmachers, Georg Petter, „Gimbsenschuster" mit Hausnamen, ärgerte es ihn, daß die genagelten Schuhe sehr steif waren. Also entwickelte er in seiner Freizeit die Zwienaht. Bald war er ein selbständiger Meister, und um ihn und seine Zwiegenähten blühte die Goiserer Schuhmacherei auf – Hausnamen erzählen davon: „Görbschuster", „Schuster-Loisen" und andere. Die Schuhe blieben bodenständig, keiner Mode unterworfen, doch die Kunden kamen aus allen Teilen der Monarchie.

1910 übernahm dann Rudolf Steflitsch den Betrieb, ersann eine spezielle Lasche zur Wasserabdichtung und profilierte sich im Ersten Weltkrieg auch gleich als Ausrüster von Spezialtruppen, wie Gebirgsjäger und Gebirgsartillerie. Im Zweiten Weltkrieg kam dann allerdings die Massenproduktion in die Quere. Aus dem „Goiserer" wurde der „Gebirgsjägerschuh", lieblos mit der Maschine eingestochen, die Untersohle maschinell aufgenäht und die Hauptsohle rüde mit der Maschine aufgenagelt. Meister Steflitsch wies empört auf diese doch wirklich deprimierenden Unterschiede hin und gab überdies seine reiche Auswahl an handgeschmiedeten Nägeln zu bedenken: Schernken, Schernkenzwillinge, Jägernägel, Stahlschneideisen, Goiserer Zackenstahleisen, Klauennägel, und, und... Doch gerade diese Nägel waren es, die dem „Goiserer" fast den Garaus machten, als tiefe, griffige Pro-

Ein Goiserer, der Goiserer trägt und noch dazu Schuster ist: Rudolf
Steflitsch, bergerprobt und – der hochgestellten Kundschaft wegen
– mit Krawatte.

filsohlen auf den Markt kamen, die leichter, preiswerter und – einmal ganz ehrlich – auch besser waren. Aber es blieb ja immer noch die famose Zwienaht, es blieben das sorgfältig ausgewählte Leder und die langsame, schonende Gerbung. Abgesehen davon gab es nach zwei Kriegen noch immer Menschen, die in der Tradition wurzelten, und natürlich auch solche, die versuchten, ersteren ähnlichzuschauen. So gelang es dem jüngsten Sproß des Hauses Steflitsch, die Werkstatt und die „Goiserer" in die Gegenwart zu retten. Gut Ding braucht Weile, auch daran hat sich nichts geändert: Wer immer einen „Goiserer" bestellt, sollte sich auf eine Lieferzeit von etwa zwölf Monaten einstellen – mindestens. Das tut denn auch die kon-

Die Zeit der handgeschmiedeten Nägel ist vorbei, doch der Goiserer ist auch mit Profilsohle seinem zwiegenähtem Wesen treu geblieben.

servative Prominenz, jeder bekommt seinen eigenen Leisten, jeder sein eigenes, unverwechselbares Unikat.
Während einer noblen Anprobe kann es hin und wieder
vorkommen, daß ein ganz gewöhnlicher Mensch zur Tür
hereintritt und eine Reparatur abholen will. Dann murmelt der Meister eben ganz unbefangen „einen Moment,
bitte, Hoheit", oder sonst etwas Höfliches, reicht die
Schuhe über den Ladentisch und kehrt dann wieder zu jenem Teil seines Berufes zurück, in dem die Welt noch
zwiegenäht ist, mit wasserdichter Lasche, allerdings
nicht mehr mit Nägeln beschlagen.

SCHWARZ AUF WEISS

Es mag ja nur ein Gerücht sein, aber selbst unerschütterliche Freunde des Salzkammergutes geben zu, daß es hierzulande hin und wieder ein ganz klein wenig regnen kann. Die Behauptung, daß die Traun nichts anderes sei als eine Regenrinne am Dachrand der Gebirgsstöcke, ist jedoch stark übertrieben. Außerdem hat der Regen auch etwas Gutes, nämlich als sanfte, aber nachdrückliche Aufforderung, sich doch wieder einmal, von der äußeren Welt unbehelligt, um das Innere zu kümmern. Regen ist eine jener pädagogisch wertvollen Einrichtungen, welche die Bewohner des Salzkammergutes seit jeher vor allzu sonniger Oberflächlichkeit bewahrt, und Gäste täten ganz gut daran, so zwischendurch einmal still in sich zu ruhen, statt nach dem Animateur zu rufen. Überdies gibt es ja Möglichkeiten, auch bei Regen Geist und Gemüt auf das erbaulichste zu beschäftigen.

Ganz ohne Zweifel bestehen gewisse Zusammenhänge zwischen dem Wetter im Salzkammergut und der traditionsreichen Entwicklung des heimischen Pressewesens. Nicht ohne Grund trug die Titelgeschichte der „Alpenpost" über viele Folgen die Überschrift: „Ein Regentag in Aussee". Ganz abgesehen davon mußte es Zeitungen geben, denn wo sonst hätten echte oder eingebildete Berühmtheiten nachlesen können, ob sie auch wirklich in ihrem Sommerquartier eingetroffen waren. Die „Alpenpost" gibt es übrigens im Ausseerland seit 1885, und daß

der erste Erscheinungstag ein 1. April war, ist nur für bös-
willige Menschen kein reiner Zufall. Schon 1851 erschien
das erste „Gmundner Wochenblatt", und am 15. Juni 1873
gab es in Ischl das erste „Echo aus den Bergen – Organ für
das innere Salzkammergut", zahlreiche andere Blätter
folgten. Daß es dabei sogar hin und wieder eine sozusagen grenzüberschreitende Berichterstattung gab, läßt
unschwer auf einen edlen Sinn und weiten Horizont der
Redakteure schließen. So lugte die „Alpenpost" am 12.
September 1885 kühn über die Pötschen und brachte
Neuigkeiten aus St. Agatha, wo sich zum erstenmal in der
Geschichte des kleinen Ortes vornehmer Besuch gezeigt
hatte, „unsere kaiserliche Prinzessin und Erzherzogin
Marie Valerie", die beherzten Fußes den Schmaranzhügel
bezwang, nach Untersee spazierte und sich dann auch
noch unters Volk mischte. „Auf dem Rückwege hatten die
Kinder des Erbauers vom steinernen Hause, welche vor
demselben saßen, das Vergnügen, von der Prinzessin mit
Geschenken bedacht zu werden, und sprach Hochdiesel-
be beim Gastwirt Petter Josef einer Vespermahlzeit zu."
In ebendieser Ausgabe war auch ein Inserat zu finden:
Franz Kals' Restauration auf der Seewiese. „Eine halbe
Stunde von Altaussee, schönster Punkt der Gegend, voll-
kommener Dachstein-Anblick. Wein, Bier, Kaffee, Milch,
Obers, warme und kalte Speisen, aufmerksame und
prompte Bedienung. Schiffe und Schiffsleute bis in die
Nacht hinein (Mondscheinfahrten) zur Verfügung. Mäßi-
ge Preise." Ach ja, es war einmal. Andererseits ist es vielleicht gar nicht so schlecht, daß die Seewiese heutzutage
unbewirtschaftet vor sich hin träumt. Allzu tüchtig ge-
nutzte Plätze gibt es mehr als genug.
Das „Echo aus den Bergen – Organ für das innere Salzkammergut" vermerkt hingegen gleich in seiner ersten

Ausgabe vom 15. 6. 1873 den schmerzlichen Tod des Ausseer Bürgers Georg Poden. Das Podenhaus, nahe der katholischen Pfarrkirche, bewahrt noch heute das Andenken an eine tüchtige Kaufmannsfamilie, doch schien es viele Jahre lang in einem unheilvollen Schlaf dahinzudämmern, aus dem es kein, oder nur ein böses Erwachen geben konnte. Nun ist der Prinz ja doch gekommen, trägt den schönen Namen Paradeiser, und ist mit ehrenhaftem Eifer dabei, Dornröschen wachzuküssen. Doch zurück ins Jahr 1873 und ins „Echo der Berge", in dem sich ein Satz findet, der sich auf das Bad Ischl von heute mit geradezu beklemmender Aktualität anwenden läßt: „Der beinahe weltberühmte Badeort Ischl, welcher ob seiner herrlichen Lage und der wirklich balsamischen Luft von Fremden aus allen Weltgegenden besucht wird, ist, was den Verkehr anbelangt, wirklich zu bedauern." Allerdings war diese Anmerkung zum Verkehr damals verkehrt gemeint: es gab zu wenig davon. „Nicht allein,daß die Passagiere, welche auf der Westbahn in Lambach ankommen, bis Ischl dreimal durch Umsteigen auf die kleine Bahn, auf den Dampfer und Omnibus geplagt werden, ist es namentlich das Frachtgut, welches auf der Elisabeth-Westbahn bis Ischl einer solchen Verzögerung ausgesetzt ist, daß die Fremden und Einheimischen, besonders die Gewerbetreibenden ganz verzagt herumrennen und sehnsüchtig nach den traunaufwärts mit Pferden gezogenen Salzschiffen auslugen, um tagelang getäuscht zu werden. So brauchte ein Frachtgut von Wien nach Gmunden 11, sage elf Tage, um erst am 14. Tage in Ischl anzulangen."

Einer der noblen Leser des neuen Blättchens zückte die Feder, um den Ischler Verkehr von einer ganz anderen Warte zu betrachten: „An die Sesselträger! Wäre es nicht angezeigt, daß sich die Sesselträger eine Art Uniform, vorerst nur eine dunkle BLOUSE mit Abzeichen am Kragen anschaffen sollten, damit der im Sessel Sitzende nicht fortwährend den UNAUSSPRECHLICHEN des Vordermannes vor Augen haben muß, denn die Spencer gehen nur bis an die Hüften."

Jene, die ihre Unaussprechlichen bewegten, damit andere auf ihren Unaussprechlichen sitzen konnten, nahmen ihre schwere Arbeit nicht mit dem Ingrimm entwürdigter Knechte auf sich, sondern packten eben zu, weil sich damit Geld verdienen ließ. Ob man sich mit Salz, Holz oder bleichen Fremdlingen abschleppte, machte keinen großen Unterschied, nur war bei letzteren die Entlohnung unvergleichlich höher. Nicht einmal Übergewicht fiel ins Gewicht. In Hallstatt erzählt man noch heute von einer unglaublich dicken Erzherzogin, deren Namen man nur aus Galanterie vergessen hat, die einen extrabreiten Spezialsessel und gleich vier Sesselträger benötigte. Diese hatten dann die Ehre, Ihre Höchstgewichtigkeit auf den Dachstein zu schleppen und in der Simonyhütte abzusetzen. Die Sesselträger blieben bei ihr, um immer zur Verfügung zu stehen. Bald hub ein gewaltiges Essen und Trinken an, und nicht selten eilten die Träger mit Mulis ins Tal, um Nachschub zu holen. Die Erzherzogin war aber nicht nur gewichtig und bei gutem Appetit, sie hatte auch ein mitfühlendes Herz, und so gab es zwischen den Sesselträgern beinahe ein Gerangel, wenn es wieder einmal darum ging, die Dame hochzuhieven.

Doch nicht nur die Sesselträger hatten mit dem Zustrom vornehmen Publikums alle Hände voll zu tun, auch die Redakteure. So konnte es schon einmal vorkommen, daß die Ankunft einer Kaiserin beinahe unter den Redaktionstisch fiel, wie etwa das „Gmundner Wochenblatt" am

Wer zahlt, darf auch im Sitzen promenieren. Das intakte Selbstverständnis der Sesselträger ist unschwer an der Gamsbartstellung abzulesen.

4. 9. 1888 eingesteht: „Die Kaiserin vom Rußland in Gmunden. Wegen der drängenden Zeit und der Knappheit des Raumes konnten wir neulich nur die erfreuliche Tatsache der Ankunft der Kaiserin Maria Feodorowna, des Großfürsten-Thronfolgers Nikolaus und der Großfürstin Xenia in unserem Blatte verzeichnen. Wir tragen heute das damalige Versäumnis nach und berichten über den Aufenthalt wie folgt..."

Die getreue Wiedergabe allerhöchster Aufenthalte und deren Bejubelung durch das Volk war natürlich eine schöne Sache, und die Fülle an Material läßt die heutige Regenbogenpresse neidvoll erblassen, doch zwischendurch war's schon auch ersprießlich, etwas Herzhaftes aus dem Alltag zu schreiben und zu lesen.

Da hatte zum Beispiel eine kulturbewußte Ischler Herr-

schaftsköchin ein Erlebnis, von dem sie ganz bestimmt noch oft und mit heiterer Entrüstung erzählte: „Als nämlich diese Köchin am Sonntag, dem 29. Juni, beim Nachhausekommen aus dem Theater sich zur Ruhe begeben wollte und sich bereits halb entkleidet gehabt hatte, erblickte sie zu ihrem nicht geringen Schrecken und Entsetzen unter ihrem Bette zwei nackte Füße eines Mannes hervorragen. Die Köchin machte sogleich Lärm und forderte mit bewunderungswürdigem Muth den ihr ganz unbekannten Menschen auf, sogleich das Zimmer zu verlassen." Angesichts dieser grimmigen Entschlossenheit schlich besagter Mensch auch wirklich von hinnen, wurde wenig später gefaßt und „als der eigenthumsgefährliche Ferdinand Zierler, vulgo Klausl" erkannt, der auch gleich gestand, durch das offene Fenster eingedrungen zu sein. Abschließende messerscharfe Schlußfolgerung: „Da derselbe offenbar aus irgendeiner schlechten Absicht sich in das Zimmer der Köchin eingeschlichen hatte, so wird das k.k. Bezirksgericht, worin er eingeliefert wurde, schon das Geständnis aus ihm herausbringen."
Es ging auch sonst recht lustig zu, 1873, im kaisergelben Ischl:
„Durch die k.k. Gendarmerie wurden zwei betrunkene Drahtbinder, welche einen Kollegen von ihnen aus Geschäftsneid in der unbarmherzigsten Weise auf öffentlicher Straße mißhandelten und das ihm zur Reparatur anvertraute Geschirr zerschlugen, dieserwegen arretiert und dem k.k. Bezirksgericht übergeben."
Auch die Art, in der ein anderer Handwerker den Zustand seiner Ehe öffentlich darlegte, kann in keiner Weise gutgeheißen werden:
„Der gewesene Korbmacher S. versuchte, in anscheinend berauschtem Zustande, beim Rechenstege mit Gewalt

sein Weib zu ertränken. Trotz ihres Sträubens und ihrer Hilferufe hatte sie der Unmensch bereits über den Schranken gezerrt, und es fehlte nicht weit, so hätte sie die Balance und ihr Leben verloren."

Nachdem sich einige Passanten der Untat energisch entgegengestellt hatten, ergriff der Attentäter die Flucht, „die Drohung aussprechend, sich selbst ertränken zu wollen. Es steht zu erwarten, daß er sich dies jedenfalls nochmals überlegt hat."

Aus dem Ausseerland hingegen drang die Kunde von einer Wilderer-Tragödie, allerdings einer von der ein wenig peinlichen Sorte:

„Die leidige Sucht nach Wilddieberei hat in Aussee wieder ein Opfer gefordert. Samstag am 15. November verunglückte im Alt-Ausseer Forstbezirke ein 23jähriger Bursche durch einen Schuß aus dessen eigenem Gewehr: Die Kugel ging rückwärts durch die Hüften hinein und kam vorwärts durch den Schenkel heraus."

Ein anderer Bericht stimmt trotz seiner bizarren Dimension nicht eben heiter, wirft er doch ein deutliches Schlaglicht in eine Ecke des Salzkammergutes, in der von Sommerfrische keine Rede war, auch nicht vom ärmlichen, aber sicheren Leben der Kammergütler, sondern ganz einfach vom dumpfen Elend am unteren Ende der Gesellschaft.

„Die beim soge. Lippenbauer im Rettenbach bedienstete Magd Anna, welche ihren hoffnungsvollen Zustand den Dienstgebern beständig ableugnete, wollte sich Donnerstag vormittag wahrscheinlich nach Ischl begeben. Auf dem Wege wurde sie von Geburtswehen überrascht und gebar auf offener Straße unweit der Kranabetl'schen Kaffeewirtschaft einen munteren Knaben. Eine des Weges kommende Frau leistete derselben die erste Hilfe, und wurde die Wöchnerin hierauf in das Kranabetl'sche Haus gebracht. Die derselben gefolgte Nebenmagd hob das neugeborene Kind vom Boden auf, legte es in ihre Schürze und überbrachte es dem Vater desselben, welcher in Trenkelbach wohnt, zu seiner größten Überraschung. Der Körper des Kindes war mit Sand bedeckt, ja sogar einen Stein hatte dieselbe in der Eile sammt dem Kinde vom Boden aufgelesen und in die Schürze gelegt, welcher an dem Kinde deutliche Spuren hinterließ. Mutter und Kind sollen sich den Umständen gemäß ganz gut befinden."

Es gab eben nicht nur feine Leute im Kaiserstädtchen, und das gemeine Volk mußte die Kunst, sich einander auf das zierlichste zu nähern, offenbar noch studieren, wie das folgende Beispiel aus Lauffen eindrucksvoll illustriert: „Als am 3. d. Vormittags eine 25jährige Dirne im Nachhausegehen war, hatte sich ihr nächst Kaltenbach ein im trunkenen Zustand gewesener Maurergesell als Begleiter freundlichst angeschlossen und derselben unter Wegs Liebeserklärungen gemacht. – Nachdem der Maurer erkannt, daß dieses Mädel seinen Anträgen kein Gehör schenke, sondern vielmehr alle seine Anträge zurückweise, faßte er die Dirne am Arm, schleppte dieselbe in das nächst gelegene Gebüsch, und wollte wahrscheinlich an ihr ein unsittliches Attenthat verüben. Durch den geleisteten Widerstand und durch Hilfe eines herbeigeeilten Burschen war dem Attenthäter der Versuch seines Vorhabens mißlungen."

Die bessere Ischler Damenwelt las solche Nachrichten mit vergnügtem Abscheu, machte sich ihrerseits Gedanken darüber, wie es gelingen könnte, mehr Farbe ins Leben zu bringen, und so steht auf derselben Seite eine weitere erregende Nachricht zu lesen:

„Wie wir aus sicherer Quelle erfahren, hat sich hier ein Damenkomité gebildet, an dessen Spitze mehrere der schönsten und geistreichsten Damen stehen, welche in nächster Zeit ein für die Ischler Kurgesellschaft ebenso interessantes wie originelles Amusement veranstalten wollen. Es soll nämlich ein Tanzkränzchen arrangirt werden, bei welchem die Damen in Ischler Tracht erscheinen werden. Hoffen wir, daß diese Idee recht bald zur Ausführung gelangen wird, welche dem ewigen Einerlei des Ischler Kurlebens einige Abwechslung und Zerstreuung zu bieten verspricht."

Solchermaßen wieder unter gesitteten Leuten, wenden wir uns noch rasch unter der Überschrift „Zwei sparsame Pfarrer" den Goiserer Kirchen anno 1874 zu.

„Samstag, den 28. März Abends beim Ave Marialäuten fiel in der katholischen Pfarrkirche in Goisern die zweit größte Glocke vom Gerüste. Wenn dies Nachmittag geschehn wäre, wo zwei Leichen begraben wurden, und im Thurm oben geläutet wurde, so würden wahrscheinlich etliche mit dem Läuten Beschäftigte ihren Tod gefunden oder schwere Verletzungen erhalten haben. Es wird von den Pfarrkindern erzählt, daß der Herr Pfarrer dem Kirchenzimmermann für das Nachsehen bei den Glockengerüsten nichts zahlen wollte, derselbe daher dies unterließ, und in Folge dessen obiges Malheur. Auch der evangelische Pfarrer, der schon seit längerer Zeit leidend ist, und es sehr oft vorkommt, daß derselbe das Gebet nicht mehr beten kann auf der Kanzel oder verkünden, wurde von mehrfacher Seite angegangen, sich einen Vikar zu halten, aber er glaubt immer, es noch so lange es geht, allein halbwegs zu versehen, da dann nicht mehr so viel in seinen Säckel fällt. So ist es kein Wunder, wenn die Kirchen in Goisern schlecht besucht werden; in die eine

kann man nicht gehen, weil einem der Pfarrer so sehr erbarmt, und in der anderen ist man seines Lebens nicht sicher."

Inzwischen sind die Goiserer Kirchen wieder besser besucht, und wenn einem ein Pfarrer „erbarmt", dann hat
das andere Gründe.

DAS SOMMERFRISCHE SALZKAMMERGUT

Solange der Kaiser Sommer für Sommer nach Ischl kam, war hier der prächtige Mittelpunkt. Doch die wahren Kenner verstanden sich auch damals schon auf die Kunst, den Glanz in einiger Entfernung zu genießen, statt wie Mücken um das Licht zu tanzen.

Das Ausseerland hatte sich überdies mit Erzherzog Johann einen eigenen Habsburger eingefangen, der noch dazu ausnehmend gut in die Gegend paßte: ein fortschrittlicher Konservativer, ein nobler Klassenkämpfer und liebenswürdiger Querkopf. Auch als romantischer Liebhaber war er die Spitzenbesetzung schlechthin, und das größte Kompliment machten ihm die Ausseer, als sie ihn zu einem der Ihren werden ließen.

Der in Florenz geborene Bruder von Kaiser Franz, auf dem politischen Schachbrett der Habsburger eine Figur, die man eher opferte als verteidigte, zeigte hier tapfer und gutgelaunt aller Welt, wie es möglich ist, sich jenseits aller höfischen Konvention als achtunggebietende Persönlichkeit zu präsentieren.

Es wurde in Aussee kein Kult um ihn getrieben, das liegt den Leuten hier nicht, und wenn einmal, selten genug, der Kaiser über die Pötschen kam, brachte das die Welt auch nicht aus den Fugen.

Weitaus einschneidender waren jedoch die Veränderungen, die der beginnende Fremdenverkehr mit sich brachte.

138

Das Ausseer Café Vesco hatte mehrere Schicksalsschläge hinzu-
nehmen: Erst wurde es von einem Dombaumeister weihevoll renoviert, dann machte auch noch die Kurhauskonditorei Konkurrenz.

Im Markt Aussee wurde aus dem alten Fronbad der Saline
die Badeanstalt Vitzthum, 1849 sperrte der erste „Kaffee-
wirt" (das spätere Café Vesco) auf, und 1869 errichtete
Dr. Josef Schreiber im heutigen „Elisabethheim" das „erste Gebirgssanatorium in Österreich" für Massagen und
mechanisch-elektrische Therapie. Adel, Geldadel und
Kreativität vermengten sich mit dem althergebrachten
Leben und gaben dem alten Salinenort eine neue, ein wenig frivole Leichtigkeit, ohne aber sein Wesen wirklich zu
verändern. In Altaussee bereiteten zwei mittelmäßige
Poeten, Christian Freiherr von Zedlitz und August Daniel
von Binzer, den Boden für eine wahre Invasion erstklassiger Dichter und Denker vor, und in Grundlsee waren die
ersten Sommergäste englische Sportfischer, mit Tweed
und Spleen durchaus passend ausgerüstet.
Jenseits der Pötschen, in Goisern, hatte man 1874 verse-
hentlich eine warme Jodschwefelquelle erschlossen, faßte sie hocherfreut und gab ihr trotz des unfeinen Geruchs

139

den schönen Namen „Erzherzogin Marie-Valerie-Quelle".
Schon 1884 wurden eine Badeanstalt und das dazugehörige Hotel eröffnet. Aus Wien zog der Friseur und
Hühneraugenspezialist Konrad Ruff zu, dessen erstaunliche Fertigkeiten auch das Ziehen von Zähnen und die An-
fertigung von Zahnprothesen betrafen. Daß ein solcher
Mann auch noch Vorturner des ersten Goiserer Turnver-
eins „Alpenrose" war, ist eigentlich selbstverständlich.

Mit der Nutzung der Schwefelquelle stellte sich Goisern spät, aber
nachdrücklich in die Reihe der Salzkammergut-Kurorte.

Hallstatt blieb auch in der Zeit der kaiserlichen Sommerfrische seinem alten, ernsten Gepräge treu. Ein paar
wuchtige Wirtshäuser kamen dazu und 1884 das Hotel
Seeauer. Noch in der Mitte des 19. Jahrhunderts war Hallstatt von Obertraun oder Steeg nur auf Saumpfaden oder
über den See erreichbar. Die Straße von Gosaumühl nach
Hallstatt gibt es erst seit 1875. Ein Mann der Wissenschaft
war für den Fremdenverkehr in Hallstatt von besonderer

140

Friedrich Simony, ein Wissenschaftler mit Sinn fürs Praktische, ein Idealist, der sich und seine Lieblingslandschaft blendend zu vermarkten wußte.

Bedeutung: der Gründer der Lehrkanzel für Geographie an der Universität Wien, Friedrich Simony. Seine zahlreichen Aufsätze brachten Hallstatt und den Dachstein ins Gespräch, und er war es auch, der diese Region für den Gebirgstourismus attraktiv machte. 1842 gelang ihm die erste Winterbesteigung des Dachsteins und ein Jahr später ließ er im Wildkar eine Höhle durch einen kleinen Vorbau vergrößern. Damit gab es eine erste, primitive Unterkunft, das „Hotel Simony". Vier Jahre später veranlaßte er den Bau der Simony-Hütte am Riegel vor dem Hallstatt-Gletscher. Als Simony 1896 starb, war der Dachstein mit Wegen und Hütten touristisch erschlossen, und schon damals gab es jene Sorte von Salonalpinisten, die sich „Aufstiegshilfen" leisten, nur waren es eben Maultiere oder gar Sesselträger.

Lauffen hatte mit der Einstellung der Salzschiffahrt seine wirtschaftliche Bedeutung gänzlich verloren. Der enge, dunkle Ort mit der schönen Wallfahrtskirche wurde zum Ausflugsziel der Sommerfrischler aus Bad Ischl. Noch hielten die vielen Wirtshäuser offen, noch war Leben im Ort, wenigstens den Sommer über. Doch der Weg in eine graue, unbeachtete Armut war vorgezeichnet.

Ebensee, einerseits von jeher ein bedeutender Industriestandort, andererseits ein wunderschön gelegener, ziemlich einschichtiger Winkel, erst durch den Bau der Uferstraße und die Eisenbahn an die Welt geknüpft, war als Sommerfrische lange Zeit entweder zweite Wahl oder ein erstklassiger Geheimtip – es kam nur auf den Grad der Hochnäsigkeit an. Die Berliner Bankier-Familie Mendelssohn hatte damit wenig Probleme. Sie beglückte Ebensee mit der ersten Erscheinung eines leibhaftigen Autos, baute das Gut „Fichteneck" aus altem Holz, um neureichen Glanz zu vermeiden, und war gerne bereit, alle im Ort zu unterstützen – mit Ausnahme der Vogelfänger. Auch der Boxsport wurde von den Mendelssohns nach Ebensee gebracht. Ein neuer Kraftsportverein bekam den treffenden Namen „Simson", der Berliner Trainer Rollauf ging ans Werk, und seitdem ist eine Rauferei im Salzkammergut nur dann wirklich unterhaltsam, wenn Ebenseer beteiligt sind.

Starke Ebenseer: Fast alle abgelichteten Kraftsportler stammen aus dem Fleischhauergewerbe. Ganz links der denkwürdige „Heißl Riederl", erst ein bejubelter Boxchampion, in seinen späten Jahren Ortschronist von Rindbach.

Für Traunkirchen, die Urpfarre des Salzkammergutes, war 1773 mit der Aufhebung des Jesuitenordens eine große Epoche schlagartig zu Ende gegangen. Der Ort wurde mit seinen weitreichenden Besitzungen und Rechten von den Salinen übernommen und war damit Teil des weltlichen Salzkammergutes, mit zahlreichen Pflichten und dürftigen Einkünften. Doch Traunkirchen ist einfach zu schön, um zu verkommen. Schon im Biedermeier war der Ort immer wieder Motiv für Gemälde und Zeichnungen, die so nebenbei auch als künstlerisch wertvolle Fremdenverkehrswerbung nützlich waren. Alle Welt wohnte in Ischl oder Gmunden – in Traunkirchen konnte man sich noch mit einem Wohnsitz in schönster Lage profilieren.

Gmunden hatte sehr lang das Kunststück zuwege gebracht, außerhalb des Salzkammergutes dessen Zentrum zu sein: Von hier aus wurde das Ischlland und später auch das Ausseerland verwaltet, hier floß ein guter Teil der Einkünfte, die das Salz brachte, in die Taschen der Beamten und Bürger. Doch Joseph II. wurde aufgeklärten Geistes nicht nur Klöstern gefährlich; er hinterfragte auch ganz unverhohlen die Notwendigkeit anderer Institutionen. So löste er kurzerhand die Kammergutsverfassung auf und demontierte Gmunden als Salzhandelszentrum. Kaiser Franz Joseph schloß diese Entwickung auch noch formal ab, indem er 1849 den Stand der Salzfertiger aufhob und im Jahr darauf aus dem stolzen Salzoberamt eine „K.K. Salinen- und Forstdirektion für Oberösterreich" machte. Gmunden brauchte dringend eine neue Identität.

Die „schöne, wohlgebaute Stadt" (Alexander Humboldt) hatte gegenüber Ischl durchaus Vorzüge aufzuweisen: eine reiche, in Jahrhunderten gewachsene Architektur und die unvergleichliche Lage an See und Traun. Doch Gmundens Karriere als Kurstadt begann eher lustlos. An der Traunbrücke, wo bisher Salzzillen untergestellt waren, wurde 1824 eine private Solebadeanstalt gebaut. Erst nach und nach konnten sich die stolzen Bürger mit ihrer neuen Rolle als Quartiergeber für den Fremdenverkehr anfreunden; auch war Gmunden als Stadt komplett, es gab wenig Möglichkeiten für einschneidende Änderungen und Zubauten. 1833 berichtete Helmina von Chézy: „Der Mangel an schönen und billigen Wohnungen ist höchst empfindlich. Nur wenige sind in angenehmer Lage und diese wenigen werden übermäßig theuer angeboten." Die Eröffnung der Pferdeeisenbahn brachte dann aber doch kräftige Impulse für den Reiseverkehr; drei

Jahre später bot die Dampfschiffahrt auf dem Traunsee eine weitere Attraktion. Gmunden öffnete sich entschlossen seinen Gästen: Mauern und Stadttürme wurden geschleift, zehn Jahre lang arbeitete man an der schwierigen und kostspieligen Aufschüttung des Seegrundes, doch am Ende hatte Gmunden eine Esplanade, die weithin ihresgleichen sucht. 1860 ereignete sich dann auch in Gmunden ein kurmedizinischer Urknall: Dr. Franz Christian Feuerstein, ein Vorarlberger, den seine Stelle als Bahnarzt in Lambach in die Gegend gebracht hatte, ließ eine Kuranstalt errichten, und bald war das Badeleben am Traunsee nicht minder anregend als im nahen Kaiserstädtchen. Friedrich Hebbel, einer der ersten und treuesten Kurgäste, kaufte sich eine Villa, die Ringstraßenarchitekten Hansen, Siccardsburg, Ferstl und Hasenauer bescherten Gmunden eine kleine Gründerzeit, und nicht zuletzt durfte sich die junge Kurstadt im Glanze alten Adels sonnen: Großherzog Leopold II. von Toskana nahm mit seiner Familie in Gmunden Zuflucht, nachdem es in Italien unbehaglich geworden war, der königliche Hof von Hannover zog nach der Schlacht von Langensalza Gmunden als Residenz vor, Prinzessin Luise von Preußen hatte ihren Wohnsitz in der Vorstadt Lehen, und Erzherzogin Elisabeth wurde mit ihrem Gemahl, Erzherzog Carl Ferdinand, für viele Sommer zur Gmundnerin.

Der Union Yachtclub und der Tennisclub wurden gegründet, die bessere Gesellschaft traf sich am Trabrennplatz oder tanzte im Cursalon, dem späteren Kurhaus: Es war eine Lust, zu leben.

Mit Gmunden bekam auch der kleine Nachbarort Altmünster neuen Glanz, vor allem, als Herzog Philipp von Württemberg das heutige Schloß Traunsee errichten ließ und Erzherzog Maximilian Josef d'Este den alten Adelssitz

Herrscherhäuser unter sich: Habsburg und Cumberland begegnen einander in Gmunden.

Ebenzweier kaufte und zu einem mächtigen Landschloß umgestaltete. Trotzdem blieb Altmünster eine gemütliche Sommerfrische, dicht neben der eleganten Kurstadt Gmunden.

Die Gegenden um den Wolfgangsee, den Attersee und den Mondsee standen mit dem Salzkammergut vorerst nur als Holzlieferanten in Beziehung. Als sich dann der Wirtschaftsraum Salzkammergut allmählich in einen Landschaftsbegriff verwandelte, kümmerte sich die Reiselust der Sommerfrischler längst nicht mehr um alte Grenzen. Strobl, vordem nicht mehr als eine Handvoll hingestreuter Bauernhäuser, wurde zum „Strandbad von Ischl", St. Wolfgang, noch von alters her einigermaßen auf Reisende eingerichtet, war ein beliebtes Ausflugsziel und der Ausgangsort für kühne Touren auf den Schafberg, wobei es natürlich auch hier möglich war, im Sitzen zu klettern. 1893 gab es dann die Sensation schlechthin: die Schafbergbahn. St. Gilgen erwachte aus seiner ländlichen

Ruhe, und bald scharten sich die anmutigsten Villen um den alten Ortskern. Ein Salzburger Feigenkaffeefabrikant machte den Anfang und schmückte den Frauenstein bei Ried mit jener Villa, die später auch von Frau Schratt bewohnt wurde, besucht vom Kaiser, ausnahmsweise in Begleitung der Kaiserin. Der große Chirurg Theodor Billroth kam 1883 nach St. Gilgen, erwarb das Hödlgut am Weg nach Brunnwinkel und freute sich über prominente Gäste: Johannes Brahms und Eduard Hanslick. Außerdem war sich der große Arzt nicht zu gut, zu helfen, wenn ein Pferd erkrankte oder eine Kuh nicht kalben wollte. So hatten die Bauern von St. Gilgen einen ganz besonderen Doktor für das liebe Vieh und noch dazu einen, der nicht einmal Geld wollte.

Seit 1834 verbindet die Straße über Scharfling St.Gilgen mit dem Mondsee. Die unermüdlich reisende Helmina von Chézy berichtet: „Wenn der Wanderer irgend schon belehrt ist, so weiß er, daß überall in Mondsee für den Fremden gut sein ist, denn die Gasthäuser sind bürgerlich ländlich, reinlich und gar nicht theuer; hat auch jeder ein zierliches Plätzchen mit Schildereien, leichten und frischen Betten und glänzend feinem Leinenzeug und bequemen, gar schön gearbeiteten Schränken, Kisten, Kasten... überhaupt ist dem, der aus Ischl kommt, Mondsee eine andere Welt. Der Anblick ist südlich heiter, Ischls so schöne Umgebung bleibt im Thale überall ernst und fast wehmuthsvoll, weil seine Anhöhen so dicht umfangen."

Die Westbahn – obwohl ein gutes Stück entfernt – und die Salzkammergut-Lokalbahn ließen die Mondseer Sommerfrische erst so richtig aufblühen, sogar ein leibhaftiger Kurarzt, Dr.Emil Flatz, stellte sich ein und betörte seine Gäste im Mai mit einer besonders poetischen Kurvariante: dem Seewasserbad mit Blütenstaub.

Der Kurgast und das unverfälschte, freie Leben am Busen der Natur. Was die Sennerinnen und die Kühe davon hielten, ist nicht überliefert.

1879 beginnt übrigens jene kuriose Geschichte, die aus einem Ulk eine Ortschaft entstehen ließ. Junge Leute, Sommerfrischler und Einheimische, wollten die Entdeckung Amerikas auf ihre Weise nachvollziehen. Sie tauften eine unschuldige Plätte auf den Namen „Santa Maria", hißten ein rotes Segel und stachen, begleitet von weiteren Schiffen, kühn in See. Nach ein paar Minuten namenloser Entbehrungen und schrecklicher Gefahr landeten sie an einem schilfbesetzten Ufer und nahmen mit gezückter Fahne einen Eschenhügel in Besitz, den sie feierlich „Schwarzindien" benannten. Bald stand an dieser Stelle eine Rastbank gleichen Namens, dann folgte eine Jausenstation, zu der sich später eine Lokalbahn-Haltestelle namens „Schwarzindien" gesellte, und heute stehen eben Ortsschilder am Straßenrand und lassen die Autofahrer staunen.

Der Attersee lag für die schicke Ischler Sommergesellschaft lange Zeit jenseits der bewohnten Welt, und die wenigen beherzten Ausflügler, die sich auf dem Muli oder im Tragsessel durch das Weißenbachtal wagten, hatten Abenteuerliches von einer gewaltigen Wasserwüste zu berichten, umgeben von einer heroischen Landschaft, und von den seltsamen Leuten, die dort hausten.

Vielleicht hatten sie sich vorher auch noch schaudernd der Lektüre eines Reiseberichtes von Leo Hegele (oder war es P. R. Stolzissi? – einer der beiden hat wohl heftig abgeschrieben) aus dem Jahre 1850 hingegeben: „Wenige tieftauchende Kalkschiffe, manche trägegleitenden Holz- und Bretterflöße und trogartige Einbäumeln durchzogen die lange, weite Fläche und verloren sich, so zu sagen, darauf, und die Ufer schienen, mit wenigen Ausnahmen, von Kultur und Geschmack noch wenig beleckt zu sein. Alles auf und um den See trug noch den Stempel des Primitiven und Verwahrlosten an sich." Jener rasche Wandel, den der durch die Dampfschiffahrt und die Eisenbahn kräftig angeheizte Fremdenverkehr bewirkte, findet sich in einem der „Reisebriefe eines Wiener Spaziergängers" von Daniel Spitzer wieder: „Da lag er denn vor mir, der stille, große See mit seiner herzerfrischenden Bläue! Hohe Berge lagern rings um ihn, die schweigenden Wächter seiner Einsamkeit. An seinen Ufern wohnen Menschen in Lodenjoppen, grünen Strümpfen und nackten Knien, und wenn sie schweigen, weiß man nicht, daß es Berliner sind."

Mit den Berlinern war es nicht so schlimm, aber für Künstler aus Wien wurde der Attersee sehr bald zu einem bevorzugten Domizil: Hier waren sie beinahe unter sich und trotzdem in der Nähe ihrer einträglichen Auftraggeber.

Die kaiserliche Familie kam natürlich auch zu Besuch, vor

allem Elisabeth auf ihren Wanderungen und Erzherzogin Valerie. Dem Kaiser selbst war die Gegend irgendwie verleidet, seit er mit den Khevenhüllern auf Schloß Kammer Ärger gehabt hatte. Mußte er dort schon einmal vorbei, dann zog er grimmig die Vorhänge seiner Kutsche zu.

MAUERN UND MENSCHEN

Als im Salzkammergut noch das Salz regierte, schauten
die Häuser einfach so in die Welt, wie es ihrem Innen-
leben entsprach: die meisten bescheiden, aus Stein und
Holz, Bretter statt Schindeln auf den Dächern, weil das
gute Spaltholz für die Gebinde der Salzfertiger gebraucht
wurde. Die Dachstühle waren steil, der längeren Lebens-
dauer wegen, und um dem Schneedruck standzuhalten.
Auch die kleinen Fenster waren ein Ausdruck der Sparsamkeit. Glas war teuer, und Brennholz wurde von den
Salinen eifersüchtig für sich reserviert. Daneben standen
vielleicht ein kleiner Stadl, die Waschküche und das Dörr-
hüttl, weil ohne Kletzn der Krampus halb so schön wäre.
In den Ortschaften, die gut vom Salzhandel lebten, reih-
ten sich die dicken Mauern selbstbewußter Bürgerhäuser
aneinander, und die paar Reichen und Mächtigen im Lande wohnten auf ihren Gütern, Schlössern und Ansitzen,
die ohne jede Bescheidenheit die Vermögenslage oder
die Bedeutung des Amtes repräsentierten.
Als dann mit dem Ende der Kammergutsverwaltung immer mehr Menschen ins Land kamen, die hier nicht arbeiteten oder dauernd wohnten, sondern nur eine unbe-
schwerte Sommerzeit verbringen wollten, brachten sie
auch eine neue, verspieltere Art von Gebäuden mit: Villen
und Schlößchen, die sich mit großen Fenstern und Balko-
nen schwärmerisch der Natur öffneten und in denen das
Dasein ein sorgsam inszeniertes Bühnenstück war. Das

alte, gewachsene Leben mit seinem schweren, zwingenden Rhythmus und ein importiertes, städtisches Lebensgefühl in ländlicher Verkleidung standen vorerst in einem Gegensatz, den die Reichen romantisch und die Armen atemberaubend fanden. Doch mit der Zeit wurden die Konturen weicher, und ein neues Bild des Salzkammergutes entstand: liebenswürdige, manchmal verschrobene Vielfalt, Schlichtheit und jene große Geste, die letztlich sehr gut in eine doch auch recht theatralische Landschaft paßt.

In Gmunden entstand 1927 das noch heute eindrucksvolle Strandbad, damals als „größtes Seebad der nördlichen Alpen" gepriesen. Gleich gegenüber steht die Villa Elisabeth, die „Rosenvilla", heute von jenem traditionsreichen Mädchenpensionat genutzt, an dessen nicht ganz undurchdringlicher Umzäunung die männliche Gmundner Schuljugend begehrlich entlangstreicht. Barbara Frischmuth hat diese Schule sogar zum Thema eines Buches gemacht: „Die Klosterschule." Als Erzherzogin Elisabeth 1865 nach Gmunden kam, war das Haus eben für sie fertiggestellt worden, und gleich fand sich auch ein heimischer Dichter, der das Ereignis besang:

„Ein Stern aus Habsburgs edlem, ritterlichem Stamme
Läßt freundlich, wie gewohnt, sich bei uns nieder
In unsre Herzen ist mit Flammenschrift ihr Name
Stets eingeprägt – und alles jauchzt: „Sie kehret wieder!"
Aus biedrer deutscher Brust kommt Dir der Gruß entgegen
Begleite Gottes Segen Dich auf Deinen Wegen!
Elisabeth, sei wahrhaft herzlich uns willkommen!
Treu ist der heiße Wunsch, den in der Brust wir hegen:
Hoch lebe sie! Die unsere Herzen eingenommen."

Fünfzehn Jahre nach dieser lyrischen Eruption machte

Elisabeth der Stadt ein lebendiges Stück Identität zum Geschenk: die Schwäne. Hinter dieser edlen Tat stand aber weniger erzherzogliche Güte, sondern eher das sprichwörtliche Zerreißen des Geduldfadens: Fünf Jahre war versucht worden, zwei aus Laxenburg bei Wien mitgebrachte Schwanenpaare in einem Zwinger zu halten, doch die Tiere fanden es bei weitem unterhaltsamer, sich in den Fluten des Traunsees zu verlustieren. Endlich gab man ihrem Freiheitsdrang statt, und aus adligen Haustieren wurde eine bürgerliche Augenweide. Gottlob vermehrten sich die beiden Paare heftig, und heute gehören Schwäne wie selbstverständlich zum Bild der Stadt. So nimmt es auch nicht wunder, daß es bald ein „Seehotel Schwan" gab und am sonntäglichen „Schwanenstammtisch" noch heute jene reden, die meinen, etwas zu sagen zu haben.

Als Elisabeth 1901 in Madrid ihre Tochter, die Königin-Regentin, besuchte und ihren 70. Geburtstag feierte, trugen die Enkelkinder ein hübsches Gedicht vor:

„Denkst Du noch der schönen Tage/an dem bergumsäumten See/wo in Deiner Lieben Mitte/Du vergessen manches Weh?/Auf der Höhe steht ein Landhaus/das der Duft der Rosen küßt/Auf dem Wasser gleiten Kähne/Und der ernste Traunstein grüßt/Lieblich ist es, hier zu weilen/unterm blauen Himmelszelt/Sinnend bleibt der Blick gefesselt/Wie versunken ist die Welt."

Da mag die greise Erzherzogin ein kleine, flügelleichte Reise nach Gmunden unternommen haben, in ein sommerhelles, freundliches Leben, in dem die Monarchie und damit die Welt für sie noch in Ordnung war. Auch der König von Spanien, der es sich nicht nehmen hatte lassen, eingestreute Lieder zu singen, konnte sie dabei nicht stören.

Auf Schloß Ort regierte grausam und perfide Graf Herberstorff, und hier weigerte sich ein querköpfiger Habsburger, von Adel zu sein. Heute braucht das Seeschloß dringend einen neuen Herrn.

Ein paar hundert Meter weiter liegt das mächtige Schloß Ort scheinbar schwerelos auf dem Spiegel des Sees, verbindet kompakte Wehrhaftigkeit und edle Eleganz in erstaunlicher Harmonie. Von hier überzog der verhaßte Graf Adam Herberstorff das Land mit einem wahren Schreckensregiment, das in die Bauernkriege mündete, und hier wohnte eine der schillerndsten Persönlichkeiten, die das Haus Habsburg je hervorbrachte: Erzherzog Johann Salvator, ein Sohn des Großherzogs Leopold II. von Toskana. Er war ein kluger, fortschrittlicher Mann, dessen Verhältnis zur Autorität allerdings manchmal fast schon anarchistische Züge trug. Seine einigermaßen respektlosen Betrachtungen über die „Organisation der Österreichischen Artillerie" und seine geradezu aufmüpfige Frage nach „Drill oder Erziehung" machten ihn bei Hofe nicht eben beliebt. So nebenbei befreite er Johann Strauß aus ehelichen Turbulenzen, indem er ihm eine Staatsbürgerschaft in Sachsen-Coburg-Gotha verschaffte und auch gleich als Heiratsvermittler auftrat, wodurch er Österreich einen Wiener Walzerkönig schenkte, der nunmehr Sachse und noch dazu Protestant war. Als Johann Salvator dann auch noch eine Tänzerin, Milly Stubel, heiraten wollte, war das Maß voll, und der rebellische Erzherzog wurde auf ein Abstellgleis des höfischen Managements, nach Linz, verschoben. Als er dort weiter politisch agierte, ohne viel nach dem Reglement zu fragen, verlor er auch diesen Posten. Daraufhin tat er eine letzte höfische Ungeheuerlichkeit, sagte leichthin, daß er zu stolz sei, einen fürstlichen Müßiggänger abzugeben, und trat aus dem Hause Habsburg aus. Er ließ das damals halbverfallene Seeschloß Ort renovieren, wohnte dort als Bürgerlicher Johann Orth, pflegte heiter seine Liaison mit der Tänzerin, bestieg eines Tages ein Segelschiff, die Santa Margherita, reiste gen Südamerika und verschwand. 1890 gab es durch den Bericht eines Reiseschriftstellers noch einmal Grund zur Hoffnung: „Ich habe Ende Juni dieses Jahres den genannten Segler im Hafen von La Plata gesehen und besucht. Es war ein starkes, eisernes, sechs Jahre altes Schiff, wohlgebaut und von prächtigem Ansehen. An Bord war alles so schön und militärisch geordnet wie auf einem Kriegsschiffe. Johann Orth war nicht auf dem Schiffe. Auf meine Anfrage, wo Herr Orth ist und ob er auf dem Schiffe lebt, antwortete mir der Steuermann, daß 'el padron' nie an Bord zu finden ist, denn er lebe in Buenos Aires. ‚Und wie ist die Überfahrt von Hamburg nach La Plata vor sich gegangen?' fragte ich den Steuermann. ‚Ganz wohl', entgegnete mir der Seemann. ‚Das Schiff ist ja sehr solid, und wir haben die Überfahrt in 67 Tagen zurückgelegt, während andere Segler 80 bis 90 Tage dazu brauchen.' Über die persönliche Leistung Johann Orths sagte mir der liebenswürdige Steuermann, daß Herr Orth sich während der Fahrt als ein tüchtiger, erfahrener, vorsichtiger Schiffslieutenant erwiesen hat. ‚In den schwierigsten Situationen war er stets beim Schiffskommandanten Sodich zu sehen, so daß er in jenen 67 Tagen mehr gelernt hat, als ein gewöhnlich Sterblicher in einem Jahre.'"

Kommandant Sodich erkrankte allerdings an Blattern, und Johann Orth übernahm für die Weiterreise um das Kap Horn das Kommando. Am 12. Juli 1891 stach das Schiff in See und blieb von da an verschollen. Am 7. Mai 1911 wurde Johann Orth für tot erklärt. Sein Testament beginnt nicht minder formlos, als es sein Lebensstil gewesen war: „Gott sei mir gnädig! Allen die mich lieben, ein herzliches Lebwohl." Der Gruß an jene, die ihn nicht liebten, steht deutlich zwischen den Zeilen zu lesen. Schloß Ort erbte seine Mutter, die bis zu ihrem Tod auf die Rückkehr ihres Sohnes wartete. Das Wiener Haus bekam seine „treue Lebensgefährtin Ludmilla Stubel". Stiftungen widmete er der „Mildtätigkeit", der „Förderung der heimatlichen Kunst und Wissenschaft" und dem „Wohl und der Entwicklung der k.k. Wehrmacht". Zu guter Letzt wollte der Sproß des katholischen Hauses Habsburg „jede Verwendung meines Vermögens für Zwecke oder zu Handen der Kirche ausgeschlossen wissen".

So war denn Johann Salvator unter tragisch-geheimnisvollem Donnergrollen von der Bühne abgetreten.

Heutzutage spielt Schloß Ort eine traurige Rolle zwischen einer Bundesforstverwaltung, die sich das Gebäude nicht mehr leisten will, und der Stadt Gmunden, die es sich fast nicht leisten kann. Irgendwie ist das nicht mehr der wahre Stil.

Am flachen Seeufer, in der Nähe von Traunkirchen, steht hell und freundlich die heutige Spitz-Villa. 1897 war hier ein ebenso berühmter wie exotischer Mann eingezogen: Rudolf Carl von Slatin Pascha. Als unbedeutender Leutnant Rudolf Slatin wurde er im Alter von dreiundzwanzig Jahren Provinzgouverneur im vom britischen General Gordon für die Ägypter beherrschten Sudan. In den Wirren des blutigen Mahdi-Aufstandes geriet er nach wüsten Kämpfen in die Hände der Derwische, nach elf Jahren Gefangenschaft gelang die Flucht, und als Slatin Pascha konnte er darangehen, die Früchte seiner Abenteuer zu ernten. Doch er zog wieder in den Krieg, nahm unter Queen Victoria am Rückeroberungsfeldzug teil und wurde als Österreicher britischer Generalinspecteur des Sudan. Damit war sein Ruhm als Krieger vollkommen, und er hatte Muße, sich auch noch als Salonlöwe der allernobelsten Sorte zu etablieren. Seine Memoiren, den fast 600 Seiten starken Band „Feuer und Schwert im Sudan", erschienen 1896 bei Brockhaus in Leipzig, widmete er „In tiefster Ehrfurcht Seiner kaiserlichen und königlichen Apostolischen Majestät Kaiser Franz Joseph I." Wenn dieser mit dem Hofzug am Traunsee unterwegs war, ließ er ihn stets anhalten, um dem Freund Slatin Pascha mit einem persönlichen Gruß die Ehre zu geben und fand sogar den Neger sehr apart, der in diesem Haus als Butler fungierte.

Das Salzkammergut hatte sich im 19. Jahrhundert nicht nur dem übrigen Österreich geöffnet, es war ein Tummelplatz internationaler Prominenz geworden. Hoch über Traunkirchen steht steingrau und efeuumrankt die von Theophil von Hansen gebaute Villa einer traurigen Rus-

Slatin Pascha: Abenteurer, Held, Salonlöwe, Politiker, Schriftsteller und exotischer Freund eines gar nicht exotischen Kaisers.

sin. Gräfin Pantschoulidzeff, die Tochter eines georgischen Fürsten, reiste mit ihrer geisteskranken Schwester ruhelos durch Europa, bis sie zu ihrem ungläubigen Erstaunen am Traunsee just jene Landschaft wiederfand, die sie einmal im Traum deutlich vor sich gesehen hatte. Eine kleine russische Kolonie entstand im Haus, das die Gräfin kaum verließ, weil sie sich häßlich fand. Anton Rubinstein, der Pianist und Komponist, war zu Gast, der russische Militärbevollmächtigte in Wien, Oberst Moloslow, Fürst Metschersky, aber auch Erzherzog Maximilian, der spätere Kaiser von Mexiko, der die Gesellschaft der gebildeten Dame dem komplizierten Umgang mit seinem kaiserlichen Bruder vorzog.

Unter den unzähligen Villen in Bad Ischl gibt es eine, die man, ganz inoffiziell und leger, auch als „Kaiservilla" bezeichnen könnte: die Villa Sarsteiner in Kaltenbach, ein phantasievoll variiertes „Schweizerhaus", typisch für vornehme Sommersitze im Kurstädtchen. Allerdings ist der prominente Bauherr Hans Sarsteiner einer der wenigen, die mit dem aufblühenden Ischl Karriere machten und auch hier geboren sind. Hans Sarsteiner verkaufte das ererbte Bauerngut in der Jainzen an den Kaiser, investierte klug und dynamisch in Realitäten, war Besitzer des Hotels „Goldenes Kreuz" und begnügte sich nicht damit, wohlhabend zu sein: Er begründete auch ein Stiftungshaus für Mittellose. Endlich bekam er Lust, einmal über den Ischler Horizont hinauszuspähen. Er unternahm ausgedehnte Reisen nach Ostasien und brachte es zu einer bemerkenswerten volkskundlichen Sammlung, die heute im Heimatmuseum Bad Ischl zu finden ist. „Herr Sarsteiner", soll Franz Joseph einmal leutselig zu ihm gesagt haben, „Sie sind der wahre Kaiser von Ischl." Warum sollte seine Villa also keine Kaiservilla sein?

Gipfeltreffen: Franz Joseph, Kaiser von Österreich, und Hans Sarsteiner, Kaiser von Bad Ischl.

Im stillen Kaltenbachtal, an der alten Römerstraße, stoßen wir auf ein wohlgefügtes Schlößchen, das auf dem großen Turm die Buchstaben P.K.S. trägt. Es handelt sich dabei nicht um einen fehlgegangenen Versuch, „Postsparkasse" abzukürzen, sondern um die Anfangsbuchstaben des Pythagoras-Kepler-Systems: eine nicht-euklidische physikalische Theorie mit Hyperbel und Ei-Form als sichtbare Modelle und mit dem Tongesetz $(1/n).n=1$, entworfen an dem Urinstrument der Pythagoräer, dem Monochord. Das versteht natürlich jedes Kind, doch für die wenigen, die vielleicht Probleme damit haben könnten: Es geht um die Versöhnung von Natur und Technik. Eine Technik, die dazu imstande wäre, müßte aber keine mechanistische, geozentrische sein, sondern eine naturnahe, in der statt gerader Linien, Kreisen, Ellipsen, ge-

160

schlossener Bahnen und materieller Punkte offene, hyperbole Systeme vorherrschen.

Dipl.-Ing. Walter Schauberger, im Februar 1994 verstorben, verfolgte solche Überlegungen, die ihre Wurzeln in den Naturbeobachtungen und Versuchen seines Vaters hatten, mit unglaublicher Intensität. Er hatte schon 1949 in Ischl ein technisches Büro für Energieökonomie gegründet, 1966, als „Grün" noch keine politische Modefarbe war, gehörte er zu den Initiatoren der „Grünen Front". Im Grundsatzpapier stand zu lesen: „Individuelle und letztlich auch politische Freiheit kann nur in einem Lebensraum natürlicher Daseinsordnung gedeihen. Zu den unverletzlichen Grundrechten des Lebens gehört das Recht auf ein gesundes Leben. Die Erhaltung der Lebensgrundlagen Licht, Luft, Wasser, Boden ist dazu Vorbedingung."

Schauberger arbeitete mit den Nobelpreisträgern Chadwick und Bragg zusammen, hielt Gastvorlesungen, unter anderem in Cambridge und Oxford, und wenn Besuch in das Schloß Engleithen kam – Robert Jungk zum Beispiel –, dann durfte er geheimnisvolle Versuchsanordnungen studieren: hyperbolisch gebogene Röhren als völlig neuartige Denkansätze zur Abwasseraufbereitung, die Eiform als Grundlage einer naturnahen Geometrie. Walter Schauberger ist weder reich noch berühmt geworden, das ist heutzutage auch schwierig für einen, der nicht an die Gerade glaubt. Gerade deshalb paßt er aber in das Salzkammergut.

Das Nachbarhaus, die Villa Blumenthal, ist im Gegensatz zum festgefügten Schloß Engleithen von einer seltsam verspielten Unbeständigkeit, auch wenn diese nun schon über hundert Jahre währt. 1893 lustwandelte der Berliner Lustspielautor und Theaterdirektor Oskar Blumenthal

Ein deutsches Fertigteilhaus aus Amerika für einen Ischler aus Berlin. Vom Dachfenster aus konnte Oskar Blumenthal das „Weiße Rößl" in Lauffen sehen.

durch die Weltausstellung in Chicago. Dort faßte er mit jäh erwachter Zuneigung ein zweigeschossiges Holzhaus mit Erkern, Alkoven, Terrassen und einem Turm ins Auge. Er stand vor dem vermutlich ersten Fertigteilhaus Europas. Der Berliner Architekt Johannes Lange hatte es entworfen und die Berliner Wocaster Actiengesellschaft für Holzbearbeitung hatte es gebaut, aus amerikanischer Pechkiefer, der man über dreihundert Jahre Haltbarkeit nachsagt. Es war ohne einen einzigen Nagel zusammengefügt. Da gab es für Blumenthal kein Halten mehr, er griff tief in die Tasche, und so geschah es, daß ein Berliner in Chicago ein Berliner Haus kaufte, um es im Salzkammergut aufstellen zu lassen. Nach rund fünftausend Seemeilen per Schiff und über tausend Bahnkilometern kam dann im Frühjahr 1885 am Bahnhof von Ischl eine in Kisten verpackte Villa an.

Die numerierten Teile wurden wieder zusammengefügt, Blumenthal zog frohen Sinnes ein und war von seinem Haus und der feschen Rößlwirtin in Lauffen dermaßen animiert, daß zwei Jahre später in seinem Berliner Theater sein Lustspiel „Im Weißen Rößl" Premiere hatte. Der kulturbewußte Kritiker der Voss´schen Zeitung schaute leicht pikiert zu und merkte spitz an: „Am Ende des ersten Aufzuges prasselte ein naßechter Regen auf die Bühne nieder; die Personen mußten wirklich den Regenschirm aufspannen und man hatte das Vergnügen, sie wirklich naß werden zu sehen. Es geht nichts über Realismus. Auch sonst regnete es allerlei: Witze, Schnadahupfeln, Busserln mit und ohne Verlobung und was sonst die Jahreszeit Gutes bringt. Die Verfasser (Blumenthal und Kadelburg) hatten die ältesten Register ihrer eigenen und anderer Stücke aufgezogen. Kellner- und Stubenmädchenkomik, Trinkgelder- und Backenkneifer-

poesie, lüsterne Flitterwochenromantik und endlich ein
Berliner, der in die Welt der Berge seine Weißbierstuben-
Idylligkeit versetzt, alles wird mit Emsigkeit durcheinan-
dergerührt… Bis zum Ende des zweiten Aktes vermoch-
ten auch wir mitzugehen, was immerhin eine anständige
Leistung ist; der dritte schien uns aber durch die Witzelei
um jeden Preis, die überdies immer aus dem selben
Loche pfeift, schier unerträglich."
Schon eher erträglich fand Blumenthal den rauschenden
Erfolg seines Stückes, dessen weiteres Schicksal in Diet-
mar Griesers Buch „Nachsommertraum" trefflich beschrieben wird. Das wohl meistbesungene Wirtshaus der
Welt machte einen Rößlsprung an den Wolfgangsee, der
wohl weitestgereisten Villa der Welt blieben weitere Orts-
veränderungen erspart. Oskar Blumenthal starb 1917.
Nach ihm bewohnten ein Geheimer Hofrat, ein verarmter
Adliger und dann ein junges Ehepaar die Villa. Es gab
einen schrecklichen Autounfall; die schwangere Frau
starb, ihr Mann beging Selbstmord, und in die Villa Blumenthal zog gespenstische Stille ein. 1935 erwarb ein
Ischler Bankbeamter das Haus, bewohnte es aber kaum.
Nach dem Zweiten Weltkrieg zog für einige Jahre der Bildhauer Alfred Brandel ein und zeigte eine „Kunstausstel-
lung allererster Meister", die fast alle Alfred Brandel
hießen. Dann stand die Villa wieder leer, Landstreicher
drangen ein, von wüsten Rauschgift-Partys hörte man reden, und mit der Villa Blumenthal schien es zu Ende zu
gehen. Doch dann kam ein Verleger ausnehmend unkeu-
scher Magazine, kaufte das Haus, renovierte es muster-
gültig und wohnt seitdem respektvoll und vergnügt im
Haus seiner Jugendträume.
Gegenüber von Hallstatt, am Ostufer des Sees, steht auf
einer sanften Halbinsel Schloß Grub, ein Gemäuer wie

aus dem Märchenbuch. Schon früher war hier ein schönes Gebäude, das „Gut Grub". Der Ischler Salinenverweser Christoph Eyssl von Eysselberg und seine Gattin kauften es im Jahr 1658. Der Lebenswandel des neuen Gutsherrn war indes alles andere als untadelig. In einem Beschwerdebrief an den Salzamtmann steht zu lesen, „daß die Inwohner aller Orte verursacht werden, zu weinen und die Hände ober den Köpfen zusammenzuschlagen, daß Christoph Eyssl Sonntags Nachts mit seinem vom Wein continuierlich überhitzten Hirn sich ins Pfannhaus begeben und in demselben mancherlei Ungesetzlichkeiten verübt habe. Ja, er sei sogar Willens gewesen, es in Brand zu stecken, worauf der ganze Markt in Brand aufgegangen wäre. Überdies habe Eyssl alles öffnen lassen, des Schlossers schwangeres Weib samt drei Kindern und Dienstmagd aus dem Hause gejagt und ohne jeden Grund Korn und Getreide weggenommen." Damit nicht genug: Auf Gut Grub soll er in einem Wutanfall ein Kind gegen die Mauer geschleudert haben. Die Blutspuren dieser Greueltat, wird erzählt, seien bis zum Neubau des Schlosses, zwei Jahrhunderte später, sichtbar gewesen. Als Eyssl den Tod nahen sah, wurde er vorsichtshalber noch rasch fromm und wohltätig. Der wohlhabende Mann stiftete eine Gruftkapelle in der katholischen Pfarrkirche, und als er starb, bezog er, angetan mit einem prächtigen braunen Samtgewand, das mit feiner niederländischer Klöppelspitze verziert war, sein letztes Stübchen unter dem Steinboden. In seinem Testament gönnte er sich eine letzte Extravaganz, indem er bestimmte, daß man seinen Sarg alle fünfzig Jahre an seinem Todestag hervorhole, ihn um den Kirchgang trage und dann in einer Fuhre auf dem See spazierenfahre. Noch bis in die Mitte des 19. Jahrhunderts wurden dem lebenslustigen Leichnam seine Ausflüge ins Diesseits ermöglicht, dann fanden auch die Hallstätter, an sich für jede hintersinnige Verschrobenheit zu haben, daß es nun wirklich Zeit sei für die ewige Ruhe.

1864 kaufte die Gattin des russischen Botschafters Alexander Tschaffkinie Gut Grub und ließ es nach ihren verträumten Vorstellungen umbauen. Seit der Wende zum 20. Jahrhundert erlebte das Schloß einen regen Besitzerwechsel. Da wird zum Beispiel von einem enorm reichen Herrn Kürschner erzählt, der plante, eine Seilbahn zur Simonyhütte bauen zu lassen, dann aber an der Börse Pech hatte und verarmte. Nach und nach verfiel das Schloß, und erst in jüngster Vergangenheit trat ein neuer Käufer auf den Plan und sorgte für die Instandsetzung.

Bleibt ein letztes Gemäuer: Es steht in Bad Aussee, der ernsten kleinen Spitalskirche zugewandt. Im Jahre 1700 kaufte der Marburger Apotheker Georg Friedrich Eder das Haus Nr. 37. Der Apotheker von Gmunden hob seine Nase noch etwas höher als sonst und nannte seinen neuen Kollegen einen „Stümper und Idioten". Das kümmerte den tapferen Pharmazeuten wenig. Er half, so gut er konnte, machte sich um Hallstatt verdient und erhielt endlich sogar ein Anerkennungsgeschenk der Hofkammer: 20 Taler „Ergötzlichkeit". Gut hundert Jahre später kam aus Gerlinzendorf in den Windischen Büheln ein k.k. Warenspediteur nach Aussee. Er kaufte von Marie Strenberger, die mit dem Lebzelter Kliemstein verheiratet war, das ehrwürdige Haus. Er heiratete, wurde Ausseer Bürger und zeugte fünf Söhne und acht Töchter. Einer der Söhne wurde Deutschmeister-Oberst, ein anderer, als sein Nachfolger, Postmeister. Eine Tochter heiratete den Offizier Anton von Rebenburg, eine andere den Grazer Arzt Dr. Anton Werle, eine dritte das Mitglied des Herrenhauses,

166

Dr. Nikolaus von Romaszkan, und die Älteste, Anna mit Namen, traf es besonders gut: sie ehelichte Erzherzog Johann. Kaiser Franz erhob sie zur Freifrau von Brandhofen und Kaiser Franz Joseph zur Gräfin von Meran.

Noch heute wohnt die Familie Meran im alten Postmeisterhaus Nr. 37 auf einem Platz, der nun Meranplatz heißt. Auch die Familie Strenberger hat dort nach wie vor ihr Haus. Geschichte ist im Ausseerland eben etwas, das sich nicht von heute auf morgen erledigen läßt.

MAN HÖRT REDEN...

In ruhigeren Zeiten war eine Neuigkeit im Salzkammergut eher Grund zur Beunruhigung, und kamen Fremde ins Land, handelte es sich meist um Soldaten, Flüchtlinge oder umherziehendes Gesindel. Als dann der Fremdenverkehr zum Alltag gehörte, waren die Leute von irgendwoher zwar immer noch fremd genug, doch gerade dieser Umstand machte sie interessant, und ihre für heimische Begriffe recht exotische Art zu leben sorgte stets für unterhaltsamen Gesprächsstoff. Sogar die Erkenntnis, daß es auch unter den feinen Leuten Glücksritter, Scharlatane und Gauner gab, war nicht mehr allzu aufregend. So berichtet das „Echo der Berge" ganz locker vom Eintreffen des ersten Kurgastes im Jahr 1874: „Am 13. Mai langte hier mit dem Stellwagen von Ebensee ein elegant gekleideter Herr an, und logierte sich in Stögers Gasthaus ein. Obwohl dem Herrn, welcher sich für einen Fabriksbeamten ausgab, seine finanziellen Verhältnisse sehr derangirt zu sein schienen, ließ er sich unbekümmert durch 8 Tage hindurch die besten Speisen und Getränke auf sein Zimmer bringen, that sich beim Vöslauerwein ganz gütlich, ohne daß er während dieser Zeit zur Bezahlung seiner Zechschuld, die schon ein nettes Sümmchen betrug, Miene machte. Derselbe lenkte somit die Aufmerksamkeit seines Gastgebers auf sich und die stattgefundene Landesstreifung bot die Veranlassung zu seiner von der Gendarmerie vorgenommenen Verhaftung. Erwähnens-

wert ist noch, daß dieser unbekannte Gast, einem einge-
laufenen Telegramme nach, als ein raffinierter Gauner bezeichnet wird."

Aber auch mit durchaus ehrenhaften Gästen im Lande
verlief der Kontakt nicht immer konfliktfrei. In Weyregg,
am Attersee, ärgerte sich zum Beispiel der alte Fischermeister Lechner, daß ein weiblicher Gast, hemmungslos
der Natur hingegeben, ausgerechnet dort den entblößten
Leib mit Seewasser benetzte, wo er seine Netze und Reu-
sen liegen hatte. Tagelang wogten Zorn und sittliche Entrüstung in seiner Brust, und eines Morgens brach es
dann aus ihm heraus und er rief drohend: „Gehst weg!
Badhur!" Die Dame ging weg, aber sie ging auch zur Polizei. Die Sache kam vor Gericht, und der Richter fragte
gütig, aber streng, ob der Fischermeister denn wirklich
so etwas Garstiges gesagt habe. Lechner dachte lange
nach und entschied sich endlich, der Wahrheit mit einem
vorgetäuschten Rückzieher zu dienen. „Gsagt hab ich's
nicht", sagte er fest und fügte fast beiläufig hinzu: „Aber
sein tut's eine!"

Die neuen Moralbegriffe, die mit der großen weiten Welt
in das Salzkammergut gekommen waren, konnten einen
Christenmenschen ja wirklich verwirren. Da gab es etwa
einen Alexander Girardi, der Katharina Schratt den Hof
machte, die aber doch mit dem Kaiser auffallend vertraut
war, der seinerseits eine Ehefrau hatte, die ihrerseits wiederum von all dem wußte. Dann heiratete Girardi endlich
durchaus standesgemäß eine Schauspielerin, Helene Odi-
lon, und kaum war alles in bürgerlicher Ordnung, fing seine Frau eine Affäre nach der anderen an. Als Girardi zu
ihrem Erstaunen damit nicht einverstanden war, versuchte sie, ihn loszuwerden. Zwei prominente Ärzte erla-
gen ihren Einflüsterungen und erklärten den uner-

wünschten Ehemann per Ferndiagnose für „von Kokain befallen, irrsinnig und gemeingefährlich". An die Polizei erging der Befehl, Girardi festzunehmen, der aber hatte auch gute Freunde, erfuhr davon, eilte zu Katharina Schratt, und diese servierte dem Kaiser die Nachricht mit dem Gugelhupf zum Kaffee. Franz Joseph mochte Girardi,

Girardi (im Hintergrund) nebst Freund auf seinem berüchtigten „rasenden Feuerstuhl".

die Schratt mochte er noch viel mehr, also wurde in geradezu unösterreichischem Eiltempo die leidige Angelegenheit applaniert, und das Parlament verabschiedete sogar ein Gesetz „zum Schutz von Privatpersonen gegen gewaltsame Irrenhausinternierung seitens ihrer Verwandten". Girardi hielt seit damals nicht mehr sehr viel von Ehen in Künstlerkreisen und vermählte sich lieber mit der Stieftochter des Klavierfabrikanten Ludwig Bösendorfer, der Baronesse Leonie Latinovicz de Borsod. Als sie ihm bald darauf einen Sohn gebar, berichteten die Wiener Zeitungen, Girardi sei Vater von Zwillingen geworden. Seine Entgegnung bestand aus nur einem Satz: „Von Theaternachrichten ist immer nur die Hälfte wahr." So nebenbei durfte sich das chronisch gelangweilte Kurpublikum auch an Skandälchen delektieren, an denen alle Beteiligten unschuldig waren.

Im Sommer 1865 stieg Otto von Bismarck als Begleiter des preußischen Königs Wilhelm im Hotel Elisabeth ab. Das Verhängnis begegnete ihm auf der Esplanade in Gestalt der Pauline Lucca, einer gefeierten Sängerin, ohne die der Sommer in Ischl wie auch in Gmunden einfach unvollständig gewesen wäre. Man begrüßte einander respektvoll, doch in heiterer Stimmung. Die Lucca erkundigte sich teilnahmsvoll nach den anstrengenden Amtsgeschäften des Staatsmannes und fügte dann schelmisch hinzu: „Nun, Exzellenz, konferenzeln wir beide doch auch einmal." Bismarck sträubte galant den buschigen Schnurrbart und lustwandelte plaudernd mit der Sängerin, die mit untrüglichem Instinkt die Gelegenheit erkannte, ihren ohnedies schon eindrucksvollen Bekanntheitsgrad ins Unermeßliche zu steigern. Sie überredete den Kanzler zu einem gemeinsamen Foto. Die Folgen waren erschreckend: Alle Welt sah schwarz auf weiß die beiden traut vereint und ganz allein, Frau Lucca, auf ein kokettes Schirmchen gestützt, ein ganz klein wenig verrucht in die Kamera blickend und dem Kanzler eine gewaltige Krinoline ans männlich vorgereckte Knie wölbend, während sein Blick fest auf ihrem Anlitz ruhte. Höchste kirchliche Stellen bekreuzigten sich ob einer solchen Schamlosigkeit, politische Feinde bliesen zur Jagd auf des Kanzlers keuschen Ruf, politische Freunde schwiegen verlegen und

Bismarck kam kaum mit dem Erklären und dem Beteuern nach. Bald legte sich der Sturm, doch übrig blieb wie stets ein leises: Es war natürlich nichts. Aber irgendwas wird doch gewesen sein.

Mit solchen Halbheiten gab sich der expressionistische Maler Richard Gerstl erst gar nicht ab, als er im Traunkirchner Hofrichterhaus mit Mathilde Schönberg, der Frau des Zwölftonkomponisten, zusammentraf, sie malte, liebgewann, und endlich in wilder Leidenschaft begehrte. Schönberg ertappte die beiden im ungünstigsten Augenblick, sagte etwas Atonales, seine Frau floh mit ihrem Geliebten nach Wien, kehrte nach zwei Tagen zu ihrem Mann zurück, und Gerstl nahm sich angesichts der Hoffnungslosigkeit dieser Beziehung das Leben. So weit wollte ein anderer Feuergeist, Nikolaus Lenau, nicht gehen, aber er zog auf den Spuren seiner angebeteten Sophie Löwenthal irrlichternden Blickes durch das Salzkammergut. Sophie, verheiratet und doch in der feinen Wiener Gesellschaft die „Unwiderstehliche" genannt, ließ Lenau dicht an sich heran, sehr dicht, um ihn dann abzuweisen. Andererseits fuhr sie energisch dazwischen, wenn eine Nebenbuhlerin auf den Plan trat. Lenau liebte und litt und schrieb Briefe, wenn er Sophie nicht persönlich sehen konnte: „Ich will mich wohl ein wenig mäßigen, in den Ausbrüchen meiner Leidenschaft, ganz kann ich sie nicht beherrschen. Ich fahre auf höchster See und da läßt sich kein Anker werfen. Du hast freilich recht, daß der Affekt mein Leben verzehrt. Das ist nicht anders möglich. Aber diese Verschwendung macht mir Freude, und ich stürbe gern einmal unter Deinen Küssen."

So zwischendurch gönnte er sich in Ischl ein Techtelmechtel mit der Sängerin Karoline Ungher, aber dieses und andere Abenteuer waren ja doch nur Umwege auf dem Weg zu Sophie, und im Herbst 1839 stand er mit einem Versöhnungsstrauß vor der Tür und mit einem Gedicht, das zu seinen schönsten zählt:

„In den trüben, in den kalten
Tagen, die uns heimgesucht,
Hat der Herbst auf ihrer Flucht
Letzte Blumen aufgehalten
Um sie Dir zu schenken.
Diesem Herbste will ich gleichen:
Wenn auf meine lauten Wälder,
Blumigen Gedankenfelder,
Mir die Todeslüfte streichen.
Daß sie schweigen und verblühn
Will ich mit dem letzten Grün
Deiner noch gedenken.“

SO EIN THEATER

Launige Staatsmänner, huldvolle Majestäten, pointenver-
liebte Künstler und unwiderstehliche Damen taten ihr Be-
stes, ihr Leben im sommerlichen Salzkammergut unterhaltsam zu finden. Was auch geschah, es wurde zum Ereignis hochgejubelt oder als Skandal dämonisiert, jedes
noch so bescheidene Anekdötchen wurde dankbar aufgenommen, eifrig weitererzählt und für die Nachwelt festge-
halten. Aber Ischl und Gmunden waren trotz allem nicht
Wien, und anderswo im Salzkammergut konnte es gespenstisch still werden, wenn der Regen die Kurgäste in
ihren Quartieren festhielt und auch der diensthabende
Charmeur oder Sarkast allmählich verstummte.

Die allgemeine Sehnsucht ging also dahin, daß sich im
Salzkammergut mehr abspielen möge, als sich in Wirklichkeit abspielte, und für derlei Wunder ist seit eh und je
das Theater zuständig. Hallstatt, wohl oder übel geübt in
der Kunst, mit Stille und Abgeschlossenheit fertig zu werden, kommt die Ehre zu, das vermutlich erste Theater im
Salzkammergut besessen zu haben – von Provisorien einmal abgesehen. Schon 1793 bereicherte die Salzfertigerin
Eva Wolf ihr Witwendasein mit einem Komödienhaus.
Kaum war Ischl als Kurort so halbwegs etabliert, durfte
auch hier gelacht werden. Bereits 1825 gab es eine kleine
Laienbühne auf dem Dachboden eines Bürgerhauses; es
wurden Ritterdramen und Possen gegeben. Abenteuer-
lich steile Treppen, die vor dem Kunstgenuß zu überwin-

174

den waren, vermittelten dem Publikum zusätzlich ein fast schon alpinistisches Hochgefühl. Sogar der gichtige Hofrat Friedrich von Gentz, ein großzügiger Freund der teuren Tänzerin Fanny Elßler, schaffte den Aufstieg und amüsierte sich gar köstlich. Trotzdem dachte Dr. Wirer bald über eine repräsentativere Lösung nach und handelte so großzügig, wie es nun einmal seine Art war: Er kaufte ein Grundstück, schenkte es der Gemeinde und legte noch 3.000 Gulden in bar dazu. 1827 wurde das neue Haus feierlich eröffnet und es hatte gleich zwei Bühnen: eine für alle Tage und die Kaiserloge. War sie nämlich besetzt, beachtete kaum einer der Zuschauer die Schauspieler, hatten doch die wahren Stars ein Stockwerk höher ihren Auftritt.

Allerdings wurde auch das Geschehen auf der Bühne immer augenfälliger. Im Jahr 1854 kam Johann Nestroy erstmals nach Ischl, weil ihm der Direktor des Wiener Carl-Theaters gar so von seinem Sommerquartier vorgeschwärmt hatte. Nestroy erkannte, daß er hier richtig am Platz war, kaufte eine Villa in der heutigen Nestroygasse 3 und feierte 1855 als Agent Schnoferl im „Mädel aus der Vorstadt" ein triumphales Debut. Allerdings hatte er – ein ambitionierter Zigarrenraucher – wenig Freude an der Weisung des Direktors, sich zur Vermeidung jeglicher Feuersgefahr mit einer hölzernen Requisitenzigarre zu begnügen. Eines Abends ließ er das gar nicht gute Stück geräuschvoll zu Boden fallen und fragte mit hämischer Unschuldsmiene: „Was kostet der Klafter von dieser Sorte?"

Bosheiten dieser Art waren dem glänzenden Ruf des Ischler Theaters nur zuträglich. Die Granden von Burg und Oper tauschten ihre anstrengende Wiener Pflicht in den Ferien nur zu gerne mit einer heiteren Ischler Kür, alles schien hier leichter, beschwingter und eleganter über die Bühne zu gehen – sogar die Intrige. Außerdem konnte es nicht schaden, Freunde und Konkurrenten – manchmal in Personalunion – im Auge zu behalten. Das Repertoire wurde dieser eindrucksvollen Zusammenballung der besten Stückeschreiber, Komponisten, Dirigenten und Schauspieler gerecht. Volksstücken und Operetten standen Klassiker und die Oper gegenüber, dazu kamen Ballettaufführungen, Liederabende und Lesungen. Franz von Suppé, Johann Strauß und Karl Millöcker hatten ein eigenes Theaterorchester zur Verfügung, und der weltberühmte Pianist und Komponist Anton von Rubinstein setzte seiner stolzen Karriere einen verspielten Schnörkel auf, indem er den Ischler Männergesangsverein dirigierte.

Die Strahlkraft der beiden Fixsterne am Ischler Theaterhimmel, Katharina Schratt und Alexander Girardi, war ungebrochen, als um die Wende zum 20. Jahrhundert mit Carl Michael Ziehrer, Franz Lehár und Edmund Eysler jene silberne Ära der Operette anbrach, die in Ischl noch kostbarer funkelte, als es ihrer goldenen Vorgängerin gelungen war. Das hatte drei Gründe: Die Salzkammergutbahn brachte Zehntausende zusätzliche Gäste nach Ischl, die neue elektrische Beleuchtung von Bühne und Zuschauerraum ließ auch nicht ganz so Gediegenes eindrucksvoll erstrahlen, und der neue Direktor, Ignaz Wild, hatte eine sehr glückliche Hand für die attraktivste Mischung aus volkstümlichen Kassenschlagern und hoffähiger Kunstentfaltung. Außerdem gab es ja immer noch ein unfehlbares Mittel, Publikum ins Haus zu locken: War der rote Teppich ausgerollt, kündigte sich ein Besuch des Kaisers an. Kam Seine Majestät dann doch nicht, konnte man sich immer noch auf eine bedauerliche Unpäßlichkeit ausreden. Sehr bedenklich wurde allerdings die Lage, wenn prächtiger Sonnenschein herrschte. So ist auch die zufriedene Miene des Theaterdirektors zu erklären, mit der er an einem schönen Sommertag zum Himmel hochblickte, auf dem sich eben ein vielversprechendes Wölkchen zeigte. „Mir scheint", brummte Wild behaglich, „da oben braut sich eine Abendkassa zusammen!"

Nur wenn der Kaiser geruhte, anwesend zu sein, gab es im Ischler Theater wirklich ein Theater.

Als dann auf der Bühne des großen Welttheaters Österreich-Ungarn unter schrecklicher Begleitmusik zerbrach, und der Kaiser ausblieb, schien es fast so, als würde es in Ischl nie wieder richtig Sommer werden. Aber die Welt konnte nicht wirklich untergegangen sein, denn noch immer saß Alexander Girardi, elegant wie eh und je, beim Zauner. Er ließ sich sein Ischl eben nicht nehmen, auch wenn alles anders geworden war, wie er grimmig konstatierte: „Von Jahr zu Jahr kommen jetzt schlechtere Leut'

177

her. Jetzt wohnen schon zehn in einem Zimmer und zwei gehn in einer Lederhosen spazieren."

Auch das Ischler Theater mußte es billiger geben. Der wichtigste Hauptdarsteller, der Kaiser, war tot, und die Salzburger Festspiele zogen seit 1920 die Besucherströme an. Das noble Haus am Kreuzplatz bekam eine zweite, anfänglich wenigstens sensationelle Existenz als Kino verordnet. Heute ist das Lehár-Theater nur noch Filmtheater und wirkt ein wenig so, als hätte man eine Bonbonniere mit Gummibären gefüllt.

Damit ist das Gmundner Stadttheater nun doch aus dem Schatten seines übermächtigen Nebenbuhlers getreten und darf mit berechtigtem Stolz auf die Tatsache verweisen, daß es zwar auch zum Kino wurde, aber zwischendurch ja doch bespielt wird.

Der Bau dieses schönen Hauses wurde von einem Salzburger Theaterdirektor, J. M. Kotzky, angeregt und finanziert. Am 24. Juni 1872 konnte das „Gmundner Wochenblatt" mit deutlicher Genugtuung berichten: „Der vorgestrige Tag hat wohl für die Meisten von uns die Erfüllung eines seit Jahren sehnsüchtig genährten persönlichen Wunsches, aber auch – und das will ungleich mehr bedeuten – für den Curort Gmunden selbst die Befriedigung eines auf die Länge ohne empfindliche Schädigung seines Rufes gar nicht mehr abzuweisenden Bedürfnisses gebracht. Wir haben nunmehr im Herzen der Stadt, und zwar an bevorzugter Stelle, ein stabiles, dabei geräumiges und in all seinen Theilen äußerst geschmackvoll und würdig ausgestattetes Theater, dessen Eröffnung sonach ohne Übertreibung auch ein Ereigniß für jeden genannt werden darf."

Man gab „Die schöne Galathee" von Franz von Suppé, heftig beklatscht, auch wenn „zu lautes Soufflieren" störte, und als nach 25 Jahren ein erstes, festliches Jubiläum begangen werden konnte, hob sich ein prächtiger neuer Vorhang, vom Atelier der k.k. Hoftheatermaler J. Kautzkys Söhne mit einer Traunseelandschaft geschmückt. Im Jubiläumsjahr war man keck genug, sich an Arthur Schnitzler heranzuwagen: In „Freiwild" wird nicht nur dem Provinztheater reichlich respektlos hinter die Kulissen geschaut, auch Bürgerehre und Offiziersehre werden hinterfragt, und der Sinnhaftigkeit von Duellen konnte Schnitzler erst recht nichts abgewinnen. Doch die Luft wehte in Gmunden ein wenig frischer und freier als im untertänigen Ischl, also ging alles gut über die Bühne, und sogar Prinzessin Mary von Hannover klatschte Beifall. In den folgenden Jahren entwickelte sich das Theater erfolgreich, hatte aber immer wieder mit finanziellen Problemen zu kämpfen, was am schönen Wetter liegen konnte oder auch am tapferen Vorsatz, „nicht im Stile einer Schmiere" zu arbeiten. Schon 1913 erkannte die Direktion die Zeichen der Zeit und erwarb eine Lichtspielkonzession. Nach wie vor wurden aber Schauspiel und Operette gepflegt, und für das Kino hatte man sehr ehrenwerte Absichten: „Eines möge heute Erwähnung finden, daß die kinematographischen Vorführungen auf streng künstlerischer Höhe gedacht sind, daß das größte Augenmerk auf reine, flimmerfreie Bilder gerichtet wird, und daß insbesondere Apachendramen und minderwertige Darbietungen ausgeschlossen bleiben. Das neue Unternehmen soll vielmehr erziehlich wirken und der vornehmen Unterhaltung dienen."

1918, in der schlimmsten Kriegszeit, übernahm die Stadtgemeinde seufzend das Theater und dessen beträchtliche Schulden. Die k.k. Hofopernsängerin Grete Forst gab einen Liederabend, über dessen Erlös sich die Suppenan-

Auch als Kino der Bühne verpflichtet: Das Gmundner Theater wird zwischendurch immer noch bespielt.

stalt freuen durfte, und auch zugunsten der Mütterbera-tungsstelle und der Säuglingsvorsorge fanden Wohltätig-keits-Vorstellungen statt. Zwischen den Kriegen, als Gmunden den Untergang der Monarchie nicht so bitter zu spüren bekam wie Ischl, regte sich auch das Theater-leben wieder, mit zunehmender Munterkeit und einem neuen Selbstbewußtsein. 1922 wurde Hofmannsthals „Je-dermann" in einer heimischen Dialektübertragung aufge-führt, 1933 gab sich die Operette von Julius Brammer und

Alfred Grünwald, „Hoheit tanzt Walzer", mit einer Hofdame namens Frau v. Kalesch und einem Beamten namens Knackerl durchwegs ironisch, und mit dem Stück „Das Weib!" brach man vollends zu neuen gesellschaftlichen Ufern auf: Der Untertitel versprach mit „4 Bildern aus dem Leben der Frau; von der mondänen bis zum Trampel" nicht zuviel. Die dreißiger Jahre brachten den Tonfilm und einen durch die schlechte Wirtschaftslage abgemagerten Spielplan. Die ersten Jahre nach dem Zweiten Weltkrieg bescherten Gmunden als Lazarettstadt an der Demarkationslinie ein gesellschaftliches und kulturelles Feuerwerk. Mit einem Schlag war die Stadt zum brodelnden Sammelbecken für Entwurzelte aller Art geworden, darunter nicht wenige Künstler von internationalem Rang, wie Johannes Heesters, Theo Lingen, Heinz Rühmann oder Victor de Kowa; Marika Rökk gastierte im Stadttheater. Schon 1947 wurde der Beschluß gefaßt, das Haus trotz aller Probleme der Nachkriegszeit zu renovieren, und 1949 konnte Landeshauptmann Dr. Gleißner ein Theater wiedereröffnen, auf das sogar die Kritiker stolz waren.

In Gmunden gibt es aber noch ein zweites Stück Theatergeschichte zu erzählen. 1892 faßte die berühmte Sängerin Pauline Lucca den Entschluß, sich von der Bühne zurückzuziehen. Eine beunruhigende Vorstellung für den Redakteur des „Gmundner Wochenblattes": „Ein Künstlerleben ist so reich an herrlichen Momenten, so zerstreuend und aufregend, nimmt den ganzen Menschen so vollständig gefangen, daß kaum Zeit zum Nachdenken bleibt und oft Tag und Nacht in einem Meer von Aufregungen untergehen! Wie anders das ruhige Leben einer Frau, welche, auf die Erinnerung einer solchen Vergangenheit angewiesen, behaglich dahinträumen soll, ohne goldstrotzende Gewänder, ohne das sturmartige Getöse des Beifalls einer tausendköpfigen Menge, welche, berauscht von ihrem Gesange, dem vergötterten Lieblinge zujubelt."

Die Lucca dachte indes nicht im Traum daran, Däumchen zu drehen, sondern sie ließ ihre Villa „Fernblick" einfach in ein nettes Privatopernhaus umbauen, in dem sie Gesangsunterricht erteilte. War dann die Kunst der Elevinnen ausreichend gediehen, bat Frau Lucca zum Opernabend in ihr Haus. Das Publikum hatte nichts an Glanz verloren. Königliche Prinzessinnen und der übrige Gmundner Hochadel schmückten den Zuschauerraum, wo nun auch der Platz von Pauline Lucca war, „in nervöser Aufregung bleich und zitternd, als ob es um ihren ganzen großen Ruf geschehen wäre, wenn die Schülerinnen ‚da droben' nicht gefielen".

Die große Zeit der Theater im Salzkammergut ist zu Ende. Ist sie es wirklich? Da und dort regt sich nämlich Spielfreude, diesmal aber nicht der hehren Kunst zu Diensten, sondern aus purer Lust am Vergnügen. Dann sieht man zum Beispiel in Gößl, am Grundlsee, verschmitzte Bauern mit dem Rollenbuch auf dem Traktor sitzen, und irgendwann geht im Gasthaus Veit das Ergebnis ihres erdigen Eifers über die Bühne. Keiner will hier berühmt oder unsterblich werden. Dabei wirken bei diesem furiosen Spektakel stets ein paar Mimen allererster Güte begeistert mit, allerdings im Zuschauerraum: ein Schauspiel, das Schauspielern gefällt.

DIE STILLEN BÜHNEN

Die Friedhöfe im Salzkammergut verstecken sich nicht, sie liegen mitten im Leben, gehören dazu. Manche schauen vom Hang über den See, als wolle man auch den Toten eine schöne Aussicht gönnen, und einer verdankt seine Berühmtheit vor allem widrigen Umständen: Der Friedhof von Hallstatt ist viel zu klein. So kommt es, daß die ewige Grabesruhe hier nur zehn Jahre dauert und daß im Karner weit über tausend Schädel und abertausende Gebeine liegen, sauber geschlichtet wie Holzscheiter. Auf dem Friedhof liegen Katholiken und Protestanten getrennt, im Karner gibt es dann keine Unterschiede mehr. Es ist ein Jammer, daß Friedrich Valentin Idam nicht mehr zwischen den Gräbern wohnt. Er hatte die Hallstätter Bundesfachschule für Tischlerei und Raumgestaltung, Drechslerei und Bildhauerei besucht und war dann von diesem seltsamen Ort am See nicht mehr losgekommen, wie andere auch: Fritz Janu zum Beispiel, der auf der Suche nach Hallstatts Vergangenheit als menschgewordener Maulwurf sein Haus unterwühlt, oder Arnold Lobisser, der eigentlich alles tut und kann, was sich mit zwei Händen, einem wundersamen Kopf und altem Holz anfangen läßt. Friedrich Valentin Idam war Totengräber und Holzschnitzer, versuchte sich an Metallskulpturen und Texten, und hin und wieder nahm er nachdenklich und liebevoll einen sorgsam getrockneten und gebleichten Schädel in die Hand, um ihn zu bemalen, wie es von alters her der Brauch ist: Eichenlaub und Efeu für die Stirnen der Männer, Blüten für Frauenstirnen, dazu der Name und die kleine Lebenszeit. Heute wohnt der Totengräber nicht mehr auf dem Friedhof, er kommt von auswärts. Friedrich Valentin Idam hat geheiratet, studiert erfolgreich in Wien Architektur, und es zieht ihn schon wieder nach Hallstatt. Die letzten Jahre, seit er nicht mehr in Amt und Würden ist, wurden keine Schädel bemalt, doch unlängst gingen der Herr Pfarrer und ein kundiger Helfer mit gottgefälligem Eifer daran, die Schädel zu reinigen, Schriftzüge nachzuziehen und die Malerei aufzufrischen. Auch kam ein wenig Ordnung ins Gebein: jetzt liegen die Familien feinsäuberlich beisammen.

Ein paar Kilometer weiter, nach Ischl zu, drängt sich der kleine Friedhof von Lauffen an einen sanften Wiesenhang, fast als hätte er ein wenig Scheu vor der unverschämten Tüchtigkeit, mit der sich die Umfahrungsstraße dicht unter der Friedhofsmauer ihren Weg bahnt. Als Nikolaus Lenau hier mit der Postkutsche unterwegs war, begleitete noch eine schmale, staubige Straße das Traunufer, und wer auch nur halbwegs in der Schule aufgepaßt hat, weiß ein paar schöne Zeilen dazu: „Lieblich war die Maiennacht/Silberwölkchen flogen..." und, ein paar Strophen weiter: „Mitten in dem Maienglück/Lag ein Kirchhof innen,/Der den raschen Wanderblick/Hielt zu ernstem Sinnen./Hingelehnt am Bergesrand/War die bleiche Mauer/Und das Kreuzbild Gottes stand/Hoch, in stummer Trauer."

Noch heute paßt das beschriebene Bild berührend intensiv zur Wirklichkeit, und doch hat Lenau dieses Gedicht, will man dem Biographen Alfred Huth glauben, anläßlich einer Postkutschenreise durch das Schwabenland verfaßt und später, in Amerika, in die endgültige Form gebracht. Der Friedhof von Lauffen war dem Dichter jedenfalls vertraut, und es mag schon sein, daß er sein Bild einfach mitgenommen und anderswo mit anderen Bildern vermengt hat.

Über die Beziehung eines anderen Magyaren deutscher Zunge zu diesem Gottesacker besteht jedenfalls kein Zweifel: Baron Edgar von Spiegl, Edler von Thurnsee, gewesener Attaché in Kairo, liegt hier begraben.

Der Herr Baron, verheiratet mit Lucy Georgine Leontine von Goldschmied-Rothschild, kam 1918 ins Salzkammergut und kaufte die damalige Villa Rothstein, später auch als Schloß Engleithen bekannt. Bald stellte sich zum freudigen Erstaunen der Lauffener heraus, daß ihre neuen Mitbürger nicht nur reich, sondern auch wohltätig waren und ganz und gar nicht hochnäsig. Sie gingen gern unter die Leute, halfen, wo sie nur konnten, und der Herr Baron hatte überdies eine besondere Vorliebe für das heimische Brauchtum. 1924 brachte er sogar das Kunststück zuwege, die alten Seitelpfeifer auf der Blaa-Alm, zwischen Altaussee und Ischl, zu versammeln: den Faber von Steinbruch, den Ganslmayer von Halden, den Kals-Poldl von Aussee und noch ein paar aus Grundlsee. Den Blá Lois von Lauffen ermunterte er, eine eigene Musikgruppe auf die Beine zu stellen, und ließ auch gleich neue Pfeifen aus Zwetschkenholz schnitzen. Der Baron selbst trug das Seinige zur Unterhaltung bei, indem er von seinen Erlebnissen in aller Welt berichtete: von grausamen Stierkämpfen und mörderischen Großwildjagden. Dem Blá Lois blieb dabei erst einmal der Mund offen. Doch dann sagte er trocken: „Geh, Aff!"

In einem Nebengebäude hatte Baron Spiegl ein kleines volkskundliches Museum eingerichtet, und weil die Glocken der Kirche von Lauffen auch zu den Opfern des

Ersten Weltkriegs zählten, spendierte er ein neues, vierstimmiges Geläut, in weiser Voraussicht aus Spezialstahl gefertigt: Als im Zweiten Weltkrieg der Führer nach Kupfer und Zinn verlangte, gab es in Lauffen nichts für ihn zu holen.

Im Jahr 1931 starb Baron Spiegl. Seine Freunde, die Seitelpfeifer, standen am Grab, aber die Instrumente blieben stumm. Sieben Jahre später floh seine Frau in letzter Minute in die Schweiz. Nach dem Krieg kam sie wieder und verkaufte Engleithen, blieb aber ein treuer Gast in Lauffen.

Es ist kaum ein größerer Unterschied denkbar, als der zwischen dem archaischen Hallstatt und dem kaisergelben Ischl, auch was die Friedhöfe betrifft: der eine eng und sehr privat, der andere von pietätvoller Eleganz. Gemeinsamkeiten gibt es aber doch. Hier wie da erzählen Gräber von der stolzen Dynastie der Seeauer, tätig als Salzfertiger, Marktrichter oder Bürgermeister. Aber der Friedhof von Ischl ist vor allem auch ein Friedhof von Wien. Die hitzige Prunkentfaltung der Ringstraßenzeit, die überschäumende Stimmung des Fin de siècle vor dem Hintergrund eines Kaiserreiches, das sich aufs Sterben vorbereiten mußte – hier ruhen viele der prominenten Hauptdarsteller: Damen und Herren von Adel, die für ein paar Sommerwochen nach Ischl gekommen waren und dann doch für immer blieben, Künstler, deren luftiges Metier das Ende einer Epoche leichthin überlebte. Oscar Straus und Franz Lehár haben hier ihre Gräber. Der Ischler Friedhof erzählt aber auch vom Kaiserstädtchen, dessen Aufblühen den Ischlern ungeahnte Möglichkeiten verschaffte. Einer der Tüchtigsten war der Hotelier Leopold Peter. Er fing als „Zahlmarkeur" im Café Walther, dem heutigen Zauner, an, sparte eisern und kaufte in Kaltenbach ein kleines Häuschen, in dem er die Kaffeewirtschaft „Rudolfshöhe" betrieb. Er schaffte und raffte, so gut er konnte, baute um und baute aus, bis die „Rudolfshöhe" ein respektabler Hotelbetrieb war. Jetzt war „Leopold der Pfiffige" nicht mehr zu halten, kaufte und verkaufte Villen und Grundstücke, spekulierte geschickt und zählte bald zu den reichsten Grundbesitzern von Ischl. Er

Leopold Peter wurde sehr schnell zu einem der reichsten Männer in Bad Ischl, starb noch einigermaßen wohlhabend, doch schon für sein Grabdenkmal war kein Geld mehr da.

war auch mit Oskar Blumenthal befreundet, und es wird wohl stimmen, daß er ein willkommenes Vorbild für den Zahlkellner Leopold im „Weißen Rößl" abgab. Als der Krieg das Ende goldener Zeiten ankündigte und Leopold Peter spürte, daß auch sein Herbst gekommen war, bestellte er noch rasch ein pompöses Grabmonument, ließ eine Gruft vorbereiten und schied dahin. Seine Brüder erbten, verkauften und gingen bankrott. Das Grabmonument wurde nie geliefert, und Leopold Peter wechselte in ein kleines, schlichtes Totenbett.

Ein Friedhof ganz anderer Art ist in Ebensee, im Ortsteil Roith, zu finden. Umgeben von friedlichen Einfamilienhäusern, ist die ummauerte Fläche einer KZ-Gedenkstätte ein Stück Geschichte, das sich nicht wegwischen läßt. Das KZ Ebensee war eines der zwanzig, die allein in Oberösterreich bestanden. Im November 1943 traf der erste Häftlingstransport ein, und das Lager wurde errichtet, erst für 5.000, später für 8.000, dann für 10.000 Häftlinge. Dieser Platz mußte sehr bald für 18.000 und mehr Menschen reichen. Es ging darum, im Steilabhang des Seebergs Stollen für Anlagen der Rüstungsindustrie vorzutreiben: „Dachs 1" und „Taube 1" zur Herstellung von Schmieröl und Benzin. Als gegen Kriegsende die Amerikaner schon in unmittelbarer Nähe waren, versuchte der Lagerkommandant unter dem Vorwand einer drohenden Bombardierung alle Häftlinge im Stollen zu versammeln. 400 kg Sprengstoff für die „Massenvernichtung" waren vorbereitet. Die wütende und verzweifelte Gegenwehr der Gefangenen vereitelte diesen Plan. Tags darauf flüchtete die SS–Bewachungsmannschaft. Am 6. Mai 1945 um 13 Uhr 30 war alles zu Ende. Die amerikanische „Rainbow Division" fand im Lager 18.000 Menschen aus 16 Nationen vor, viele von ihnen so geschwächt, daß sie keine Chance hatten, zu überleben.

Wo die Baracken standen, wächst heute Wald. Den Stollen gibt es noch: nutzlos, aber nicht sinnlos, weil wir auch solche Denkmäler brauchen.

Der Friedhof von Traunkirchen kommt gerade recht für einen tröstlichen Abschluß dieses jenseitigen Kapitels: Als kleine, dicht besetzte Terrasse schiebt er sich ohne

Schwere zwischen Himmel und See. Wenn über dem Ostufer die Sonne aufgeht, berühren die ersten Strahlen die Gräber. Die Traunkirchner und ihre noblen Gäste teilen sich diesen schönen Platz. Johannes Joannis liegt hier, kaiserlich russischer Kapellmeister und Musikdirektor in Moskau, auch Alfred Ritter von Franck, Offizier der k.k. Armee, Maler, Radierer und Kunstsammler. Johann Nestroy war einer seiner Freunde und besuchte ihn oft in Traunkirchen.

BARE MÜNZE

Lange Zeit hatten die einfachen Bewohner des Salzkammergutes eine eigentümliche Beziehung zum Geld, nämlich keine. Das Salzamt zahlte überwiegend in Naturalien. Als dann, spät und spärlich genug, Bares unter die Leute kam, gab es keine Geschäfte, deren Preise sich Pfannhauser, Knappen oder Holzfäller leisten konnten. Die finanzielle Misere, aber auch ein neu erwachtes Klassenbewußtsein ließen im Ausseerland und in Goisern Konsumvereine entstehen, die bis heute ihre Eigenständigkeit bewahrten und noch dazu die Stirn haben, auch ohne Konzernherren kaufmännisch erfolgreich zu sein.

Längst hatte sich allerdings auch schon ein zweiter, ungestüm aufstrebender Wirtschaftszweig etabliert: der Fremdenverkehr. In den Anfangsjahren stiegen die Nächtigungszahlen ohne weiteres Zutun, doch schon der Sommer 1890 brachte einen empfindlichen Einbruch. Natürlich traf das Salzkammergut keine Schuld an Währungskrise und Teuerung, aber man mußte etwas gegen die Folgen unternehmen. So kam es 1891 im Gmundner Rathaus zu einer Versammlung von Bürgermeistern und Hoteliers, die allesamt der Meinung waren, man könne ein andermal weiterstreiten, jetzt gehe es um eine gemeinsame Lösung: Der Salzkammergut-Verkehrsverband wurde gegründet. Der wichtigste Akt einer Verbandsgründung, das Ansuchen um Subvention, war rasch erledigt, es gab auch schon Pläne für eine Gemeinschaftswerbung, außerdem sollte der Bau der Schafbergbahn energisch in die Wege geleitet werden.

Moderne Technik galt unter fortschrittlichen Geistern – und wer wollte nicht zu ihnen gehören – als Universalschlüssel für alle Türen in eine bessere Zukunft. Eisenbahnen und Straßen brauchte das Land, je mehr, desto besser, und der für den Fremdenverkehr so nutzbringende Kaiser mochte das Telefon noch so verabscheuen, die Gäste wollten es haben. Ischl bekam 1896 immerhin ein „Lokaltelefonnetz" mit einigen privaten Anschlüssen, doch zwischen dem Ausseerland und Ischl waren Telefongespräche erst nach 1900 möglich. Auch galt es, einem neuen Freizeit-Verkehrsmittel Bahn zu schaffen, dem Fahrrad. Also legte in Ischl der Friseur und Zahntechniker Berkovits Kamm und Zange beiseite und organisierte den Bau eines Radfahrparcours. Die Ausseer übten sich hingegen in einer Kunst, die sie seitdem bis zur Vollendung weiterentwickelt haben, und ließen einen prominenten Freund der Gemeinde für sie tätig werden: Der Reichskanzler Fürst Hohenlohe war so freundlich, eine Audienz beim preußischen Verkehrsminister Thielen zu erwirken, und der wiederum versprach, einige Vergnügungszüge auf direktem Weg von Berlin nach Aussee zu schicken. Das Salzkammergut, unter Österreichs Sommerfrischlern allgemein bekannt, versuchte nach und nach, auch international ein Begriff zu werden. Gemeinsam erstelltes Werbematerial zierte die Schaufenster ausländischer Reisebüros, und sogar auf der Weltausstellung in St. Louis konnten sich die Amerikaner vor Bildern aus dem Salzkammergut darin üben, nicht länger good old „Austria" mit pretty new „Australia" zu verwechseln. 1906 wurde dann Ischl zu Bad Ischl, 1911 folgte Bad Aussee und erst 1931 Bad Goisern.

Der bemerkenswerte Ausseer Hans Renner weiß als tauglicher Rekrut noch nicht recht, ob er sich freuen soll.

Am 27. Juni 1914 bemerkte der Kaiser gegenüber seinem Adjutanten Eduard Graf Paar: „Es war doch ausgezeichnet, daß wir ein paar Tage früher hergekommen sind, da genieße ich diese Herrlichkeit der Natur viel länger. Morgen gehe ich auf den Berg, einen Hirschen schießen."
Einen Tag später wurde der Thronfolger in Sarajewo ermordet. Am 24. Juli unterzeichnete Franz Joseph im kleinen Salon der Kaiservilla das Ultimatum an Serbien, drei Tage später das Kriegsmanifest. Am 29. Juli 1914 verließ der Kaiser Bad Ischl für immer.
Tags darauf wurde unter Trommelschlag die allgemeine Mobilmachung verkündet. Patriotischer Jubel, um so lauter, je mehr Bedenken er übertönen mußte, und angstvolles Schweigen beherrschten die Stimmung im Salzkammergut. Noch zögerten viele Gäste ihre Abreise hinaus, und so kam es, daß sich der Krieg ein einzigesmal als förderlich für den Fremdenverkehr erwies: Vom 5. August an wurde der Personenverkehr auf der Salzkammergut-Eisenbahn für einige Zeit untersagt, nur Militär- und Versorgungszüge durften fahren. Somit blieben viele Gäste wohl oder übel in ihren Urlaubsquartieren. In den folgenden Kriegsjahren teilten sich Sommerfrischler und Verwundete in den Kriegslazaretten die Kurorte. Ein ganz besonders sensibler Fremdenverkehrsfachmann stellte sogar den – gottlob übergangenen – Antrag, man möge getrennte Lazarettzüge führen, um die empfindsamen Gemüter der Kurgäste zu schonen. Gegen Ende des Krieges wurde es dann auch in der relativ windstillen Ecke Salzkammergut ungemütlich. Lebensmittel wurden knapp, und es war zu befürchten, daß Hamsterkäufe von Gästen die Versorgung Einheimischer gefährden könnten. 1917 sah man sich daher zu einem außergewöhnlichen Schritt genötigt: der Fremdenverkehr wurde „amtlich verboten".

Wer trotzdem anreiste, mußte sich seine Verpflegung – zumindest offiziell – nachschicken lassen. 1918 gelang es dann einigen Kurorten, Lebensmittelsonderlieferungen für Kranke zu bekommen und damit die Gästezahlen zu erhöhen.

Das Endes des Krieges war nahe. Kaiser Karl I. bot am 14. September 1918 allen beteiligten Mächten Friedensverhandlungen an. Der deutsche Kaiser Wilhelm II. war verärgert, Amerika lehnte kühl ab, Frankreich wollte nur noch „einen fleckenlosen Sieg". Am 11. November 1918 unterzeichnete Kaiser Karl I. in Schönbrunn sein letztes Manifest. „...Im voraus erkenne ich die Entscheidung an, die Deutsch-Österreich über seine künftige Staatsform trifft. Das Volk hat durch seine Vertreter die Regierung übernommen. Ich verzichte auf jeden Anteil an den Staatsgeschäften."

Der Vielvölkerstaat war zerbrochen, Österreich verblieb als Rest, als junge Republik, der so manche ihre Lebensfähigkeit und Existenzberechtigung absprachen.

Im Salzkammergut versuchte man schon im ersten Jahr nach Kriegsende wieder Gäste zu bekommen. Hunger sollten sie allerdings keinen leiden, also ersuchten die Verantwortlichen beim Ernährungsamt in Wien um Hilfestellung. Sogar aus Amerika und den Ländern der Entente wurden Nahrungsmittel angekauft. Trotzdem waren die Speisekammern Ende August leergegessen, und es blieb nichts anderes übrig, als die hungrigen Sommerfrischler unter Strafandrohung hinauszukomplimentieren. Darob erschreckt, beschloß der Gemeinderat in Gmunden, „den Fremdenverkehr für das Jahr 1920 abzulehnen", der oberösterreichische Landtag zog mit und gab einen Erlaß heraus, der eine Ordnung wiederherstellte, die im Salzkammergut Tradition hat – wenn auch vor

einem anderen Hintergrund: „Die Einreise nach Oberösterreich und der Aufenthalt in diesem Lande unterliegt der strengsten behördlichen Kontrolle. Ein Sommerverkehr findet in Oberösterreich im Jahre 1920 nicht statt."
Die Behörde hatte jedoch andere Sorgen, als jedem Urlauber nachzulaufen, und so kam es, daß trotz Verbot die Nächtigungszahlen munter anstiegen.

Ein Jahr darauf war das Salzkammergut schon bereit, das Leben auch offiziell von der gastlichen Seite zu nehmen. Mehr Urlauber brachten mehr Geld ins Land, doch dieses Geld war immer weniger wert. Die Inflation galoppierte dermaßen rasant, daß man zahlen konnte, soviel man wollte, die Taschen wurden doch immer voller. Nach dem Ende der Saison zählten Wirte und Hoteliers betrübt ihre Geldberge, konnten damit kaum das Nötigste bezahlen, und für das nächste Jahr war kaum Besserung in Aussicht.

Trotz aller Probleme wurde die kriegsbedingte Lähmung allmählich abgeschüttelt. Die Kurorchester fingen ein wenig zaghaft an zu flöten und zu geigen, die Elektrifizierung der Salzkammergut-Lokalbahn wurde in Angriff genommen, und zwischen Grünau und Gmunden verkehrte seit 1923 ein flotter Autobus statt einer ächzenden Postkutsche. Seit dem Ende der staatlichen Lebensmittelbewirtschaftung boten auch die Märkte wieder ein erfreulicheres Bild. Die „Neueste Post" berichtete am 10. Mai 1923, daß auf dem Gmundner Wochenmarkt 64 Bäuerinnen so gut wie alles anboten, was das Herz und vor allem der Magen begehrte: „Korb an Korb, gefüllt mit goldgelben Butterstriezeln und einer großen Menge von Eiern, stand die halbe Traungasse hinauf. Wahrhaft ein köstliches Bild der Erinnerung an die Zeit vor 1914, getrübt allerdings angesichts der Preise von gestern und heute." Endlich löste

1924 der tapfere Schilling die schwindsüchtige Krone ab, blieb hart und finanzierte für die nächsten paar Jahre eine stürmische Aufwärtsentwicklung.

Im Jahr 1927 verwirklichte sich ein langgehegter Traum des Ebenseer Fremdenverkehrspioniers Rudolf Ippisch: die Feuerkogel-Seilschwebebahn wurde eröffnet. Dem Bau war ein abenteuerlicher Kampf um die Finanzierung vorausgegangen. Erste Initiativen wurden von der Inflation zunichte gemacht. Ein amerikanischer Partner verstarb plötzlich, und die ihm übergebenen Pläne waren nicht mehr auffindbar. Die Firma Bleichert, damals der größte Seilbahnhersteller der Welt, trat unter dem Vorwand vom Geschäft zurück, die (übrigens bestens fundierte) Traunseeschiffahrt sei keine geeignete Sicherstellung. Der nächste Versuch wurde mit dem berühmt-berüchtigten Finanzhasardeur Dr. Josef Kranz gewagt, von dem man schon zu Kaisers Zeiten munkelte, es gäbe nur zwei mächtige Männer in der Monarchie: Franz Joseph und Kranz Josef. Auch dieses Bündnis scheiterte und Kontakte mit englischen Interessenten erwiesen sich letztlich als fruchtlos, weil den vornehmen Geldgebern das Waidwerk verleidet worden war: Sie wollten vor allem die ehemalige kaiserliche Jagd auf der Hochfläche des Höllengebirges für sich haben, und als in englischen Zeitungen das Gerücht verbreitet wurde, auf dem Feuerkogel herrsche die Räude, war alles vorbei. Endlich konnte die Finanzierung des Projektes von der Traunseeschiffahrt, der oberösterreichischen Landesregierung und Kreditgenossenschaften gesichert werden. Am Ende der schwierigen und auch gefährlichen Bauarbeiten, die zwei Todesopfer forderten, stand eine der kühnsten Seilbahnen Europas.

Im Jahr 1928 konnte die neue Verbindungsstraße zwi-

schen Traunsee und Attersee eröffnet werden, und erstmals begann auch die Wintersaison eine wichtige Rolle
für den Fremdenverkehr zu spielen. Gegen Ende der
zwanziger Jahre war das Salzkammergut nicht nur ausge-
bucht, sondern regelrecht überfüllt. Diese hitzige Konjunktur hielt nicht lange: schon 1930 gab es deutliche Ein-
bußen. Andererseits war der Siegeszug der Technik kaum
zu bremsen: Im August 1925 gab es sogar eine Linienflug-
verbindung zwischen St. Wolfgang und Wien, die mit 15
Flügen immerhin 23 Personen beförderte. 1931 landete
ein Junkers-Hydroplan aus Dessau am Traunsee, der die
Saison über für Rundflüge zur Verfügung stand. Gleichzeitig wurde allerdings der Flug-Liniendienst zwischen
Gmunden, Linz und Wien aufgelassen, der seit 1925 bestanden hatte.

Um die allgemeine Rasanz einigermaßen zu dämpfen, erließ die Bezirkshauptmannschaft Gmunden 1932 eine

Ein Wasserflugzeug vor Gmunden. In der krisengeschüttelten Zeit
der Ersten Republik wußte man nicht so recht, was aufregender
war: die schwindelerregende Inflation oder atemberaubende
Höhenflüge.

neue Verkehrsordnung: Kraftfahrzeuge mit Luftreifen durften die Kurorte mit höchstens 25 km/h durcheilen, für solche ohne Luftreifen galt eine Höchstgeschwindigkeit von 15 km/h.

Weitaus schneller bewegten sich Wirtschaftskrisen auf das Salzkammergut zu. Deutschland hatte 1931 eine Ausreisesteuer von 100 Reichsmark eingeführt, 1933 folgten die gegen Österreich verhängte Tausend-Mark- Ausreisesperre und Devisenbeschränkungen anderer Länder. Dennoch kam es in Bad Ischl 1934 zur Eröffnung einer Spielbank im Kurhaussaal und in der Aschau wurde ein Golfplatz gebaut. Das Jahr 1936 brachte die Aufhebung der Tausend-Mark-Sperre, wenn auch die strengen Devisenbestimmungen aufrechtblieben. 1937 geriet die Salzkammergut-Lokalbahn in arge finanzielle Schwierigkeiten. Sie konnte Löhne nur noch in 5-Schilling-Raten auszahlen und mußte vorübergehend den Bahnverkehr einstellen, bis sie, mit Unterstützung der Regierung, dann doch wieder kräftiger schnaufte.

1938 wurde Österreich zu einem Stück Deutschland, und von nun an galt, was im Reichsfremdenverkehrsgesetz geschrieben stand. Das Salzkammergut wurde von jüdischen Gästen „gesäubert", jüdische Villen wurden „arisiert", und die Prominenz des Dritten Reiches fühlte sich im Lande der geheimnisumwobenen Alpenfestung wie zu Hause.

Als der Spuk vorbei war, als Verletzte, Flüchtlinge und Heimatlose nach und nach das Salzkammergut verlassen konnten, war die Zeit für einen neuen Anfang gekommen. Schon 1946 wurde an die Bundesregierung appelliert, im Salzkammergut den Bau umweltschädigender Fabriken zu unterbinden, und 1947 wurde das erste Teilstück der Dachstein-Seilbahn zu den Eishöhlen und den Mammuthöhlen gebaut. 1961 waren dann alle drei Teilstücke fertiggestellt. Natürlich laufen einem gestandenen Berggeher kalte Schauder über den sehnigen Rücken, wenn er auf dem Krippenstein die Halbschuhtouristen durchs Gelände wanken sieht, aber verglichen mit anderen Regionen wurde das Salzkammergut maßvoll und behutsam erschlossen, und dabei soll es auch bleiben. Der Fremdenverkehr hat die Bedeutung des Salzes als bestimmenden Wirtschaftsfaktor längst und sehr nachdrücklich abgelöst. Dennoch bleibt das Salzkammergut seinem Namen treu, indem es sich seiner Wurzeln bewußt ist und nicht jedem dahergelaufenen Propheten glaubt.

Ganz abgesehen davon: Auch für den Fremdenverkehr besteht das Salzkammergut aus vielen Mosaiksteinchen, die zwar miteinander ein Bild ergeben, doch für sich selbst ist jedes erst recht ein Ganzes.

AHOI!

In einem unwegsamen Land sind Wasserwege die besten Verkehrsverbindungen. Die Anfänge der Schiffahrt im Salzkammergut liegen demnach weit zurück, und der Gedanke, daß die Bewohner der Pfahlbaudörfer auch Boote besaßen, hat viel für sich. Jedenfalls gab es ursprünglich drei Arten von Wasserfahrzeugen: die Zillen der Salzfertiger, die Flöße der Holzfäller und die Einbäume der Fischer. Den ersten Preis im historischen Design-Wettbewerb verdient ganz ohne Zweifel der Einbaum, am Mondsee „Schöff" genannt, am Traunsee „Einbäuml".

Dieses archaische Trumm Holz hat in seiner perfekten Formgebung unverändert Jahrhunderte überdauert; seine Geschichte klingt erst in jüngster Vergangenheit aus. Die konsequente Schlichtheit des Einbaums sollte nicht darüber hinwegtäuschen, daß seine Herstellung ein hohes Maß an Erfahrung, Können und Fleiß verlangt. Mehr noch: Wer einen Einbaum bauen will, sollte sich auf Künste verstehen, die einst sehr geachtet waren, dann als Aberglaube verteufelt wurden und heutzutage schon wieder nachdenklich stimmen. Ganz abgesehen davon braucht man für ein solches Unterfangen Baumriesen, wie sie in unserem sterbenskranken Wald kaum noch zu finden sind. Die besten Schiffsbäume sind Tannen, gut zweihundert Jahre alt und an die fünfzig Meter hoch. Ist der Baum besonders mächtig, reicht sein Stamm für zwei Einbäume, einen größeren und einen kleineren. Doch nur

Noch vor wenigen Jahren gab es auf den Salzkammergutseen
Einbäume

Banausen greifen gleich zur Axt. Erst ziemt sich einmal
der Blick in den Kalender: Spät im Herbst oder auch
gleich nach Winterende, wenn der Baum noch nicht in
Saft ist, sollte er gefällt werden. Auch die Tierkreiszei-
chen spielen eine Rolle: „Drei Tage im Fisch" ist ein idea-
ler Zeitpunkt für den Arbeitsbeginn. Außerdem sollte der
Mond im Abnehmen sein, denn da geht der Saft aus dem
Baum und das Holz wird leichter. Jetzt ist es Zeit für einen
prüfenden Blick nach oben, denn der Wipfel muß seit
dem letzten Regenfall schon abgetrocknet sein. Dann

schlug der erfahrene „Schöffhacker" noch gegen den Stamm, um aus dem Klang die Qualität des Holzes und Krankheiten zu erkennen. Schritt man dann endlich zum „Einbaumhacken", brauchte der „Moasta" zehn, besser zwölf Leute dazu, ein Drittel erfahrene „Schöffhacker", der Rest Helfer. Der Tag fing noch vor dem Morgengrauen mit drei Vaterunsern an. Vor dem Fällen hackte der „Moasta" ein Stück Rinde von der Schattenseite des Stammes: Hier, wo die Jahresringe dichter aneinander liegen, entstand später der Boden des Einbaums. Dann wurde die mächtige „Schöffbamsag" angesetzt. Nachdem der Riese gefällt war, kamen noch drei Kreuze in den Baumstumpf, als Rastplatz für die armen Seelen bei der wilden Jagd. Nun mußte alles sehr schnell gehen, damit der Stamm nicht austrocknete und rissig wurde. Das „Kesselhacken" höhlte den Innenraum aus, dann wurden die Seiten in Form gebracht, endlich der Boden: nicht eben, sondern gewölbt, um den Einbaum steuerfähig zu machen. Nach drei Tagen Schwerarbeit im Wald wurde der roh behauene Einbaum, der „Prügl", mit Ochsen oder Pferden aus dem Wald geschleift, und dabei ging es fast wie bei einer Hochzeit zu: Einbaum und Gespann waren geschmückt, eine hübsche „Schöffbraut" durfte nicht fehlen, und es gab die unterhaltsamsten Zwischenfälle. Wurde der Zug angehalten, mußte man sich freikaufen, kam ein Wirt dem Gespann in die Nähe, tat er gut daran, ein Faß anzuschlagen, und am Ziel gab es Krapfen und schon wieder nicht wenig zu trinken. Tags darauf ging man schweren Kopfes an das „Einschwarn", das Versenken des „Prügls" im See. Dort lag er dann, nahe am Ufer, mit Steinen beschwert, in etwa zwei Meter Tiefe, um zu reifen. Erst wenn ein neuer Einbaum gebraucht wurde, hob man den „Prügl" spät im Herbst aus dem Wasser, ließ ihn den Winter über trocknen und brachte ihn im Frühjahr in seine endgültige Form. Dann wurden noch durchlöcherte Buchenbretter aufgesetzt; kleine Weidenkränze dienten als Halterungen für die Ruder.

Die besonderen Windverhältnisse am Traunsee machten den Einsatz von Hilfssegeln sinnvoll.

Nicht nur Fischer befuhren mit Einbäumen die Salzkammergutseen. Solange St. Wolfgang große Bedeutung als Wallfahrtsort hatte, wählten viele Pilger den Wasserweg von Mondsee nach Scharfling, um dann den Wolfgangsee zu überqueren. Eine alte Fischordnung des Klosters Mondsee aus dem Jahr 1544 besagt, „Kirchvolk" nicht mit „Vischscheffen" – also Einbäumen – sondern mit „Zülln" über den See zu bringen. Auch die Zahl der zugelassenen Sitzplätze war offiziell geregelt: In einem „Segnschiff", dem größeren, gut elf Meter langen Einbaum, durften acht Passagiere Platz nehmen, im kleineren „Nachschiff" vier Personen. Auf dem Wolfgangsee setzten die meisten Wallfahrer von Fürberg, in der Nähe von St. Gilgen, über, wo es auch heute eine Anlegestelle gibt. Voll kindlicher Frömmigkeit riefen sie dann über den See: „Heiliger Wolfgang, bist du da?" Worauf das Echo von der Falkensteinwand gutmütig antwortete: „Ja, ja." Weniger gottesfürchtig war das Verhalten der Bootsführer, die sich um einträgliche Pilgergruppen regelrecht balgten. Wer es schaffte, den „Reiseleiter" mit dem Kreuz oder der Pilgerfahne mehr oder weniger zartfühlend ins Boot zu zerren, hatte auch den Rest der Herde als Passagiere gewonnen. Erst die Erlassung einer strengen Schiffahrtsordnung mit drakonischen Strafandrohungen brachte den Schiffern bes-

Eine Zillenfahrt zählte nicht immer zu den beschaulichen Reiseerlebnissen: die Fahrt über den Traunfall.

sere Manieren bei. Einbäume, Plätten, Zillen und Flöße bekamen 1873 Konkurrenz, als kein Geringerer als „Franz Joseph" vom Stapel lief, ein Dampfschiff, das den Kaiser überlebte, zwei Weltkriege überstand und heutzutage erst recht Kurs auf eine ehrwürdige Zukunft nimmt.

Für die Wallfahrer war der heilige Wolfgang Anlaß genug, sich ins wilde Salzkammergut vorzuwagen; den Herrschern aus dem Hause Habsburg war in diesem Fall eher das Salz heilig. Auch ihnen blieb es nicht erspart, sich ein Stück Weges über den See zu bemühen, und damit auch dieser Teil der Reise standesgemäß verlief, lag am Traunsee das „Kaiserschiff" bereit. Nach und nach wurde das Reisen allerdings weniger umständlich. Mit der Pferdeeisenbahn wurde Gmunden schon sehr früh in ein leistungsfähiges Verkehrsnetz eingebunden, und damit war auch für die Schiffahrt nach ein paar Jahrhunderten Ruhe ein kräftiger Innovationsschub angesagt.

Dieses Thema führt uns vorerst nach Wien. Schon damals widerfuhr der Donaudampfschiffahrtsgesellschaft ein Schicksal, das ihr möglicherweise in naher Zukunft wieder droht: sie war fest in ausländischer Hand. Als dann die Engländer John Andrews und Joseph Ruston von den Aktionären der DDSG wegen allzu nachdrücklicher Verfolgung eigener Interessen hinauskomplimentiert wurden, sahen sie in der Traunseeschiffahrt eine neue Herausforderung mit beträchtlichen Gewinnchancen. Andrews besorgte das Schiffahrtsprivileg, Ruston setzte seine technischen Kenntnisse ein, und schon im Frühjahr 1839 badete „Sophie" ihren hölzernen Rumpf in den Wellen. Als John Andrews starb, lernte Joseph Ruston dessen Witwe und ihr beträchtliches Vermögen lieben und gönnte sich den Bau einer Schiffswerft in Floridsdorf, damals noch außerhalb von Wien. Dort wurde auch der

Raddampfer „Gisela" gebaut. In Teile zerlegt, transportierte man ihn nach Ebensee, um ihn dort, im Ortsteil Rindbach, zusammenzusetzen. Im Sommer 1871 absolvierte das Schiff mit Bravour seine Jungfernfahrt und ist seitdem einfach nicht unterzukriegen. Sehr zum Kummer glühender Verehrer hat „Gisela" (nur peinliche Banausen oder bedauernswerte Ausländer betonen den Namen auf dem „i" statt auf dem „e") allerdings inzwischen ihr feuriges Wesen abgelegt und dieselt betulich und raucharm vor sich hin. Einer ihrer ersten Kapitäne war übrigens jener Franz Loidl, der mit festem Blick und sicherer Hand Kaiser Franz Joseph über vierzigmal von Ufer zu Ufer brachte. Einmal schlief er noch, als der Kaiser an Bord ging. „Ja mei", murmelte Loidl, „heut san Majestät schon früher auf wie i." 1895 übergab Joseph Ruston die Dampfschiffahrt seinem Neffen John Ruston, der gleich mißvergnügt das Auftauchen eines Konkurrenten zur Kenntnis nehmen mußte. Andererseits: Dieser Rudolf Ippisch kam nicht aus London, ja nicht einmal aus Gmunden, sondern aus Ebensee, und er war kein dampferprobter Schiffskonstrukteur, sondern Schuhmachermeister. Aber Ippisch war auch ein kühner Visionär und gleichzeitig ein ideenreicher, solider Kaufmann. Er hatte mit jenen kleineren Ufergemeinden, die für die Dampfschiffahrt uninteressant waren, eine Marktlücke gefunden und mit dem Elektroboot eine ideale technische Alternative entdeckt. 1910 konnte er die „Elektra" in Betrieb nehmen. Sechs Stunden war sie sanft surrend unterwegs, dann brauchten die Batterien wieder dreieinhalb Stunden Ladezeit. Schon nach knapp drei Jahren ärgerten vier Elektroboote ihre dampfende Konkurrenz. Die „Traunstein" hatte sogar die Frechheit, vor Gmunden mit der ehrwürdigen „Gisela" zusammenzustoßen. Das Elektroboot blieb unver-

sehrt, doch der Raddampfer büßte ein Stück der Bugver-
zierung und die Galionsfigur ein.

Auch die Wirren des Ersten Weltkriegs brachten Rudolf
Ippisch nicht zum Kentern, im Gegenteil: Mit tatkräftiger
Unterstützung der Ufergemeinden erwarb er 1918 von
John Ruston die Dampfschiffahrt. Nach Kriegsende kam
eine böse Zeit. Kohlemangel legte die Dampfschiffe lahm,
die Elektroboote waren überfüllt und überfordert. Da
tauchte, wie vom Himmel gesandt, gut gelaunt und gut
bei Kasse, ein Herr aus Rumänien auf, der den vielver-
sprechenden Namen Perfetto trug und begehrliche Blicke
auf die Dampferflotte warf. Es sei alles ganz einfach, erklärte er sonnig: Die ausgebauten Dampfmaschinen würde er in Gmunden übernehmen und dann sei es doch ein
Kinderspiel, die leicht gewordenen Schiffskörper auf der
Traun nach Linz zu schaffen. Also wurden „Undine" und
„Sophie" schweren Herzens verkauft. Nachdem das kleinere Schiff die abenteuerliche Fahrt durch achtzehn
Schleusen ziemlich blessiert überstanden hatte, war klar,
daß der Schiffskörper der „Sophie" als entseelte Hülle in
Gmunden liegenbleiben würde. Herr Perfetto war indes
abgereist, und die Inflation hatte den bezahlten Kaufpreis
in alle Winde verweht. Aber auch dieser Katzenjammer
konnte Ippisch nicht bremsen: 1927 wurde die Feuerko-
gel-Seilbahn eröffnet. Der Zweite Weltkrieg brachte in den
ersten Jahren einen sprunghaften Anstieg der Passagier-
zahlen. Das Kriegsende ließ die Schiffe unversehrt, nur
die verspielte Neugier amerikanischer Befreier richtete
einigen Schaden an. 1953 starb Rudolf Ippisch. Nach und
nach ging mit der Ermüdung der Batterien die Zeit der
Elektroschiffahrt zu Ende. Aber solange sich „Gisela"
über Wasser hält, ist die gute alte Schiffahrtszeit noch
nicht zu Ende.

Auch auf dem Attersee entstand die Dampfschiffahrt aus der Notwendigkeit, Lücken in wichtigen Verkehrsverbindungen zu schließen. Hier waren die Anfänge allerdings nicht britisch, sondern von feinstem österreichischen Adel mittelfränkischer Herkunft. Die Grafen Khevenhüller-Frankenburg, im Besitz der Herrschaft Kammer, dachten nicht daran, das sich abzeichnende Zeitalter der Industrie und des technischen Fortschritts zu ignorieren. Sie gründeten die heute nicht mehr bestehende Brauerei Litzlberg und 1861 die „1. konzessionierte Attersee-Dampfschiffahrt". Doch schon 1887 starb der Mannesstamm aus und in der verbliebenen weiblichen Seitenlinie fand sich weder Interesse noch Talent für ein Schifffahrtsunternehmen. Ein bürgerlicher Märchenprinz kam des Weges, Ferdinand Peratoner, ein Südtiroler, der es in Wien als Seidenhändler zu Geld gebracht hatte. Er kaufte die Dampfschiffahrt und erwies sich für Jahrzehnte als erfolgreicher Unternehmer. Seine Schiffe, ganzjährig unterwegs, transportierten nicht nur Passagiere, sondern auch Poststücke und Fracht, sogar lebendes Vieh. Die Wiener Sommerfrischler erreichten Kammer mit dem Zug gegen 14 Uhr, speisten auf dem Dampfer und wurden nachmittags von ihren Quartiergebern am Landungssteg erwartet. Alles lief prächtig, bis sich 1912 auch auf dem Attersee elektrische Konkurrenz regte, hier in Gestalt des bemerkenswerten Unternehmens Stern & Hafferl, das so gut wie überall im Salzkammergut anzutreffen war, wo es um technischen Fortschritt ging.

Es war nicht einfach, die Konzession zu bekommen, aber der damalige k.k. Statthalter, Baron Handel, erwies sich als wirksamer Fürsprecher, und Ing. Josef Stern argumentierte klug und vorsichtig, es gehe ja nur um eine Intensivierung des Sommerfremdenverkehrs. Auf einem Bau-

Landungsplatz der Attersee-Schiffahrt in Weyregg. Im Hintergrund der noch heute sehr kaiserliche Gasthof „Post"

plan für ein Elektroboot notierte er allerdings mit heimlichem Behagen: „Im Winter gibt man die Bänke weg."
Im Jahr 1913 trafen zwei schöne Boote in Kammer-Schörfling ein und wurden feinsinnig neben der Villa des Dampfschiffunternehmers zu Wasser gebracht. Eines hieß „Attergau", das andere „Baron Handel" und nach der

209

Abschaffung des Adels nur noch „Handel". Wohlmeinende Stimmen aus der Bevölkerung rieten damals, entweder die „Attergau" in „Verkehr" umzutaufen, was wenigstens dem neugegründeten Ministerium für Handel und Verkehr entsprochen hätte, oder wenigstens die „Handel" „Hendel" zu nennen, zwecks erfreulicher Assoziationen in hungrigen Nachkriegszeiten.

Ferdinand Peratoner starb 1916, und seine beiden Töchter hatten einigermaßen Mühe, in wirtschaftlich schwierigen Zeiten das Unternehmen über Wasser zu halten. Die Seefrächter koppelten ihre nunmehr motorisierten Plätten von den Dampfern ab, auf der Uferstraße waren Lastautos unterwegs und die Kohle mußte teuer importiert werden. Außerdem gab es noch immer die Konkurrenz der munteren Elektroboote, und zu allem Überfluß tauchte eines Tages ein großzügiger Mann aus Rumänien auf, Perfetto mit Namen, kaufte ein Dampfschiff und ... der ahnungsvolle Leser kennt das traurige Ende auch dieser Transaktion. 1921, mitten in der ärgsten Währungskrise, erschien dann ein Herr Rudolf Randa aus Zwittau, die Taschen voll mit herrlich kaufkräftigen Tschechenkronen. Leichthin übernahm er die Dampfschiffahrt, investierte energisch und resignierte 1923. Stern & Hafferl kaufte, und von da an gehörten Dampfschiffe und Elektroboote einträchtig zur „Schiffahrt auf dem Attersee".

Noch im selben Jahr gab es allerdings einen bösen Unfall. Die Mannschaft eines Elektrobootes – Schiffsführer und Matrose – hatten in Attersee die Nacht durchgezecht und waren auch noch vormittags sehr lustig gewesen, bevor sie um die Mittagszeit unsicheren Schrittes ihren Dienst antraten. Nur ein Fahrgast ging an Bord, ziemlich nervös, weil es seine erste Schiffahrt war. Der Matrose verschwand eilig hinter der Tür mit der Aufschrift „Herren"

und versank dort in einen bleiernen Schlaf. Der Schiffsführer legte noch irgendwie ab und bettete dann sein
Haupt neben dem Steuerrad zur Ruhe. Das Schiff lief aus
dem Kurs und prallte in voller Fahrt gegen die Insel Litzlberg. Der nunmehr hellwache Schiffsführer sprang ans
Ufer, um nach Schäden zu sehen, während der Matrose in
fassungsloser Verzweiflung zum Rasiermesser griff und
sich die Kehle durchschnitt. Vom Seelenzustand des nervösen Fahrgastes ist nichts überliefert.

Nach ruhigen Jahren gedeihlicher Entwicklung kamen die
Turbulenzen der Tausend-Mark-Sperre, und am 11. März
1938 mußte auch auf dem Attersee die rot-weiß-rote Flagge eingeholt werden. Stern & Hafferl manövrierte mühsam zwischen einer anfangs hektischen Konjunkturentwicklung und schmerzlichen Repressionen durch die
neuen Machthaber. Dann kamen die Besatzer und hatten
zum Entsetzen der Eigner ihren Spaß mit den Schiffen,
aber auch das ging vorbei.

1959 hatte – nach 46 Jahren – die Elektroschiffahrt auf
dem Attersee ausgedient. 1964 wurde der Vertrag mit der
Post gekündigt und der unrentabel gewordene Winterbetrieb eingestellt. Heute dient die Attersee-Schiffahrt nur
noch dem Vergnügen.

In Gegensatz dazu sind die Schiffe auf dem Hallstätter See
nach wie vor auch im Dienste der Bundesbahn unterwegs, weil nun einmal die Bahnstation von Hallstatt am
anderen Seeufer liegt.

Der erste Hallstätter Dampfschiffunternehmer hieß, was
keinen wundert, Karl Seeauer. Sein prächtiges Hotel beherrschte ja den Landeplatz. Im Jahre 1862 die Konzession zu bekommen, war für den einflußreichen Mann kein
großes Problem, viel schwieriger war es, zu einem Schiff
zu kommen. Für den Bau des hölzernen Schiffskörpers

211

gab es immerhin erfahrene Zimmerleute in Hallstatt, aber die Dampfmaschine mußte zerlegt auf der Traun flußaufwärts geschleppt werden. Zahlreiche Probleme bei der Zusammenstellung ließen die Sommersaison verstreichen, doch die war ohnedies verregnet. Im September wurde die „Hallstatt" endlich kommissioniert, ein hölzer-

Albin Schraml baute als Grundlseer Fremdenverkehrspionier nicht nur ein schönes Badehaus, das spätere „Hotel Post", er sorgte auch für die Lustbarkeiten einer Schiffahrt.

ner Raddampfer, mit Holz befeuert, weil es ja noch keine Salzkammergutbahn für den Kohlentransport gab. Als dieser wichtige Verkehrsweg 1877 eröffnet wurde, blieb Hallstatt ohne eigene Haltestelle. Erst vier Jahre später wurde eine kleine Bahnstation errichtet, und seitdem ist Hallstatt der übrigen Welt ein gutes Stück näher gerückt, und der Hallstätter See ist heute der einzige See Österreichs, auf dem die Schiffahrt im Winter aufrechterhalten bleibt. Es kann natürlich schon einmal vorkommen, daß der See zufriert. Möglicherweise ist dann auch noch die

Straße durch Lawinenabgänge unpassierbar. Dann ist Hallstatt bloß für unerschrockene Wandersleute erreichbar, und die Hallstätter, so ganz unter sich, sollen es, dem Vernehmen nach, in solchen Zeiten besonders lustig und behaglich haben.

Auf den meisten Salzkammergutseen war die Einführung der Dampfschiffahrt eine verkehrspolitische Maßnahme, sorgsam geprüft, gewichtig erwogen und penibel verwirklicht. Was den Grundlsee angeht, war die Schiffahrt nur als ein vergnügliches Anhängsel zur eben erst eröffneten Salzkammergutbahn gedacht. Albin Schraml war als junger Gitarrist mit zwei „Pfeifabuam" von ihrem Gönner, dem Komponisten Josef Dessauer, nach Wien eingeladen worden und wußte seitdem, wie es zugeht in der großen weiten Welt. Er nutzte als Wirt den beginnenden Fremdenverkehr, und als er befriedigt feststellte, daß jetzt viel mehr Gäste ins Land kamen, hielt er es für eine glänzende Idee, ihnen das Vergnügen einer Dampferfahrt zu gönnen und selbst ein wenig daran zu verdienen. 1896 wurde ein hölzernes Dampfboot in Betrieb genommen, das natürlich „Erzherzog Johann" hieß, ihm folgten seine Gemahlin „Anna" und ein größeres Schiff „Fürstin Kinsky". Als die kaisergelben Zeiten vorbei waren, trat ein bürgerliches Motorboot namens „Ernstl" seinen Dienst an, „Anna" wurde uncharmant abgewrackt, und „Gräfin Kinsky" durfte gräflich weiterdampfen, bis ihr das Dritte Reich eine Umwandlung in „Rudolf Erlbacher" (SA-Führer) bescherte. Nach dem Krieg blieb ein unverfänglicher „Rudolf" übrig, und der dieselt, unterstützt von der kleineren „Traun", noch heute über den See – am schönen Gasthaus Ladner vorbei, in dem Erzherzog Johann seine Anna näher ins Auge faßte, und an der Villa Roth vorbei, in der sich Familie Goebbels sehr wohl fühlte.

DIE HOCHSCHAUBAHN

Als Gott am sechsten Tag, schalkhaft gelaunt, neben ganz normalen Menschen auch die Prototypen eines Fremdenverkehrsfachmannes und eines Eisenbahningenieurs schuf, heckten die zwei in einem unbewachten Augenblick den Schafberg aus. Schroff und wildromantisch ragt seine kalkhelle Nordwand aus den tintenblauen Fluten des Wolfgangsees, sanft und begrünt gibt er sich anderwärts: Der Fels ist fürs Auge, die Flanke für die Schiene. Nachdem die Wallfahrer ausgeblieben waren, ging es in St. Wolfgang viele Jahre still und einschichtig zu. Doch dann kam der Kaiser, der gute, alte, nach Ischl und mit ihm kamen noble Sommerfrischler, voll schwärmerischer Begeisterung für Landschaft und Natur. Wer schon einmal in Ischl war, besuchte natürlich auch St. Wolfgang. Unter den zahllosen Ausflüglern war auch Fritz von Herzmanovsky-Orlando, dem zwei Sehenswürdigkeiten besonders ins Auge stachen: „Der berühmte gotische Altar von Michael Pacher und die berühmte Naive des Wiener Burgtheaters, Stella Hohenfels, die auch sehr schön war, aber an Alter nicht zu vergleichen mit dem eben genannten Altar." Der neuen, herrlichen Zeit folgte auch naive Lust an der Technik: ein Raddampfer mußte her und eine Bergbahn. 1893 schnauften die ersten Dampfloks gipfelwärts, und sie tun das, von zwei Weltkriegen nur wenig beeindruckt, noch heute. Seit sich allerdings die Operette eines unschuldigen Wirtshauses, des Weißen Rößls,

bemächtigte, gerät St. Wolfgang mehr und mehr zur Bühne, und die Inszenierungen sind sehr bunt, sehr opulent –
die ernste Pfarrkirche steht irgendwie verlegen mitten-
drin. Aber schön ist der Ort wie eh und je, und wie überall, wo sich die Gaffer drängen, braucht es nur ein paar
Schritte, und schon ist alles anders. Es genügt eigentlich,
zur Talstation der Schafbergbahn zu bummeln. Dort steht
dann hoffentlich nicht einer jener Triebwagen, die mit
neumodischer Beiläufigkeit den Berg hinauf schnurren,
sondern eine der fünf Lokomotiven, die, bullig, kurz und
voll dampfender Energie, auf ebener Schienenstrecke so
aussehen, als wollten sie ihre schwarzeisernen Nasen
zwischen die Schwellen rammen. Das tun sie aber nicht,
sondern sie stemmen die rußigen Stirnen bedächtig gegen den zu schiebenden Waggon, und geht es erst einmal
so richtig bergauf, im Schrittempo, versteht sich, stehen
die Loks auch nicht mehr so seltsam schief und stemmen
sich annähernd waagrecht gegen den immer steileren
Hang. Kaum sind die ersten Höhenmeter überwunden,
fällt St. Wolfgang aus seiner geschäftigen, geschäftüch-
tigen Gegenwart sanft in eine träumerische Zeitlosigkeit
zurück, ist der See nicht mehr Freizeitrevier und Ver-
kehrsfläche, sondern ein klarer Spiegel für den Himmel.
Steile Wiesen begleiten den Schienenstrang, dann folgen
auf die nach Gras duftende, sonnenheiße Helligkeit kühle
Waldschatten, und zwischendurch schauen hölzerne
Bauernhöfe ins Tal, als wäre das Wort „Agrarindustrie"
noch nicht erfunden.

Es ist ein betuliches und doch energisches Vorwärtskom-
men: die Schafbergbahn bewältigt Steigungen bis zu
sechsundzwanzig Prozent. Erst greift ein Zahnrad in die
Lamellenzahnstange zwischen den Schienen ein. Geht es
steiler bergan, tun zwei Zahnräder und zwei Lamellen-

stangen ihren Dienst. So wird Zahn um Zahn auch gleich ein Grenzübergang absolviert: exakt 472m nach der oberösterreichischen Talstation führt der Dittelbach-Viadukt in das Salzburger Salzkammergut. An der Betriebsausweiche Dornalpe bekommt erst einmal die Lokomotive zu saufen; der Mensch muß warten. Es ist merklich kühler geworden, dem Bauernland folgen Almböden. Durch eine Lawinengalerie führt die bedächtige Reise zur nächsten Ausweichstelle, der Schafbergalpe, und im Wirtshaus nebenan sitzt jene unerschrockene Gattung Mensch, die den Gipfelsturm auch ohne Zahnrad bewältigt. Der dampfbetriebene Tourist lehnt sich indes wohlig zurück, spürt den würzigen Hauch von Kohlenfeuer in der Bergluft, überwindet kühn die Baumgrenze und verläßt sich auf sein hundertjähriges Dampfroß. Als Wirtin und Ober im „Weißen Rößl" erstmals nach Noten balzten, war die Schafbergbahn schon vierzig Jahre alt. Oberingenieur Paul Courant, der mit dem Schaufelraddampfer „Kaiser Franz Joseph I" schon 1873 Seine Majestät vom Stapel gelassen hatte, nahm mit seinem Partner nach vielen Schwierigkeiten 1892 auch den Bau der Schafbergbahn in Angriff. 350 italienische Gastarbeiter kamen ins Land und vollbrachten ihr Werk in weniger als zwölf Monaten. Seitdem stehen die alten Dampfloks im Dienst. Sie gehörten der Salzkammergut-Lokalbahn-Gesellschaft, den Österreichischen Bundesbahnen, dem Verkehrsbüro, den Deutschen Reichsbahnen und endlich wieder den Österreichischen Bundesbahnen, nachdem es für die Deutsche Luftwaffe auf dem Gipfel nichts mehr zu beobachten gab und der Schafberg von neuem denen gehörte, die ihn verdienen.

Schade, daß es die Haltestelle „Schafberghöhlen" nicht mehr gibt: Das „Wetterloch" war früher durch einen Stollen für unerschrockene Besucher zugänglich, die bei elektrischer Beleuchtung den Berg von innen bestaunen durften. Sogar ein unterirdischer Gang zur steilen Stirnwand des Berges war geplant. Nur gut, daß es nicht dazu gekommen ist – ein Schafberg mit Aussichtskanzel ist ja doch eine eher erschreckende Vorstellung. Übrigens scheint auch die Gefahr, daß die dampfspeienden Dinosaurier nach hundert Jahren zum Aussterben verurteilt würden, einigermaßen gebannt zu sein: In der Schweiz kam, wie bestellt, ein munterer Nachfahre zur Welt, und nach der Erprobung auf der Schneebergbahn sollen Loks dieser Bauart ihre Vorfahren ablösen. So darf man also beruhigt zum Gipfelsturm antreten: dunkle 75 Tunnelmeter noch und dann, nach knapp 6 Kilometern, die Bergstation Schafbergspitze. Jetzt hält den Bergfex nichts mehr; sehnig stürmt er die letzten 51 Höhenmeter zum Gipfelhotel hoch, tritt beherzt dem Abgrund näher und blickt um sich: Wolfgangsee, Attersee und Mondsee zu den Füßen, den Böhmerwald, die Hohen und Niederen Tauern, das Tote Gebirge und den Dachstein vor den Augen. Ein majestätischer Ausblick, nicht nur, weil ihn dereinst auch Kaiser Franz Joseph genoß, nebst der Gesellschaft von Katharina Schratt.

Für den Bau der Schafbergbahn war übrigens Stern & Hafferl zuständig, und ein Seitenblick auf die Aktivitäten dieses erstaunlichen Unternehmens erzählt eine Menge über das Salzkammergut. 1883 gründeten ein Salzburger und ein Oberösterreicher, Ing. Josef Stern und Ing. Franz Hafferl, ein technisches Büro in Wien. Zuerst befaßten sich die beiden mit der Projektierung von Bahnlinien im gesamten Gebiet der Monarchie, doch nach 1890 konzentrierte sich ihr Interesse auf das Salzkammergut. In St. Wolfgang wurde ein Filialbüro errichtet, und nach nur vier Jahren Bauzeit tat die Salzkammergut-Lokalbahn ihren ersten Schnaufer – leider sehr schmalspurig, aber das war aus militärischen Gründen so vorgeschrieben: Die Züge sollten im Kriegsfall auch auf bosnischen Schmalspurbahnen eingesetzt werden. Gleichzeitig bezwangen die nimmermüden Ingenieure den Schafberg, und um das Gipfelhotel und so nebenbei auch noch St.Wolfgang elektrisch beleuchten zu können, bauten sie ein Dampfkraftwerk. Damit war es höchste Zeit geworden, Gmunden im Glanz der Glühbirnen erstrahlen zu lassen, noch dazu, wo der Strom ohnedies auch für den Betrieb der neuen Straßenbahn benötigt wurde. Mit diesem schier unverwüstlichen Denkmal technischer Erneuerung reservierten sich Stern & Hafferl gleich zwei Rekorde: die Gmundner Straßenbahn ist weltweit die kürzeste Linie und, mit 10% Steigung, die steilste Österreichs. Für so viel Leistung und so wenig Strecke gab und gibt es natürlich einen triftigen Grund: Die Salzkammerguteisenbahn berührt Gmunden nur beiläufig und ziemlich von oben herab, also war es das Gebot der Stunde, für eine leistungsfähige und kurstadtfreundliche Verbindung zwischen Stadtzentrum und Bahnhof zu sorgen. Inzwischen hatte sich das Unternehmen im Gmundner „Arkadenhaus" eingenistet, wo es heute noch seinen Sitz hat. Die Züge rollten, der Strom floß, und Stern & Hafferl beeilte sich, diese Anfänge in ein größeres Konzept einzubinden: ein Netz von Lokalbahnen im Zusammenhang mit der öffentlichen Stromversorgung in Oberösterreich. Um möglichst rationell vorzugehen, wurden in den Bahnkörpern Transformatoren untergebracht, also konnten die Bahntrassen gleichzeitig zur Errichtung von Hochspannungsleitungen verwendet werden – daher verlaufen noch heute in Oberösterreich viele Leitungen entlang der Bahn.

218

Alle Bahnlinien, deren Betrieb Stern & Hafferl übernahm, wurden mit 600 bis 750 Volt Gleichstrom elektrifiziert und so sparsam wie möglich geführt, was bis heute einen kostendeckenden Betrieb ermöglicht. Keine Linie mußte bisher eingestellt werden – bis auf eine, eher kuriose Ausnahme: die 1907 gebaute Lokalbahn Unterach – See sollte die Schiffahrtslinien auf dem Attersee und dem Mondsee verbinden. Das tat sie auch emsig, und am Mondsee war als Bahnhof sogar ein chinesischer Pavillon zu bestaunen. Als es dann ausgebaute Uferstraßen und gute Autobusverbindungen gab, wurde die kleine Bahn überflüssig, und auf die Frage nach dem Betreiber der Buslinien lautet die Antwort: Na, wer schon?

Nach wie vor für das Salzkammergut von Bedeutung sind die Bahnlinien Gmunden – Vorchdorf und Vöcklamarkt – Attersee, und wer mag, darf hier sogar einen Hobbylokführer-Kurs absolvieren.

Eisenbahnen, Schiffahrt, Kraftwerke (zum Beispiel Steeg – Gosau), Buslinien, Straßen, Anlagen, Wohnhäuser ... eine eigenwillige und konsequente Kombination von Pioniergeist und Sparsamkeit funktioniert seit mehr als hundert Jahren.

IM WALD UND AUF DER ALM

Für die feinen Leute, die sich im 19. Jahrhundert in Ischl tummelten, waren Holzknechte so etwas wie Bären, die nicht nur aufrecht gehen konnten, sondern sich auch darauf verstanden, mit Hacken und Sägen umzugehen. Jedenfalls war es klüger, diese wilden Gestalten aus sicherer Entfernung zu bestaunen. Es gab aber dann doch einen Anlaß, der Waldarbeitern und Kurgästen ein gemeinsames Erlebnis bescherte: für erstere war es lebensgefährliche Schwerarbeit, für letztere ein wildromantisches Schauspiel. Die Holztrift wurde im Salzkammergut mit zahlreichen aufwendigen Klausanlagen bewältigt; die größte unter ihnen, mit einer Dammhöhe von fast sieben Meter, war die Chorinsky-Klause im Weißenbachtal bei Goisern. Kam der Zeitpunkt näher, daß sie „geschlagen" wurde, verkündete auch schon ein Trommler auf der Ischler Esplanade das Ereignis. Die bleichen Flaneure bekamen rosige Wangen und beeilten sich, in Richtung Goisern aufzubrechen. Ein Reiseführer aus dem Jahre 1830 berichtet: „Die Stunde ist gewöhnlich fünf Uhr des Nachmittags. Dann setzt sich alles in Bewegung. Die Chorinskyklause wird zum Sammelplatz der Badegäste und des größten Teils der Bewohner Ischls. Die glänzenden Equipagen des Adels, Reiter, Landfuhrwerke, alles strömt dahin. Es ist der Korso von Ischl. Die Straße nach Lauffen gewährt dann ein äußerst belebtes Bild. Südlich außerhalb Lauffen lenkt man von der Straße ab, fährt auf einer

Brücke über die Traun und lenkt in das Waldthal, durch welches der Ober-Weißenbach herabströmt. Der Weg geht steil bergan, durch herrliche Waldparthien, über eine kühn über den Abgrund gespannte Steinbrücke. Noch eine kleine Wendung durch den Wald rechts, und man steht an der Chorinskyklause."

Das „Schlagen" der Chorinsky-Klause: früher gefährliche Schwerarbeit und eine willkommene Sensation für Zuschauer, heute eine pädagogisch wertvolle Fremdenverkehrsattraktion.

Man stand also und gaffte, während die Klausenknechte an ihre Arbeit gingen: Eine lange Stange, der „Schlagdorn", wurde von der Dammkrone durch eine Öffnung in den Klauskörper zum Klaustor geschoben. Nun wurde mit einem Schlag der „Hengst" über den „Sperriegel" gehoben, das einflügelige Holztor sprang auf, und mit den reißenden Wassermassen teufelten die Hölzer talwärts. Oberhalb der Klause wurde so schnell wie möglich, aber nach einem ausgetüftelten Zeitplan Holz „eingewassert", unterhalb mußten die Klausknechte Scheiter, die sich bei der Trift im schluchtartigen Bachbett verkeilten, lösen. Unfälle gab es bei dieser Arbeit immer wieder, und wer alles mit heiler Haut überstand, durfte sich auf ein gichtiges Alter freuen. Knapp vor der Einmündung in die Traun sammelte ein Rechen das Holz, es wurde an Land gezogen, sortiert und auf Fuhrwerke geladen.

Der Steinbau der Klause, unter Anleitung eines Waldmeisters mit dem nestroyischen Namen Pfifferling von Spezialisten aus Oberkrain und Laibach ohne Mörtel wasserdicht gefügt, blieb unbeeindruckt vom Lauf der Zeiten stehen, aber der Stauraum versandete und das hölzerne Klaustor wurde morsch. Nun funktioniert die Klause wieder, aber nicht, weil sie der Förster braucht, sondern weil der Mensch auch heutzutage sein Spektakel haben will.

Solange es bergab ging, war der Holztransport zwar aufwendig und nicht ungefährlich, aber alles in allem ein überschaubares Problem. Der unersättliche Holzhunger der Bergwerke, der Salinen und der Salzfertiger machte es jedoch auch notwendig, Holzscheiter aus dem Gebiet des Attersees bergan zu schaffen, damit sie dann in Wasserriesen talwärts zur Traun gleiten konnten. Dafür wurde im Weißenbachtal schon 1722 eine erstaunliche, genial konzipierte Anlage geschaffen: der Hallholzaufzug. Auf einer Länge von 90 m überwand er 51 m Höhenunterschied. Ein Wasserrad von 5 m Durchmesser konnte durch die Lenkung des Zuflusses in beiden Richtungen bewegt werden. Mit der Welle des Rades war ein starkes Hanfseil verbunden, das in der Bergstation über eine Umlenkscheibe lief. Für die eine Fahrbahn lief das Seil über der Welle, für die Gegenfahrbahn unter der Welle, damit wurde das Seil einerseits aufgewickelt und andererseits abgewickelt und konnte den beladenen Wagen bergwärts ziehen, während der leere Wagen talwärts fuhr. Einfache Holzknechte hatten also eine Standseil-Pendelbahn gebaut, die bei schwerster Beanspruchung an die hundertfünfzig Jahre funktionieren sollte. Zwanzig Mann arbeiteten in Tagesschichten bis zu zwölf Stunden. Gab es genügend Wasser, waren die Wagen auch nachts im Schein von Leuchtfeuern unterwegs. Im Oktober 1800 war die Beleuchtung allerdings von der schrecklichen Sorte: Die gesamte Anlage brannte ab, wurde jedoch wieder aufgebaut. Erst als die Salinen durch den Einsatz von Braunkohle ihren Holzbedarf senkten, wurde der Hallholzaufzug überflüssig. 1881 wurde er abgetragen. Die beiden gemauerten Unterkunftsgebäude blieben stehen: Das eine als Jagdhaus für den Kaiser, das andere für seine Jäger. Heute stehen die Häuser und eine kleine Hubertuskapelle ganz einsam und ein wenig willkürlich im Weißenbachtal, und nur der Name der kleinen Siedlung erzählt von 150 Jahren emsiger Betriebsamkeit: Jagdhaus Aufzug.

Als noch Holzfeuer unter den Sudpfannen loderte, waren Salz und Holz die beiden wichtigsten Rohstoffe im Lande, und auch augenscheinlicher Waldreichtum konnte auf die Dauer nicht bedenkenlos und ohne Regelungen geplündert werden. Doch gerade das war bis zum Ende des 15. Jahrhunderts ein allgemein geübter Brauch. Erst Maximilian I. bemerkte diese Mißstände mit Entsetzen und erließ einschneidende Waldordnungen, denen er auch noch durch forstpolizeiliche Maßnahmen Nachdruck verlieh. Dabei ging es um eine vorausschauende Bewirtschaftung, die vermehrte Aufzucht von „Schwarzwald", die Kontrolle des Bestandes, um Holzbringung und Holztransport. Für das Schlägern größerer Waldflächen wurden vom Verwesamt Verträge mit privaten Unternehmern, den „Holzmeistern", abgeschlossen, die ihrerseits Holzknechte anwarben. Damit waren diese zwar ganz gewöhnliche Arbeiter, die nicht dem Salzamt unterstanden, bekamen aber doch ihr „Hofkorn" und waren vom Wehrdienst befreit. Leicht wurden diese Privilegien nicht verdient: Bis in die Mitte des 18. Jahrhunderts mußten die Bäume mit der langen „Maishacke" gefällt werden, obwohl den Zimmerleuten schon seit eh und je die Langsäge bekannt war. Als dann der fortschrittliche Salzoberamtmann Freiherr von Sternbach mit der Einführung der Säge für die Waldarbeit den Holzknechten eine gewaltige Arbeitserleichterung verschaffte, schüttelten sie erst einmal verbohrt die bärtigen Köpfe und brauchten eine Weile, bis sie dann doch zum neuen Werkzeug griffen. Ihr Arbeitsplatz war meist stundenlang vom Wohnhaus entfernt, also gingen sie am Montag in den Wald und kamen erst Freitag wieder heim. Die Woche über lebten sie in der selbstgezimmerten Holzknechthütte. Im Rucksack brachten sie Mehl und Schmalz mit, Topfen, Brot und Sauerkraut, Geselchtes, solange noch etwas im Haus war, und Most. Mittags gab es nur eine kurze Jause im Wald, doch am Abend lief der „Geimel", der Jüngste, voran in die Hütte, putzte und machte Feuer. Dann gab's rußige Holzknechtnocken. War der Kahlschlag beendet, wurde die Hütte meistens abgerissen, weil zu befürchten war, daß

224

Nur unwillig freundeten sich die Holzknechte mit der verdächtig fortschrittlichen Baumsäge an.

sie einem Bauern als Almhütte gefallen könnte. Alm bedeutete aber Grünfläche, und eine solche minderte den Waldbestand.

Im Wettkampf zwischen Wald und Alm führt allerdings nicht nur der Mensch Regie. Steigt durch Klimaveränderungen die Schneegrenze, klettert auch die Waldgrenze nach oben und auf immer höher gelegenen Flächen gibt es Vegetation als Voraussetzung für Almböden. Als die Römer ins Land kamen, fanden sie solche Hochalmen vor, und sie machten sich auch gleich als Namengeber verdient. Von der Almhütte „casa" leitet sich der „Käser" her, aus dem „Senior", dem Oberhirten, wurde der „Senner".

Die höchsten Almen des Salzkammergutes lagen im Dachsteingebiet. Auf der Lackenmoosalm im Bereich des Plateaus „Am Stein" wurden Mauerreste von vierzig Hütten freigelegt. Pollenanalysen lassen darauf schließen, daß diese Alm im Spätmittelalter ihre Blütezeit hatte. Waren es Klimaverschlechterungen, die Hochalmen über der Baumgrenze veröden ließen, bemühte sich tieferwärts das Salzamt, den Almbauern das Leben schwerzumachen. Dem Salzamt oblag die Verwaltung und die Nutzung der Wälder und natürlich ihr pfleglicher Schutz, darum durfte auch zur Gewinnung von Almflächen nicht gerodet werden, und das Pflegeamt Wildenstein erklärte barsch alle Almböden, die von Schwarzwäldern umgeben waren, zu Servitutsgebieten. Aber sogar die ohnedies geringe Freude an dermaßen eingeschränkten Nutzungsrechten wurde durch kaiserlichen Jagdeifer getrübt, der einen frühzeitigen Almabtrieb erzwang. Der Kaiser seinerseits ließ sich sehr wohl Almrechte sichern. So durfte Kaiser Franz Joseph I. vierzehn Rinder auf die Pöllitz-Alm auftreiben, und die Gutsverwaltung Habsburg-Lothringen ist theoretisch heute noch berechtigt, die Krehalm und die Jägeralm mit Vieh zu bevölkern. Allerdings ließen die Bundesforste als Grundeigentümer beide Almen in republikanischer Respektlosigkeit aufforsten.

Ein anderer prominenter Almbauer war der Ischler Hotelier und Postmeister Franz Koch, zu dessen prächtigem Hotel Post die schöne Postalm gehörte. 1856, im Jahr der Pariser Weltausstellung, reifte im Kopf des einfallsreichen Unternehmers der Gedanke, die Welt in Paris mit seinen schönsten Rindern zu verblüffen. Er wählte die Prachtkühe „Bleß" und „Glückin" aus, und auch noch den Stier „Muni", damit es im fernen Frankreich nicht an Plaisir fehle. Dazu kamen ein Mitarbeiter des Postmeisters, die sehenswerte Sennerin Nanni und ein Hüterbub. Diese bukolische Reisegruppe begab sich gemächlich zu Tal, bog bei Strobl auf die Straße nach Salzburg ein und setzte unermüdlich Huf vor Huf und Schuh vor Schuh, bis der Bahnhof erreicht war. Ein Güterwaggon wurde zum rollenden Stall, und Nanni tat, was sie immer getan hatte: Sie griff den Kühen zart, aber energisch ans Euter, und weil sie wußte, was sich gehört, wenn ein hungriger Mensch des Weges kommt, labte sie auch gleich das Bahnpersonal mit kuhwarmer Milch. Auf dem Ausstellungsgelände in Paris war inzwischen vor einem kunstvoll gemalten Postalm-Panorama eine hölzerne Almhütte errichtet worden, und als die sechs Reisenden eintrafen, fühlten sie sich fast schon wieder wie zu Hause. Nanni molk, kochte, butterte und käste, daß die Pariser nur so staunten, und als Kaiser Napoleon III. nebst Gemahlin Eugénie dieses älplerische Universum bestaunte, schaute die „Bleß" sanft und kuhäugig zurück. Diesem Blick konnte der Kaiser nicht widerstehen. Er wollte die Kuh erwerben, doch Franz Koch zierte sich ein wenig. Er heimste eine goldene Weltausstellungsmedaille ein, und bevor seine Alm wieder auf die Reise ging, machte er dann doch die „Bleß" dem Kaiser zum Geschenk. Einige Zeit später war das Gegengeschenk Napoleons in Bad Ischl zu bestaunen, ein Teeservice aus feinstem Sèvres-Porzellan, bemalt mit ländlichen Motiven. Das Hotel Post ist heute zwar kein Hotel mehr, doch immerhin einer ruinösen Zukunft glücklich entgangen, und die Postalm wurde zum

Freizeitrevier für Schifahrer und Wanderer, wie viele andere Almen auch. Aber das Teeservice des Kaisers ist noch heil.

Almen waren zu jeder Zeit auch ein Stück Freiheit, durch ihre einschichtige Lage einigermaßen dem Zugriff der Obrigkeit entzogen. Ein bis heute schwer durchschaubares Geflecht aus geschriebenem Recht und geübtem Brauch ließ zwar keinen gesetzlosen Raum entstehen, aber einen, dessen Gesetze eine sehr individuelle Interpretation zuließen. Die Behauptung, daß es auf der Alm keine Sünd' gäbe, ist ja nicht unbedingt Ausdruck ungezügelter Sinneslust, sondern schon eher die alpine Umwandlung einer anderen Volksweisheit: Wo kein Kläger, da kein Richter.

Ein besonders eindrucksvolles Beispiel almerischer Selbstjustiz ereignete sich im Juli 1873 auf der Geschwendtalm, zwischen Ischl und Goisern. Zahlreiche Goiserer Holzknechte hatten von umliegenden Almen fesche Sennerinnen zu einem Almhüttenfest geladen. Gegen neun Uhr abends kamen dann Ischler Holzknechte vorbei, die anderntags früh mit ihrer Arbeit beginnen wollten. Und nun entwickelten sich die Ereignisse mit der unerbittlichen Konsequenz einer griechischen Tragödie. Das „Echo aus den Bergen" berichtet:

„Bei der Hütte angelangt, wurden die Ischler Holzknechte durch die Töne der Musik und durch das Aufspielen eines ‚Schleunigen' angelockt, in die besagte Hütte hineinzugehen, um an der Unterhaltung theilzunehmen. Arglos und ohne eine Gefahr ahnend, sind sie in diese Hütte eingetreten. Nach wenigen Augenblicken sahen die Holzknechte ein, daß ihr Dasein durch die drohenden Redensarten der Goisererburschen gefährlich werde und wollten sich deshalb eilig aus der Hütte entfernen. Wie auf ein gegebenes Signal fielen plötzlich die Goisererburschen über die Holzknechte her, prügelten selbe, so viel es nur ihre Kräfte zuließen, und damit es aber ohne Blutvergießung nicht ausgeht, zogen einige hievon ihre Taschenmesser, hieben auf Geradewohl ein und brachten ihren Gegnern glücklicherweise durch Zufall nur leichte Verletzungen bei. Die Ischler Holzknechte konnten sich der großen Übermacht wegen nicht zur Wehr setzen, und mußten sich geduldig mit Schlägen bearbeiten lassen. Als endlich die Goiserer von ihrem Gewaltakt selbst erschöpft waren, hatten sie in aller Gemüthsruhe den Schauplatz verlassen und sich nach ihrer halbstündig entfernten Holzkeusche begeben. Zu welcher Partei die schönen Almerinnen geholfen haben, ist uns bisher noch unbekannt, nur hoffen wir, daß sie nach vollendetem Kampf den Verwundeten bei Anlegung der Nothverbände soviel als möglich behilflich waren."

Gegen Ende des Zweiten Weltkrieges, als das Salzkammergut zu einem äußerst unbehaglichen nationalsozialistischen Kleinbiotop geworden war, hatte die Widerstandsbewegung ihre Stützpunkte im Gebirge. Einer davon war die Wildenseealm, und ihr prominenter Bewohner war seltsamerweise ein Herr Dr. Kaltenbrunner, seines Zeichens oberster Chef des Nazi-Sicherheitsdienstes und der Geheimen Staatspolizei. Er hatte zu dieser Zeit allen Grund, sich in seiner schönen Villa Kerry in Altaussee nicht mehr sicher zu fühlen, und so war er vorsichtshalber bereit, bei der Rettung jener Kunstschätze mitzuwirken, die im Salzberg gelagert waren. Im Gegenzug brachte ihn die Widerstandsbewegung mit seiner Begleitung auf der Wildenseealm unter. Als dann die Amerikaner eintrafen, wußte man praktischerweise, wo er zu finden war.

Es gibt natürlich auch Almgeschichten ganz anderer Natur, etwa die von einer Braut aus dem Ausseerland, die, wie es der Brauch will, gestohlen wurde. Daß man sie erst einige Tage später auf einer Alm im Toten Gebirge wiederfand, noch dazu auffallend heiter, soll die junge Ehe erheblich beeinträchtigt haben.

ZEILENSALAT

Schreibende Menschen sind anfällig für das Salzkammergut. Entweder fehlt ihnen ein Abwehrstoff, den nichtschreibende Menschen besitzen, oder sie tragen irgend etwas in sich, das im Salzkammergut eine Art magnetische Kraft weckt, die sie unwiderstehlich anzieht. Jedenfalls ist diese seltsame Eigenschaft nicht an die Persönlichkeit oder das Werk gebunden; sie gilt für alle, die schreiben. Nur so ist es zu erklären, daß im Salzkammergut seit jeher edle Poeten und erbärmliche Epigonen, hemmungslose Zeilenschinder und feinsinnige Stilisten, revolutionäre Denker und dumpfe Brüter, erbarmunglose Analytiker und liebliche Reimer so einträchtig nebeneinander leben, als wäre die Welt des geschriebenen Wortes ein Paradiesgärtlein für alle. Es ist auch gar nicht notwendig, lange Listen bekannter oder weniger bekannter Namen aufzuzählen, es genügt die Feststellung, daß in den letzten eineinhalb Jahrhunderten fast alle, die halbwegs ernsthaft schrieben, irgendwann im Salzkammergut waren. Dieses Kapitel pickt nur ein paar von ihnen heraus, allerdings nicht, um sie als besonders repräsentativ hervorzuheben, sondern der Mischung wegen, einer recht seltsamen Mischung – siehe oben.

Für jenen späteren Dramatiker und Lyriker Friedrich Hebbel, der als Sohn eines Maurers in Hamburg versuchte, Magen und Kopf mit nützlichen Inhalten vollzustopfen, lag das Salzkammergut irgendwo hinter dem Mond.

Später studierte Hebbel Jura in Heidelberg und München, ging wieder nach Hamburg, fuhr in die Welt hinaus, kam endlich nach Wien und heiratete die Hofschauspielerin Christine Enghaus. Neun Jahre sollte es dauern, bis er durch eine Badekur seiner Frau Gmunden kennenlernte: wolkenverhangen, regennaß und als Kurort noch in den Anfängen. Drei Wochen brauchte der Dichter zum Nachdenken, dann ging er hin, kaufte sich ein Haus und berichtete davon ganz glücklich in einem Brief: „Es gefällt mir hier so wohl, daß ich mich angekauft habe. Ja, wir sitzen bereits auf unserem Eigenen – es gibt eine Tür, aus der ich nicht hinausgeworfen werden kann und einen Garten, über dessen Planke ich nach Belieben klettern oder springen darf, ohne daß mir irgendein Mensch etwas dreinzureden hat."

Lange genug war er von widrigen Winden durch die Welt geweht worden, auf der Flucht vor der Erinnerung an eine böse Kindheit. In seinem Tagebuch steht darüber nachzulesen: „Ich träumte mich neulich ganz und gar in meine ängstliche Kindheit zurück, es war nichts zu essen da und ich zitterte vor meinem Vater wie einst." Jetzt hatte Hebbel ein Haus nach seinem Geschmack, in dem er sein Leben geborgen wußte, und vor dem Fenster und vor der Tür wartete mit See und Berg eine Landschaft, die ihn als Dramatiker beflügelte. Der Traunstein in der Glut des Abendrotes war für ihn das poetische Abbild des Vesuvs, der Herculaneum und Pompeji verschlang. Erst einmal entspannte sich der Dichter. „Vierzehn Tage bin ich bereits hier – und noch habe ich keinen einzigen Brief geschrieben – ja, ich hätte nicht einmal die Feder eingetaucht, wenn nicht ein paar Epigramme aufzuschreiben gewesen wären. So sehr ist man in Oberösterreich dem Fluch oder dem Segen des dolce far niente verfallen – und es bedarf eines wirklichen Entschlusses, sich dem müßigen Gedankenspiel, wie es die Fülle der immer wechselnden Eindrücke erregt, zu entreißen." Doch eben diese Traunseelandschaft mit ihrer bewegten Abfolge von Stimmungen und Bildern war für den Dichter auch eine Quelle der Inspiration. Sommer für Sommer kam Hebbel nach Gmunden, lud Freunde in sein kleines Haus und blieb, obwohl es schon die neue Kuranstalt gab, dem alten Bad treu. Dort saß er zufrieden in einer der grüngestrichenen Holzwannen und ließ sich von der Traun Gedichte ins Ohr murmeln. Ein unsteter Reisender hatte seinen Platz in der Welt gefunden.

Einer, der sich im Salzkammergut besonders wohl fühlte, kam gegen seinen Willen hierher: Hermann Bahr. Er hatte bei einem Studentenkommers in Wien eine aufrührerische Rede gehalten und war von der Universität geflogen. In konsequenter Fortführung seiner Untaten versäumte er dann auch noch in Graz die Immatrikulation. Der Vater saß indes in Ischl zur Kur, und statt zu gesunden, schrieb er mit Schaum vor dem Munde seinem mißratenen Sohn: „...Du hattest von mir die Weisung, Dich ganz passiv zu verhalten, und nur die Staatsprüfung vor Augen zu haben – indessen machst Du Spritzfahrten mit, hältst neuerlich unzulässige Reden, und, was mich am meisten empört, hast pöbelhafte und strafbare Auftritte statt eines gebildeten Benehmens. Ich fürchte fast, in Deinem Gehirne ist es nicht richtig und Du rappelst ernstlich.

Doch jetzt tritt die Frage heran, was fernerhin geschehen soll. Du wirst es begreiflich finden, daß unter den gegebenen Umständen weder Vater noch Mutter eine Freude an Deiner Gegenwart haben... Von mir kannst Du nicht verlangen, daß ich, nachdem Du mir die 1. Hälfte meiner Kurzeit durch Gemütsaufregungen höchster Art und durch die Notwendigkeit zahlreicher Briefe nach allen Richtungen der Windrose verdorben hast, die 2. Hälfte auch noch irgendwie unruhig oder gestört verbringe.

In Graz hast Du 'als derzeit Nichtstudent', wie Du Dich selbst nennst, nichts weiter zu suchen und daher ist es meine Wille, daß Du s o f o r t abreisest. Ich habe beschlossen, Dich vorläufig auf dem Steinkogel zu plazieren, wo Du in stiller Zurückgezogenheit, in frischer Gebirgsluft und im duftenden Walde geistig und gemütlich ausruhen und von dem Irrwege, auf dem Du Dich befindest und auf den Du gehetzt worden bist, rückkehrend, Dich selbst wieder finden kannst… Mit dem Wunsche, daß der Teufel, welcher in Dich hineingefahren, in der sonnigen Waldesluft und stillen Gebirgswelt ausgetrieben werde, und Deine Begriffe von Recht und sittlicher Ordnung sich wieder klären.

Dein Vater"

Hermann Bahr begab sich ob dieses väterlichen Wortgewitters tatsächlich nach Ebensee und nahm, wie befohlen, an der alten Straße nach Ischl im Gasthaus Steinkogel Quartier, das jeder unter seinem ziemlich unhöflichen Ebenseer Eigennamen kennt, doch wer ihn ausspricht, fliegt im hohen Bogen vor die Tür, und das ist schade, weil es dort die vermutlich weltweit besten Pofesen gibt. Hermann Bahr hatte es trotz der Verbannung recht gut getroffen, wie er in seinem „Selbstbildnis" bestätigt: „Er (der Vater) konnte nicht wissen, daß kaum eine Stunde davon in Rinbach (Rindbach) am Traunsee drüben mein lieber Couleurbruder Edmund Lang hauste, bei seinem Schwager Köchert über den Sommer zu Gast. Drei kleine Mädchen, wie Märchen schön, tollten ums Haus, ein mächtiger, gelassener Bernhardiner war gleich mein Freund, abseits aber stand, blaß und schmal, in sich verloren, schweigsam, ein unscheinbarer junger Mensch. Erst allmählich verriet er, daß er auch reden konnte. Wir redeten dann zuweilen die halbe Nacht durch, bis uns der Hausherr auseinandertrieb. Es war Hugo Wolf." Der Komponist liebte es übrigens, die Ebenseer Wälder zu durchstreifen und dabei laut singend an seinen Liedern zu arbeiten. Die Einheimischen brauchten eine Weile, um zu begreifen, daß niemand um Hilfe schrie.

Unbeachtete Malereien eines Komponisten: Hugo Wolf hinterließ im Krehbauer-Salettl in Ebensee die allegorischen Darstellungen von vier Sternzeichen. Im Bild: die Jungfrau.

Hermann Bahr verbrachte jedenfalls eine schöne Zeit, und als ihn sein Vater im August, schon wieder einigermaßen wirsch, einlud, mit ihm nach Linz zurückzufahren, sagte ihm der Sohn gerne zu, nicht ohne in dem Schreiben zu erwähnen, daß er es bedaure, des Vaters Winterrock versetzt zu haben.

Aus Hermann Bahr, der dem Salzkammergut auch in Zukunft treu blieb, wurde dann doch noch etwas Ordentliches: ein erfolgreicher Verfasser von Theaterstücken, Dramaturg am Burgtheater und Regisseur bei Max Reinhardt.

Auch einer der unergründlichsten Wortgewaltigen, der vermutlich bekannteste unter den erfolglosen österreichischen Dichtern, Fritz von Herzmanovsky-Orlando, kam durch seinen Vater nach Ebensee, allerdings freiwillig. Die Eltern, Emil und Louise, hatten sich schon 1903 in der heute nicht mehr bestehenden Villa Almfried in Rindbach eingenistet, und vieles von dem, was den späteren Dichter, Sammler, Graphiker, deutschtümelnden Mystiker und Chronisten allerliebster Vertrottelung auszeichnet, stammt wohl auch aus väterlichem Erbgut.

In seinen „Lebenserinnerungen" berichtet Fritz von Herzmanovsky-Orlando: „Mein Vater und ich schliefen im selben Zimmer. Etwas nach 7 schlurfte Liesi – das Stubenmädchen – immer etwas Brot kauend und völlig gleichgültig blickend ins Schlafzimmer und brachte meinem herzensguten Vater die Morgenzeitung. Stereotyp hörte man: Gib das Saujudenblatt her. Dann: Mihi brevitatem! (er sprach gerne mit der Liesi, die ohnehin nie bei der Sache war, lateinisch, d. h. ein zum häuslichen Gebrauch adaptiertes Latein – daher hieß „brevitas" die „Kirzen", was im Dialekte Kerze bedeutete). Also, er bekam seine Kerze, doch nur als solche, dh ohne Leuchter. So konnte

Ein Mann, ein Hund: Fritz von Herzmanovsky-Orlando mit der Zwergbulldogge Bonzo.

er sich bequem antropfen und hatte begründeten Anlaß, klagend Majandjosef zu rufen."
1911 heiratete Fritz von Herzmanovsky-Orlando Carmen,

gab ihr den ahnungsvollen Kosenamen „Panther" und warnte seinen Freund Kubin: „Wappne Dich, alter Wüstling, sie ist sehr hübsch!" Der Maler war mit dieser Verbindung gar nicht einverstanden und dachte auch nicht daran, Carmen die Ehre anzutun, sich zu wappnen, bis sie ihn eines Tages in den Traunsee stieß. Kubin beklagte diesen „meuchlerischen Überfall am Bootssteeg in Rindbach", und Herzmanovsky entgegnete in einem Brief aus Meran ungerührt: „Der Panther reicht eine Sammetpfote und weiß auch hier Stellen, wo man den Meister ins Wasser oder einen Abgrund werfen kann."

Rindbach hatte für Herzmanovsky überdies den Vorzug, voll von Saligen Fräulein und sonstigen Feenwesen zu sein: ein Ort der Magie. An Carmen schrieb er 1909:

„Imp. Eros" (Herrscherin des Eros)

die Ereignisse sind über mich hereingebrochen wie die sterngepanzerten Scharen der Erosapokalypse. Der Schimmer Deiner Herrlichkeit schwebt über mir, die glitzernden Strahlen Deiner Kraft brechen aus den Gebirgen, die mich umgeben."

Dieser mystische Ort verlangte natürlich nach einer kongenialen Inszenierung seines zauberischen Wesens, also engagierte Herzmanovsky sehr zu Freude der männlichen Ebenseer junge Mädchen, die, nur andeutungsweise verhüllt, Elfentänze im Mondschein aufführten. Leider mußten sie nach den Vorstellungen des Dichters von knabenhafter Gestalt sein.

Das alles tat seinem schnörkeligen Gemüt ausgesprochen wohl, obgleich er feststellen mußte, daß die von ihm so innig haßgeliebte k.k. Patina auch in Ebensee klassenkämpferischer Roheit zum Opfer fiel. Erbost schrieb er 1920 an Kubin:

„Denk Dir, unsere Gegend ist so dummheitsgeschwän-

Als Ebensee noch in sich ruhte: Sommerliche Idylle in der „See-raunzen", einem Uferwirtshaus, das heute nicht mehr existiert.

gert, daß sehr sensitive Leute diese auch als eine Art Käse schneiden könnten. Jetzt erfuhr ich die erschütternde Tatsache, die Ebensee zu einem neuen Schilda stempelt und alles erklärt: Die hiesigen Gemeindevertreter wurden beim Eisenbahnministerium bittfällig, sie möchten keinen Schnellzug mehr hier halten lassen (obwohl E die größte Siedlung im Land ist), da Arbeiter nicht mit dieser Bourgeoisieerfindung fahren. Ist so etwas überhaupt in den kühnsten Träumen ersonnen worden?"

Nach dem Zweiten Weltkrieg war ihm die Villa in Rindbach verleidet und er wohnte zwischendurch in Altaussee bei der Künstlerin Christine Kerry. Es gab sogar ein Filmprojekt, worüber Herzmanovsky in einem Brief berichtet: „Ich soll dazu eine kleine, lustige Handlung komponieren und denke daran, daß ein schönes englisches Mädel sich in Bauernkreise mischt, Turen macht, bei Sport und Schwimmen brilliert und in eine Liebelei hineinkommt, die verschiedene jagende Falotten dazu benutzen, sie zum Wildern zu verleiten. Es kommt ein Riesenskandal heraus, als der schwer zu fangende Wilddieb sich bei der Behörde als schönes Fräulein entpuppt. Alles endet aber gut, weil schließlich der alte, reiche Lord die ganze Jagd kauft."

Mit dem guten Ende sollte es nichts mehr werden. Am 27. Mai 1954 starb Fritz von Herzmanovsky-Orlando in Meran.

Wie überall, muß es auch unter den schreibenden Menschen solche geben, die sich, wenn überhaupt, von ziemlich grell geschminkten, preiswerten Musen küssen lassen und als Kopfwerker mit Fleiß, Witz und Können ihre Arbeit tun. Als in Bad Ischl die silberne Operettenzeit anbrach, traten sie dort in geradezu inflationärer Menge auf. Zwei Prachtexemplare stellten die Brüder Emil und

Arnold Golz dar. Sie waren nicht nur eineiige Zwillinge, sondern auch noch Meister in der Kunst, ihre Ähnlichkeit, nein, Gleichheit, zu inszenieren. Nur einer der beiden hatte eine Sehschwäche, doch jeder trug ein Monokel, nur einer hörte nicht gut, aber beide legten den Kopf schief und hielten die Hand ans Ohr, wenn sie zuhörten. Ihnen ist die treffendste Schilderung jener Atmosphäre zu verdanken, die Bad Ischl zwischen den Kriegen zu einem wahren Treibhaus der Kreativität werden ließ: „Wir haben unseren Musentempel mitten im Jubel und Trubel des Theaterstädtchens, also auf der Esplanade, errichtet und sind voll Erwartung einer regen Saison. Tatsächlich stellt sich der Regen pünktlich ein, was man von der Saison nicht behaupten kann. Der Kurort ist diesmal nicht überfüllt, allein gerade dieser Umstand erweckte in uns die Hoffnung, uns unbehelligt der gestellten Aufgabe hingeben zu können. Um ungestört zu sein, setzten wir uns dem Musikpavillon gegenüber auf die Bank und blickten gedankenschwer zu den Wolken, die über unseren Häuptern dahinjagten, als wollten sie vor unseren Einfällen flüchten. Schon nimmt – aus der Stille um uns geboren – eine Idee greifbare Formen an, da – plötzlich ein rauschender Akkord aus dem von irgendeinem Operettenkomponisten leichtfertig offen gelassenen Fenster! - und sein letzter Walzer stiehlt sich auch uns ins Ohr. Um der Gefahr des Plagiats zu entgehen, stehlen wir uns davon, auf ein anderes Plätzchen. Ein geheimnisvolles Zischeln und Flüstern läßt uns auch dort nicht zur Ruhe kommen. In einem dichten Gebüsch verborgen, entdecken wir ein Librettistenpaar, das mit Frau Muse in wilder Ehe lebt und eben ein Kind zur Welt bringt, das weder von dem einen noch von dem anderen ist.
Wir flüchten auf eine dritte Bank. Da rauschen uns die

Wogen einer hochgehenden Tonflut aus der Villa eines
anderen Operettenkomponisten entgegen. Die jüngste
große Operette, für Berlin zur Premiere bestimmt, besteht dort vor dem Theaterdirektor und seiner Prima-
donna die rheingoldschwere Feuer(zauber)probe. Ent-
setzt eilen wir von dannen nach hinnen. Große Schweiß-
tropfen rinnen uns armen Schwitzbolden in wertlosen
Perlen von den gedankenzerfurchten Stirnen, machen
aber vor den gewaltigen Nasenflügeln halt, um sich einen
müheloseren Weg über unsere beiden Glatzen zu bahnen.
Tief in den Wald lenken wir unsere Schritte und entdecken dort endlich jene Bank, der wir unsere Gedanken-
ersparnisse mündelsicher anvertrauen können. Wir at-
men auf, um so mehr, als ein bekannter Theaterkritiker
an uns vorüberhuscht, den Blick ins Leere gerichtet. Ruhe um uns her. Wir hören förmlich die Stille und wollen
mit der Arbeit beginnen. Da pflanzt sich plötzlich eine
Dame vor uns hin. Die personifizierte Südbahn: lauter un-
regelmäßige Züge. Sie scheint uns für ein Haltesignal zu
halten, denn sie bleibt vor uns mit einem Ruck stehen.
Eine Viertelstunde später kennen wir bereits ihre Lebens-
und Leidensgeschichte.
Wir nehmen Reißaus und klettern auf eine Anhöhe hin-
auf. Lassen uns auf einem Baumstamm nieder. ‚Ah! Die
Brüder Golz!' knallt es uns plötzlich um die Ohren. ‚Sie
schreiben wohl ein neues Lustspiel, was? Eine traurige
Sache!'
Wortlos stehen wir auf und eilen erschöpft ischlwärts.
Keine einzige Zeile geschrieben! Wovon sollen wir leben?
Beim Zauner wird uns schon was einfallen…"
Ein anderes, beinahe unzertrennliches Paar, mit den Brü-
dern Golz eng befreundet, waren die Librettisten Alfred
Grünwald und Julius Brammer. Grünwald und sein Part-

Alfred Grünwald und Julius Brammer: Auch im Schatten ihrer berühmten Auftraggeber ließ es sich recht behaglich leben.

ner schrieben zum Beispiel die Texte für „Gräfin Mariza", „Rose von Stambul", „Viktoria und ihr Husar", sie arbeiteten für Franz Lehár, Emmerich Kalmán, Leo Fall, Oscar Straus, Paul Abraham und Robert Stolz – aber sie wurden nie berühmt. Bissig reimte Grünwald zu diesem Thema: „Dem Librettisten flicht die Nachwelt keine Kränze,/sein Schaffen bleibt verborgen in der Gänze,/Wer Mozart ist, das weiß ein jeder,/doch niemand kennt den

Schikaneder!/Er war kein Shakespeare und keine Goethe -
/und doch schrieb er die Zauberflöte."

Alfred Grünwald wurde aber trotzdem nicht verdrießlich.
Er hatte sich in Bad Ischl eine schöne Villa an der Esplanade erschrieben, suchte vergnügt nach Stoffen und vergaß, abergläubisch wie alle Theaterleute, nie, in seine
Stücke eine komische Figur mit „P" einzubauen, wie zum
Beispiel den „Pelikan" in „Zirkusprinzessin", den „Pimpel-
huber" in „Der Lachende Ehemann" und in „Gräfin Mariza" den „Penezek" – eine prächtige Rolle für Hans Mo-
ser. Auch als die Schatten des Dritten Reiches den Sommer in Ischl zu verdüstern begannen, schrieb Grünwald
munter weiter. Einen Teil der Tantiemen ließ er allerdings
in die Schweiz überweisen – man konnte nie wissen. 1938
standen dann, wenige Tage nach dem Anschluß, die Ge-
stapo-Leute vor seiner Wiener Wohnungstür. Er wurde
verhaftet, saß gemeinsam mit einem gewissen Bruno
Kreisky und dem Kabarettisten Fritz Grünbaum im Gefängnis. Grünwald kam frei und emigrierte nach Amerika,
wo er 1951 starb. Sein Sohn, Henry Grünwald, wurde Her-
ausgeber der „Time" und kehrte 1988 nach Österreich
zurück: als Botschafter der USA.

1951 starb in Amerika noch ein anderer Österreicher,
Hermann Broch. Ein größerer Gegensatz als der zwischen
dem schreibenden Bohemien Grünwald und dem philo-
sophierenden Dichter Broch ist kaum denkbar, und doch
verbindet sie ihre Zuneigung zum Salzkammergut. Nach
dem Willen seines Vaters sollte Broch Textilfabrikant
werden, doch der Sohn hatte einerseits wenig Lust am
Unternehmertum und andererseits eine poetische Bega-
bung. Dieser Zwiespalt äußert sich schon sehr früh in einem Geburtstagsgedicht für seinen Vater: „...Und die
Konjunktur ist prächtig/Und die beiden Söhne tichtig/

Und das ist besonders wichtig/Und die Zukunft, sie ist heiter/Und so fort. Gott helfe weiter!!!" Schon als Unternehmer war Broch literarisch tätig, inskribierte philosophische und mathematische Vorlesungen, fand endlich 1927 einen Käufer für die ungeliebte Fabrik. Er lernte den Ausseer Romancier Frank Thieß kennen, und als ihm finanzielle Probleme das Leben zusehends schwieriger machten, zog er sich 1932 nach Gößl, ins Haus der Familie Mauskoth, zurück. Damit war er aber auch schon eingefangen: „Kennen Sie übrigens das Salzkammergut? Es ist wunderschön!" schrieb er in einem Brief. Bald gehörte er zur Literatenfamilie des Ausseerlandes, lernte Friedrich Torberg kennen, traf Jakob Wassermann und besuchte im Haus Seeblick Genia Schwarzwald in ihrem „Erholungsheim für geistige Arbeiter", hoch über dem Altausseer See. Broch entdeckte aber auch einen der stillsten Schreiber im Lande, den Ausseer Lehrer Hans Vlasic. Er versuchte, ihm zu helfen und lieferte in einem Brief an den Verleger Suhrkamp eine treffliche Beschreibung: „Wie Sie aus seinem bisherigen Verhalten ersehen haben dürften, ist er ein etwas schrullenhafter Einschichtler, mit vielerlei Skrupeln beladen, sehr scheu gegen alles, was mit Öffentlichkeit zusammenhängt, und in einer verbissen-verspielten Art nur mit seinen Arbeiten beschäftigt, die er anfängt und wieder weglegt, ohne eigentlich an eine Publizierung zu denken. Dabei bin ich überzeugt, daß er unter diesem Verhalten leidet, denn er ist entschieden ein großes, wenn auch etwas abstruses Talent..."
Broch selbst war nicht nur als Schriftsteller aktiv, er versuchte auch, den Völkerbund zu einer Neudeklaration der Menschenrechte zu bewegen, um kommendes Unheil abzuwenden. In diesem Zusammenhang korrespondierte er ohne greifbares Ergebnis mit Thomas Mann, Stefan

Zweig, Aldous Huxley, Albert Einstein und anderen. 1938 wurde er zusammen mit dem Altausseer Bürgermeister Joseph Khälß ins Ausseer Gefängnis gesteckt, später unter der Bedingung, nach Wien abzureisen, entlassen und emigrierte. Broch blieb zeit seines Lebens ein zwar wichtiger, doch weitgehend unbekannter Dichter, der selbst irgendwann zu der Auffassung gelangte, sein eigentlicher Lebensinhalt sei ja doch die mathemathische Erkenntnistheorie. Erst gegen Ende seines Lebens regte sich öffentliche Anerkennung: Erst sollte er Präsident der Deutschen Akademie für Sprache und Dichtung werden (Broch: „Mir ist diese Mitgliedschaft so putten wie nur was…"), dann, 1950, wurde er sogar für den Literatur-Nobelpreis vorgeschlagen, ohne ihn aber zu bekommen. Ein Jahr später war er tot.

Damit führt der Weg vom Altausseer See zum Attersee, von philosophierender Zeitkritik zu sensibler Wortmalerei, von Hermann Broch zu Franz Karl Ginzkey. Im Leben dieses leisen Poeten hat eine ganze Menge Österreich Platz: der verdämmernde Glanz der Monarchie, die letztlich so tragische Theatralik der k.k. Armee, eine verzweifelt unfertige Republik als willkommene Beute neuer Machthaber, Krieg, Zerstörung, Neubeginn. Ginzkey kam in der Hafenstadt Pola, im heutigen Istrien, zur Welt. Er besuchte die Marineakademie und später die Infanterie-Kadettenschule. Da er aber lieber dichtete, statt das Kriegshandwerk zu erlernen, saß er häufig im Arrest und hatte dort erst recht wieder Muße für poetische Gedanken. Endlich gelang es ihm, in das Militärgeographische Institut nach Wien versetzt zu werden. Dort verbrachte er fast fünfzehn Jahre am Zeichentisch, ein ausnehmend friedlicher Leutnant mit einem Kopf voller Reime und Geschichten. Er schrieb einen Kinderbuch-Klassiker, „Hatschi Bratschis Luftballon", faßte mit Peter Roseggers Hilfe im renommierten Staackmann Verlag Fuß und wurde allmählich bekannt. Der Erste Weltkrieg trieb ihn dann doch an die Front, allerdings als Kriegsberichterstatter, und nach dem schrecklichen Ende verkroch er sich nur zu gern in der staubigen Stille des Kriegsarchivs. 1921 wurde er in den Ruhestand versetzt. Er zog nach Salzburg und, Sommer für Sommer, nach Seewalchen am Attersee. Dichter und Landschaft waren wie füreinander gemacht: beide ohne schroffe Dramatik, einer leichten, spielerischen Vielfalt geöffnet. Ginzkey bedankte sich für seine neue Heimat, indem er den Attersee beschrieb: „Was den anderen Seen etwa an romantischer Felsenenge und größerer Nähe des Gebirges zugute kommen mag, das wird bei ihm durch seine meeresähnliche Weite und Helle, durch seine lebhafte Gemütsart und durch sein erstaunliches, fast ununterbrochen wechselndes Farbenspiel wettgemacht…" Ginzkey konnte wie kein zweiter jene ganz besondere Stimmung in Worte fassen, die über der Seenlandschaft des Salzkammergutes liegt, den Zauber einer sommerhellen, unbeschwerten Zeit. Schon in der ersten Strophe seiner „Sonate zum Attersee" fügen sich die Bilder ins unverwechselbare Ganze: „Wie ich so den Tag versäume,/spiegelt sich die Welt im See,/Helles Haus und Blütenträume/Tannenwald und Schloßallee./Fast verlockt es mich, zu meinen:/Was sich so im Spiegel hält/Dies verklärte Widerscheinen,/ sei der beßre Teil der Welt."

Ginzkey blieb in aller dichterischen Unschuld der Schönheit verhaftet, auch als Haß und Krieg alles zerstörten. Einerseits ließ ihn blauäugiger Opportunismus sogar Mitglied der NSDAP werden, andererseits pflegte er seine Freundschaft zu Stefan Zweig. Er war ja kein Antisemit,

Franz Karl Ginzkey und der Attersee: Kreative Sommerfrische für
einen freundlichen Ästheten.

aber der deutschen Sprache und dem deutschen Wesen
zugetan. Erst als ihn die sinnlose Willkür des Krieges unmittelbar bedrohte, erkannte auch Ginzkey, daß freundliche Ästhetik nicht von persönlicher Verantwortlichkeit
entbindet. Dennoch hat man dem „Dichter der Stille" – so

nannte ihn Stefan Zweig – nach dem Krieg rasch verziehen, und Ginzkey selbst überspielte diesen Aspekt seines Wesens mit „bemühter Grazie", wie es der Autor Klaus Heydemann ausdrückt. Nichts sollte ihm die letzten Sommerjahre in Weyregg verderben, und es sollten noch recht viele Jahre werden: Franz Karl Ginzkey starb 1963.

ENDE UND ANFANG

In den letzten Jahren des Zweiten Weltkrieges war das Salzkammergut eigentlich schon mehr ein Kunstkammergut. Das Altausseer Salzbergwerk hatte die zweifelhafte Ehre, zum „Bergungsdepot des Reiches" erklärt zu werden, und im Ischler Salzberg waren Kostbarkeiten aus dem Kunsthistorischen Museum, der Albertina, der Nationalbibliothek und dem Naturhistorischen Museum gelagert. Ihr Versteck lag auf dem zweiten Blindhorizont, der vom Erbstollen bei Lauffen zugänglich war. In Altaussee war die Bergungsaktion Ende 1944 im wesentlichen abgeschlossen, auch die fatalen Sprengstoffkisten mit der Aufschrift „Marmor – nicht stürzen" lagen schon im Berg. In Ischl rollten die ersten Kisten im Dezember 1944 an, und die Lieferungen wurden bis März 1945 fortgesetzt. Der Bombenkrieg war intensiver geworden und erzwang nächtliche Transporte, es fehlte an Fahrzeugen und vor allem an Kraftstoff, oft mußten sogar Ochsengespanne herhalten. Dann zerfiel die bislang noch immer gespenstisch gut funktionierende Organisation des Dritten Reiches in nicht minder gefährliche Splitter. Das Salzkammergut wurde mehr und mehr zum Zufluchtsort für braune Prominenz und geriet damit in ein abenteuerliches Spannungsfeld höchster Machtbefugnisse. In Altaussee saß der berüchtigte Gestapo-Chef Ernst Kaltenbrunner, und er hatte großes Reisegepäck mitgebracht: Kisten voller gefährlicher Akten, Brillanten, Feingold und

Devisen – nicht zu vergessen eine Briefmarkensammlung, die ihresgleichen suchte. In Gmunden weilte vorsichtshalber der Reichsverteidigungskommissar für den Gau Wien, Baldur von Schirach, und beide, Kaltenbrunner wie Schirach, waren mit den Plänen des Gauleiters von Oberdonau, Eigruber, nicht einverstanden, die Kunstwerke eher zu vernichten, als sie dem Feind zu überlassen. In Altaussee verhinderte eine seltsame Allianz an sich verfeindeter Kräfte sowohl die Vernichtung als auch den Abtransport der Kunstschätze; in der Nacht vom 3. zum 4. Mai wurden die Stollenmünder gesprengt. In Lauffen mußten auf Befehl von bevollmächtigten SS-Männern Lastkraftwagen mit dem Bergegut beladen werden. Alle Versuche, einen Abtransport zu verhindern oder wenigstens zu verzögern, scheiterten. Am 4. Mai verließ die Wagenkolonne Lauffen und kam trotz aller Kriegswirren bis Mittersill und später nach St. Johann in Tirol. Noch verwunderlicher ist der Umstand, daß fast alle Werke unbeschädigt sichergestellt werden konnten, darunter so kostbare Stücke wie Brueghels „Bauernhochzeit".

Das Salzkammergut war in seiner ganzen Geschichte nie Kriegsschauplatz, sieht man von den Aufständen der Bauern und Knappen ab. Auch im Zweiten Weltkrieg war es nur mittelbar betroffen, doch das war schlimm genug. Hunger gehörte zum Alltag, gegen Ende des Krieges mehrten sich Bombenangriffe. Während einer Ballveranstaltung brannte das hölzerne Gmundner Kurhaus ab. Immerhin: Gmunden und Bad Ischl hatten den Status von Lazarettstädten erhalten, durften also kampflos übergeben werden, und auch in den anderen Orten waren Verwundete untergebracht. Im Hallstätter Hotel Grüner Baum waren erst Erholungsorganisationen einquartiert, dann machte sich eine Filmgesellschaft breit und drehte ausgerechnet im Dachsteingebiet den Propagandafilm „Gebirgsjäger im Kaukasus". Auch eine Wiener Mittelschule war hier untergebracht, und noch heute kommen ehemalige Schüler auf Besuch: Gerhard Sokol, Dr. Franz Kreuzer, Leo Wallner...

In den letzten Kriegswochen schwoll der Strom der Flüchtlinge beängstigend an, dazu kamen noch Truppenteile auf dem Rückzug. Die Bevölkerung des Salzkammergutes hatte sich in diesen Tagen mehr als verdoppelt. Der Krieg war zwar noch nicht zu Ende, aber die Verlierer standen fest und selbst die kernigsten Durchhalteparolen aus Linz konnten nicht mehr alle Soldaten überzeugen. Viele setzten sich einfach ab und verschwanden im Gebirge. Im Weißenbachtal, zwischen der Traun und dem Attersee, sind im Wald, unweit der Straße, zwei Kriegsgräber zu finden. Todestag: 6. Mai 1945. Ein Unteroffizier, so wird erzählt, erschoß einen neunzehnjährigen Obergefreiten, als dieser desertieren wollte. Das brachte die Kameraden des Obergefreiten so in Wut, daß sie den Vorgesetzten töteten. Eine seltsam friedliche Stimmung liegt über diesen einsamen Gräbern im Wald, ein naher Gebirgsbach murmelt, Insekten und Vögel machen Musik, es riecht nach Harz und Moos. Längst hat man die Toten in den Soldatenfriedhof Wels umgebettet. Hier erzählen nur noch zwei kleine, eingezäunte Vierecke eine Geschichte von grotesker Sinnlosigkeit.

In Bad Ischl kam am 4. Mai 1945 statt der üblichen amerikanischen Bomber von Süden her eine deutsche Ju-52 geflogen und brachte das Kunststück fertig, oberhalb der Stadt auf der Wiesenkuppe von „Dr. Sterzens Abendsitz" zu landen. Die beiden Piloten stiegen aus, schoben das Flugzeug ein Stück weiter und blieben erst einmal. Drei Tage später stand der eine eben unter der Tragfläche, um sich zu rasieren, als ein amerikanisches Jagdflugzeug angriff. Die Ju-52 wurde zerstört, ihre Besatzung konnte rechtzeitig flüchten, und es wird von einem deutschen Urlauber erzählt, der Jahre später auf „Sterzens Abendsitz" nach Kriegserinnerungen suchte.

Nach Kriegsende war dann großes Aufräumen angesagt, wenn auch keiner so ganz genau wußte, wer nun wirklich wohin gehört hatte oder neuerdings gehörte. Letztlich war es so, daß jene zusammenwirkten, die einfach einen neuen, gemeinsamen Anfang wollten.

Den Ersten Weltkrieg hatte das Salzkammergut mit argen Schrammen, aber einer intakten Identität überlebt: die gute alte Sommerfrische gab es noch immer, die Künstler kamen und die reichen, schönen Leute, sogar ein ganz klein wenig kaiserlich ging es noch zu.

Der nächste große Krieg hatte auch mit dem Abglanz einer schönen Vergangenheit Schluß gemacht. Es gab die große Welt nicht mehr, welche die eleganten Luxushotels mit Leben hätte erfüllen können, und das Salzkammergut der Künstler, der Mäzene, der Bohemiens, der mutigen Investoren und der unterhaltsamen Bankrotteure war zerflattert. Zurück blieb eine Landschaft, schön wie eh und je, zurück blieben leere Villen, herrschaftliches Gemäuer, mit dem niemand etwas Rechtes anzufangen wußte. Früher, als das glänzende Leben der noblen Freizeitgesellschaft einfach zum Alltag gehört hatte, gehörten eben auch jene Bühnen und Kulissen dazu, die in einer tristen Nachkriegswelt ziemlich unpassend wirkten. Aber die Gäste kamen ja doch wieder. Die einen, weil hier die Welt zumindest optisch noch heil war, und die anderen, weil sie längst eine Beziehung zum Salzkammergut entwickelt hatten, die viel zu tief und zu dauerhaft war, um sich von Äußerlichkeiten abschrecken zu lassen. Das neue Salz-

253

kammergut wurde zwar weder kaiserlich vergoldet noch operettenkaiserlich versilbert, aber vorerst einmal fröhlich bunt lackiert, und erstaunlich rasch stellte sich auch eine Gediegenheit ein, die diesmal nicht geschenkt, geborgt oder importiert war, sondern von innen kam. Auf der Suche nach neuen Inhalten wurden die alten Wurzeln bewußt, die Jahrhunderte ruhigen, in sich gerundeten Lebens. Jetzt waren es nicht mehr die Bewohner des Salzkammergutes, die ehrfurchtsvoll ihre Gäste bestaunten, sondern die Gäste staunten über das Salzkammergut und seine Menschen, die es fertigbrachten, ihre Welt zu öffnen, ohne sie zu verraten.

Somit ist das Salzkammergut von neuem zu einem raren, beneideten Stück Österreich geworden, und längst gibt es wieder berühmte oder reiche Leute, die hier auf die Bühne drängen. Doch sie tun gut daran, ihre Rolle ordentlich zu spielen. Jene Zeiten, in denen immer applaudiert wurde, sind vorbei.

DER KAISER, RUNDERNEUERT

Ein deutliches Indiz für die Sonderstellung des Salzkammergutes unter den Urlaubsregionen ist die Tatsache, daß unter den hiesigen Fremdenverkehrsleuten immer wieder solche zu finden sind, die nicht nur ihren Beruf ausüben, sondern sich auch noch höchst ambitioniert in der Kunst des Kreuz- und Querdenkens üben. Der legendäre Goiserer Karl Pilz stellte ein wahres Prachtexemplar dieser Gattung dar, als eine lebende, ebenso kauzige wie fundierte Salzkammergut-Enzyklopädie. Der Pilz von Goisern wohnt jetzt ein Stockwerk höher, aber es gibt ja immer noch Dieter Neumann, den Ischler Kurdirektor, der es sich zum Beispiel nicht nehmen ließ, seine beruflichen Beziehungen zum guten alten Kaiser in einem metaphysisch-skurrilen und noch dazu historisch fundierten Sprechstück zu sublimieren. Anläßlich einer „Sissy"-Aufführung und weil das Café Zauner sein hundertsechzigjähriges Jubiläum feiert, kommt der Kaiser auf Besuch nach Bad Ischl. Dort trifft er, unter anderen, Alfons Haider, der in der „Sissy" den jungen Kaiser spielt. Auszüge seien dem p.t. Publikum hiermit submissest präsentiert:

Habsburg City

Alle Szenen: In der Konditorei Zauner, Bad Ischl

1. Szene

Maria (spricht leichten slowenischen Akzent): Jessas Maria, Frau Chefin, bitte kummans, kummans, der Kaiser sitzt da drin!

Zauner: Na und? Der Alfons Haider ist doch täglich bei uns, was regen Sie sich auf?

Maria: Net der Haider, der alte Kaiser, der Franz Joseph, der was doch schon lang tot ist.

Zauner: Maria, reden S' keinen Schmarrn, Franz Joseph sitzt nicht bei uns, sondern liegt in der Kapuzinergruft.

Maria: Dann is er auferstanden, bitte kumman S', ich waß net, wie ich ihn anreden soll.

(Maria zieht Frau Zauner am Arm von der Kassa in den Salon).

(Im Salon: Der alte Kaiser sitzt am Personaltisch. Frau Zauner erkennt ihn, zögert kurz, geht auf ihn zu, resolut).

Zauner: Majestät, Sie sitzen am Personaltisch, den brauch ich für die Mädchen. Bitte, sind S' so freundlich und setzen Sie sich doch woanders hin.

Kaiser: Ich bin mein ganzes Leben lang als oberster Beamter am Personaltisch g'sessen. Da bleib ich auch, wenn ich tot bin. (Zögert, blinzelt) Sind Sie die Frau Schratt?

Zauner: Majestät, ich bin die Gärdi Zauner, an die Schratt sollten Sie sich aber schon besser erinnern.

Kaiser: Es ist alles schon so lang her … In der langen Zeit werden einem die liebsten Menschen gesichtslos … entschuldige, Kathi … also, nachdem ich mich nun entschlossen hab, nach 78 Jahren wieder einen Tag in meinem geliebten Ischl zu verbringen, möcht ich jetzt gerne einen Kaffee und …

Zauner: … einen Gugelhupf!

Kaiser (fast wütend): Hörn S' mir mit dem Gugelhupf auf. Täglich hab ich das trockene Zeug bei der gnädigen Frau zum zweiten Frühstück hinuntermampfen müssen… entschuldige, Kathi…, nur weil alle 'glaubt haben, daß ich ihn so gerne mag, ich hab halt nie jemanden enttäuschen wollen.

Zauner: No, dann nehmen S'die Kaisertorte, Majestät, die ist schön saftig und schließlich zur Erinnerung an Sie kreiert worden. (Ruft) Maria, eine Kaisermelange und eine Kaisertorte für den Kaiser.

Kaiser: Und einen Fernet-Branca für die Frau Zauner. Nehmen S' doch ein bißl Platz bei mir, ich hab schon lang keine charmante G'sellschaft mehr g'habt in der Gruft. Unlängst ist die Zita eingetroffen, aber mit der kann man sich auch nur noch über die Monarchie unterhalten.

(Frau Zauner hat sich inzwischen zum Kaiser gesetzt).

Zauner: Majestät, wieso wissen Sie denn, daß ich ganz gern einen Fernet-Branca trinke?

Kaiser: Wir haben unsere Informationen. Die Geheimdienste sind einfach nicht umzubringen. (Zu Maria gewandt)

Kaiser: Sie sind aus Slowenien, gell?

Maria: Ja … chert man des denn immer noch?

Kaiser: Liebes Kind, in meinem Reich hat's fast so viele Sprachen, Dialekte und Accents gegeben, wie's beim Zauner Torten gibt … eine Katastroph'n … richtig Deutsch habns nur in Prag g'sprochen, und wenns nach der Kaiserin gangen wär, hätt ich dauernd Ungarisch mit ihr reden sollen.

2. Szene

(Der Ischler Bürgermeister kommt herein, blickt suchend herum, sieht Frau Zauner und geht auf sie zu).

Bürgermeister: Grüß Gott, Frau Zauner, ich möcht nicht stören, aber … (sieht den Kaiser) … Entschuldigung (verwirrt) ich weiß nicht … Sie kommen mir so bekannt vor …

Zauner: Darf ich die Herren bekannt machen: Kaiser Franz Joseph, der Bürgermeister von Bad Ischl.

Kaiser: Sehr erfreut, sehr erfreut, nehmen S' doch Platz,

Herr Bürgermeister, und wundern Sie sich net, nehmen Sie's wie's ist, ich bin halt wieder einmal in meinem geliebten Ischl auf Sommerbesuch, und mit den hiesigen Bürgermeistern hab ich immer schon ein gutes Verhältnis g'habt. (Der Bürgermeister nimmt Platz).

Bürgermeister: Welch hohe Ehre, Majestät. Eine Auszeichnung für Bad Ischl, bleiben Sie lange? Sind Sie mit der Eisenbahn gekommen?

Kaiser: Bin nur Tagesgast diesmal, wollt mich ein bißl umschau'n, wie's so geht in Ischl, ob sich was verändert hat, ob die Leut noch von mir reden.

Bürgermeister: Majestät brauchen keine Angst zu haben, seit Ihrem Ausscheiden hat sich in Bad Ischl nichts verändert, darauf haben wir schon geschaut, daß sich nichts verändert. Nur die Eisenbahnverbindung mit Wien ist etwas schlechter geworden, aber sonst ist alles wie früher.

Kaiser: Sagen S', steigen im Hotel Kaiserin Elisabeth immer noch die hohen Herrschaften ab?

Bürgermeister: Nicht ganz, Majestät, dort gibt's jetzt Zweitwohnungen und Geschäfte für Pampers und Bodylotion. Alles sehr schön renoviert und in Kaisergelb, wie in der Monarchie!

Kaiser: Aber im Hotel Austria, dort wo ich mich im Haus Ihres Kollegen, des Bürgermeisters Seeauer, mit der Sisi verlobt hab, logiert man sicher noch sehr rekommendabel?

Bürgermeister: Das Haus Austria, Majestät, ist jetzt unser Stadtmuseum. Eine prachtvolle Tafel erzählt von dem historischen Ereignis, und jedes Jahr nach der Kaisermesse gibt's dort den Kaiserempfang. Nur geladene Gäste, und alle werden von mir mit persönlichem Händedruck begrüßt. Der Otto war auch schon da.

Kaiser: Der Otto? Na, dann darf ich ja wohl auch wiederkommen!

Bürgermeister: Ich weiß nicht, Majestät, haben Sie verzichtet?

Kaiser: Verzichtet? Ich hab mein ganzes Leben ununterbrochen auf alles mögliche verzichtet, außer auf Ischl und die Jagd. Ja, ja, jagen war ich gern da ...

Bürgermeister: Ja, Majestät, da kann ich Ihnen nur beipflichten, die Jagd ist was Schönes, ich geh auch auf die Pirsch, wenn's die Zeit erlaubt, und mein Vorgänger, der Herr Altbürgermeister, ist auch Jäger, und sein Vorgänger, der Herr Uraltbürgermeister, ebenfalls, eine echte kaiserliche Bürgermeistertradition.

Kaiser: Im Jahr 1910, wo man mir dieses Jagd-Standgebilde errichtet hat, hab ich noch sechs Zwölfender g'schossen. Eigentlich wollt ich ja in Ischl begraben werden, aber das haben s'mir nicht erlaubt.

3. Szene

(Am Nebentisch sitzt seit einiger Zeit ein Zeitung lesender Mann):

Bernhard: Hätte gut zu Ischl gepaßt: die Kaisergruft im Kaiserpark. Anstatt der Pferdeställe, die heute ohnedies nur vermodern.

Kaiser: Sind Sie mir schon einmal vorgestellt worden?

Bernhard: Daran könnte ich mich sicher erinnern. Mein Name ist Thomas Bernhard, ich schreibe.

Kaiser: Wem denn?

Bernhard: Den Mächtigen ins Gewissen, den Ohnmächtigen zur Ermutigung.

Kaiser: So was war unter meiner Regierung durch die Zensur geregelt, Ordnung muß sein.- (Nach kurzer, etwas verlegener Pause): Finden Sie nicht auch, daß die Torten ganz hervorragend in dieses Etablissement passen? Was führt Sie denn zum Zauner?

Bernhard: Ich lebe in Wien, wie Sie, Majestät, und wie Sie

fahre ich im Sommer ins Salzkammergut. In Attnang-Puchheim steige ich um, hier betritt man eine andere Welt, das Salzkammergut. Sie haben zwar in Ischl die Kriegserklärung unterschrieben, aber bis ins Salzkammergut ist der Krieg nie gekommen. Das hat nicht einmal der Hitler geschafft. Als die Amerikaner einmarschiert sind, war der Krieg schon aus. Südlich von Attnang-Puchheim gab's immer nur die Schießerei zwischen Jägern und Wildschützen, aber dafür haben die Jäger ja keine Zeit mehr, die sind ja mit dem widerlichen Fallenstellen beschäftigt!

Kaiser: Ja, ich erinnere mich, in Attnang-Puchheim bin ich auch schon einmal umgestiegen, weil der Hofzug eine Havarie hatt'.

Bernhard: In Attnang-Puchheim ist jeder schon einmal umgestiegen. Das Chaos des Umsteigens in Attnang-Puchheim ist das Chaos einer Revolution, die kurzfristig notwendig ist, um in eine bessere Welt zu gelangen. Südlich von Attnang-Puchheim beginnt die Herrschaft der Feuerwehren und Blasmusiken. Wankham, Pinsdorf, Langwies und Mitterweißenbach – das ist die Beruhigung der Seele, hier findet jeder gepeinigte Wiener Hofrat seinen Frieden, während er sich den ganzen Urlaub über den Kopf zerbricht, ob er in Attnang-Puchheim bei der Rückfahrt den Anschlußzug erwischt.

Kaiser: Trotzdem ist die ganze Welt nach Ischl g'fahren.

Bernhard: Heute kommen Politiker nur noch zu den Operettenwochen und die Künstler zu den Wahlversammlungen. Ein Glück, daß wir das Countrymusikfest haben, dort in der Kaltenbachau sind Sie, Majestät, jährlich der prominenteste Besucher. Zwar nur in Bronze, aber das dafür eisern, Jahr für Jahr. Kaltenbach – das ist das wahre Ischl, dort ist die Jugend, dort sind die Pferderennen und die Froschteiche, dort sind die einzigen Häuser im roten Ischl, die nicht gelb, sondern schwarz sind.

Kaiser: Sagen S', Herr Bernhard, dürfen S' überhaupt herein zum Zauner?

Bernhard: Wie meinen Sie das?

Kaiser: Na immerhin haben S' den Zauner ja in Ihrer „Elisabeth II." als eine der geschmacklosesten Konditoreien bezeichnet!

Bernhard: Wieso? Was hab ich damit zu tun? Ich trete doch in diesem Stück nicht auf. Ich hab es nur geschrieben.

Kaiser: Na eben, darum sind Sie auch verantwortlich dafür.

Bernhard: Ich bin verantwortlich für meine handelnden Personen, nämlich dafür, daß sie das sagen und tun, was ihrem Charakter entspricht. Der Herrenstein ist eben ein griesgrämiger alter Nörgler, was soll denn so einer schon Gutes über den Zauner sagen!

Kaiser: Aber Sie sind als Autor verantwortlich dafür, daß der Herrenstein den Zauner erwähnt.

Bernhard: Genauso wie Sie verantwortlich sind, daß Sie die Kriegserklärung in der Ischler Kaiservilla unterschrieben haben. Sie hat die Frau Zauner ja auch nicht hinausgeschmissen.

Kaiser: Sie sind geschmacklos. (Mit Nachdruck): Das war eine Tragik, der ich nicht entkommen bin. Ich hab das nicht gewollt.

4. Szene

(Alfons Haider stürmt mit jugendlichem Schwung herein.)

Der Kaiserdarsteller Alfons Haider: Guten Morgen allerseits, servus Gärdi, Herr Bürgermeister (reicht jedem die Hand, als letztem dem Kaiser, stellt sich vor): Alfons Hai-

der, derzeit in Ischl bei der Operette als junger Kaiser.
Kaiser: Franz Joseph, derzeit in Ischl beim Zauner als alter Kaiser.
Bürgermeister: Majestät, darf ich mich einstweilen empfehlen, ich habe noch einen Termin.
Zauner: Und ich muß zur Kassa. Die Herren sind selbstverständlich meine Gäste, geh, Maria, bringen S' das Gästebuch, die Eintragung vom Kaiser fehlt mir eh noch.
(Bürgermeister und Zauner gehen ab)
Kaiser: Nehmen S' Platz, Herr Haider. (Haider setzt sich).
So, so, Sie spielen mich also als jungen, in die Sisi verliebten Kaiser. (Mit sichtlicher Neugierde): Wie legen S' mich denn an?
Haider: Ganz natürlich, Majestät, jung, verliebt, charmant, bezaubert von der jungen Sissy.
Kaiser: Also, ein bißl deppert ...
Haider: Keineswegs, Majestät, es ist eine durchaus ernste Angelegenheit. Schließlich sind ja meine Eltern – pardon, Ihre Eltern – aus Staatsraison gegen diese Verbindung.
Kaiser: Ja, es war ein Kreuz mit meiner Mutter, am liebsten wär' sie selber Kaiserin g'wesen, sie wäre auch die geeignetste Person gewesen, aber ich habe nicht meine eigene Mutter heiraten können – sie hätt' das sicher auch nicht wollen. Überall hat s' ihr'n Senf dazugeb'n müssen, das Leben hat s' mir schwer g'macht, und die Helen hat s' mir aufzwingen wollen. (Triumphierend): Aber mit der Sisi hab ich mich durchg'setzt!
Haider: Die Sissy war doch auch in Sie verliebt. Sie waren ein junger fescher Bursch, Majestät, und Herrscher über ein Riesenreich – die beste Partie in Europa.
Kaiser: Und sie war das schönste Würschtl vom Land. Eine Operettenromanze! Für meine Mutter war das alles echt too much. Aber die Ischler hab'n ihren Spektakel

und ihre Freud g'habt. Und in der Kaisermess' ist die Sisi neben mir einmarschiert, und die Mama einen Schritt dahinter. Die Helen war heilfroh, daß sie dem Schlamassel auskommen ist.

Haider: Eigentlich recht anstrengend für alle Beteiligten. Darf ich Sie noch submissest auf eine Zaunertorte einladen, Majestät? Wer weiß, ob Sie so schnell wieder die Gelegenheit haben werden!

Kaiser: Danke, junger Freund, ich hab nie viel 'gessen, zum Kummer meiner Gäste, aber darauf hab ich keine Rücksicht g'nommen, die Esserei war nie mein Plaisir.

Haider: Aber die Köche haben sich einiges einfallen lassen: Kaiserschmarrn und Kaisertorte, Kaiserbirn und Kaiserfleisch, Kaiserbier und Kaiserknödl…

Kaiser (belehrend): Den Kaiserschmarrn habn s' in der Rettenbachmühl' erfunden. (Vertraulich): Die Rosinen stammen von mir. Nur mit den Rosinen ist er echt, glauben S' mir das, ich sag's Ihnen unter vier Augen. (Mit Nachdruck): Der echte Kaiserschmarrn ist ein Schmarrn mit Rosinen. Die Elisabeth war ein Rosinenschmarrnfan. Die Wirtin von der Rettenbachmühl' weiß das alles ganz genau, fragen Sie s' nur.

DIE WIRTE WUNDERMILD

Die Rettenbachmühle ist mit oder ohne Kaiserschmarren eines jener Wirtshäuser, die aufatmen lassen angesichts einer österreichweiten Epidemie neorustikaler Einheitsindividualität mit dem genormten Leuchtschild vor der Tür. Die Rettenbachmühle ist anders, muß sie ja sein, weil das große Haus mit den hölzernen Nebengebäuden in vielen Jahren so werden durfte, wie es heute ist. Hier, zwischen Feld und Wald, braucht sich Ischl nicht zu inszenieren, hier findet es statt. In der wohnlichen Küche riecht es nach Rindsuppe und Schweinsbraten, in den dämmrigen Stuben nistet urtümliches Behagen, und durch kleine Fenster blinzelt Sonnenlicht, das im Garten hinter dem Haus den Geruch von Gras und Bäumen aufweckt. Hier hat es dem Kaiser gut gefallen, den Holzknechten und den Jägern auch. Ein gutes Wirtshaus war schon immer für alle gut, und so ist es noch heute.

Bleiben wir doch gleich bei den Mühlen: Wer gut zu Fuß ist, könnte von der Rettenbachmühle aus dem Rettenbach folgen und auch der Soleleitung. So kommt man durch schöne Felsschluchten zur Blaa-Alm, hingebreitet unter dem Losergipfel. Von dort aus führt der Weg nach Altaussee, und hier steht an der Traun die Scheichlmühle. Jener behäbige Leichtsinn, der ordentliche Wirtshäuser nun einmal auszeichnet, hat hier stolze Tradition: Mit großer Wahrscheinlichkeit kam in diesem Haus Jakob Fröhlich zur Welt, der es nach einer sehr bunten Karriere

Hier wurde der Kaiserschmarren erfunden, und das wundert keinen, der die Rettenbachmühle ein wenig kennt.

später als „Hoftaschenspieler und kurzweiliger Rat" am Hof Augusts des Starken in Dresden zu Wohlstand und Ansehen brachte. Seine Mutter, Ursula Gatterer, war die Tochter eines Tagwerkermeisters am Salzberg und sein Vater ein gewiß auch recht heiterer und dazu eheunwilliger umherziehender Krämer. Die Scheichlmühle hat nichts von ihren eigenwilligen Ursprüngen eingebüßt: der Strom kommt aus dem eigenen Kleinkraftwerk und die Fleischknödel und die Grammelknödel kommen aus Urgroßmutters Küche. Allerdings: Nicht jeder bekommt sie. Steht ein Gast dem Franz Scheichl nicht recht zu Gesicht, bleibt er so lange unbeachtet, bis er eben wieder geht. Außerdem kommt erst einmal der Stammtisch dran, der Tisch, wohlgemerkt, nicht der Stammgast. Sitzt ein solcher nämlich nicht am Stammtisch, muß er warten, wie alle anderen. Auch Klaus Maria Brandauer mußte

265

dem ruppigen Charme dieser gastlichen Stätte Tribut zollen, als er im vollbesetzten Lokal angesichts eines leeren Stammtisches fragte, ob hier frei sei. „Hier ist der Stammtisch", entgegnete der Wirt mit steinerner Miene, und es gereicht dem berühmten Gast zur Ehre, daß er sich schulterzuckend abwandte.

Die dritte Mühle im Bunde, die Hupfmühle in St.Wolfgang, sitzt dunkel und massiv unter der Trasse der Schafbergbahn, und zwischen Forellenbach und Bratpfanne sind's nur ein paar Schritte. Man muß sich allerdings ein wenig in der Gegend auskennen, um sie zu finden und dieser erfreuliche Umstand beschützt ihr Wesen als Ausflugswirtshaus für jene, die Bescheid wissen, und solche, die sich Spürsinn und Neugier bewahrt haben.

Damit verlassen wir St. Wolfgang mit einem Rößlsprung Richtung Hallstatt: Dort drängt sich mit steinernem Trotz der Bräugasthof gegen den Berg und erspart sich mit dem Fels auch gleich die Rückwand; unten geht man zu ebener Erde hinein und oben, unter dem Dach, zu ebener Erde hinaus. Der Bräugasthof ist uralt; schon 1470 bestand hier eine Brauerei, und seitdem begleitet das Haus am See die Geschichte Hallstatts als beruhigendes Sinnbild beständiger Gastlichkeit. Altes Holz und alte Mauern, längst miteinander verwachsen, negieren krumm und bucklig die Diktatur der Geraden, und vor dem Haus schiebt sich ein kleiner, baumbestandener Garten in den See, darunter ein stützender Wald von Stämmen: 250 km^3 Holz. 1964 hatte Arnold Lobisser die Meisterklasse der Hallstätter Fachschule absolviert, dann faßte er die schönste Wirtin weit und breit, Verena, ins Auge und konnte ihr und dem Bräugasthof nicht widerstehen. Seitdem spürt er mit kundigen Händen dem unverfälschten Wesen des Hauses nach, rekonstruiert, repariert, legt alte

Oberflächen frei, vollzieht Strukturen nach. Weil er aber womöglich als Wirt, Lehrer und Hausbewahrer nicht gänzlich ausgelastet sein könnte, baut er nach alten Vorbildern Instrumente, entdeckt vergessene Handwerkskunst wieder. Es gibt keine Fertigkeit, kein Material, das vor seiner insistierenden Wißbegier sicher wäre. Für einen Besessenen ist Arnold Lobisser eigentlich ein erstaunlich ruhiger Mensch.

Wirtshäuser am See sind immer etwas Besonderes, es sei denn, sie bringen sich aus Dummheit um ihren Zauber. Dem „K.K. Landgasthof Zur Post" ist eine solche Untat freilich nicht vorzuwerfen. Im Gegenteil: die alte Poststation in Weyregg am Attersee ist mit beharrlichem Eifer dabei, ihre eigene Vergangenheit zu überflügeln, zu einem kaisergelben Konzentrat der Geschichte zu werden, das sogar heute lebende Habsburger gerührt um sich blicken läßt. Irgendwie bekommt auch der Wirt, Georg Eichhorn, etwas mehr und mehr Backenbärtiges, und irgendwann passiert es, ein kleines k.k. Wunder findet statt, und dann sind all die liebevoll präsentierten Sammelstücke nicht mehr Dekoration, sondern Wirklichkeit, eine vorgestrige Zeitinsel im banalen Meer der Gegenwart.

Es gibt natürlich auch Häuser am See, die nicht erst zu etwas werden müssen, es genügt schon, wenn sie bleiben, was sie sind. Der Seegasthof Kletzl in Ebensee, im Ortsteil Rindbach, ist so ein verzauberter Platz. 1889 ließ sich Leopold Ritter von Schrötter einen Sommersitz in schönster Uferlage bauen, eine balkonumspielte Villa, ganz nach dem Geschmack einer theatralischen Zeit. Daran hat sich nichts geändert, als sich das Haus Gästen öffnete. Außerhalb der Saison ein verstecktes Refugium der Einheimischen, verbinden sich im Sommer buntes Freizeitgetriebe und die gravitätische Behaglichkeit der zirbenholzgetäfelten Stuben zu einem fast schon unwirklichen, doch seltsamerweise harmonischen Bild.

Dessert gefällig? Die Konditoreien im Salzkammergut sind so alt wie der Fremdenverkehr, und der hat indes auch schon mehr als hundert Jahre auf dem Buckel. Der unumstrittene Mittelpunkt dieses zuckersüßen Universums ist natürlich der Zauner in Ischl. Den Kenner tieferer Zusammenhänge wird es nicht wundern, daß Johann Zauner, den Wirer 1832 nach Ischl holte, aus Haugsdorf im Weinviertel kam: Der Import von tüchtigen Unternehmern war damals die Regel.Wie viele Institutionen seiner Art ist der Zauner auch ein pädagogisches Institut, nicht so streng wie der Demel, aber nicht weniger nachdrücklich. Was immer zur Tür hereinquillt, der breitgesäßige Inhalt eines Autobusses, Mr. und Mrs. Sightseeing, erschöpfte Eltern mit klebrigen Kindern, dominante Hunde mit irgendwelchen Menschen an der Leine, runde Damenrunden-Damen, jeansige Globetrotter und trachtige „vons" – sie alle werden, kaum haben sie Platz genommen, zu Kindern im süßen Schlaraffenland, in dem die gute Fee unermüdlich unterwegs ist und jeder mehr als drei Wünsche frei hat. Es herrscht süßer Friede im Reich des Überflusses, die fortwährende Befriedigung ungenierter Lüste macht tolerant: Sogar für Ischler bleibt Platz im Zauner, und wer prominent ist, braucht sich erst recht nicht zu fürchten, ihm gilt auch nur beiläufiges, aber freundliches Interesse.

An die achtzig Mitarbeiter werken für Frau Zauner, die Gärdi Kurth hieß und ein wenig so ausschaut wie die legendäre Frau Sacher nach drei Wochen Mayr-Kur. Sogar die Zigarren sind merklich dünner geworden.

In der Kurhaus-Kaffeekonditorei Lewandofsky in Aussee vollzieht sich nicht nur das mit gemessener Leichtigkeit zelebrierte Ritual freundlichen Genießens und umfassender Kommunikation, es findet auch eine unglaublich fruchtbare Auseinandersetzung des derzeitigen Besitzers mit den Verdiensten seiner Vorfahren statt. Hugo Rubenbauer wird seinem tüchtigen Großvater, Massimiliano Cordigniano, jenem italienischen Baumeister, der das Bild des neu erstehenden Kurortes Bad Aussee entscheidend prägte, gerecht, indem er seinerseits Aussee umbaut, ausbaut und mit Zubauten versieht. Seinen Vater, Hugo Cordigniano, den heute geachteten Maler und Musiker, ehrt er mit einem schönen Museum. Der glänzende Aufstieg und der dramatische Niedergang der Cordignianos war sogar für Ausseer Verhältnisse eindrucksvoll. Jetzt greift eine neue Generation nach den Sternen, aber nicht mehr gar so hitzig und bleibt dabei mit beiden Beinen auf dem Boden. Die Gäste schauen staunend zu und freuen sich überdies, daß die zweite Konditorei, der „Strenberger", dank Rubenbauer schon fast ein zweiter Lewandofsky geworden ist.

Den Ruhm der reichsten Tradition darf das Café Wallner in St. Wolfgang für sich in Anspruch nehmen. Seit 1520 ist mit der Familie Wallner das Gewerbe der „Gastgeb, Lebzelter, Wachszieher und Meterzeuger" verbunden, 1755 wurde das Haus mit der Nummer Markt 29 gekauft, dessen Erbauungsjahr heute nicht mehr feststellbar ist. Bei Umbauarbeiten wurden jedenfalls Hinweise auf den großen Brand im Jahre 1429 entdeckt. Ursprünglich waren es Wallfahrer, die sich hier auf ihrem entbehrungsreichen Weg einen nicht allzu verbotenen kleinen Umweg gönnten. Blieben die Pilger aus, mußte die Familie eben versuchen, mit den wenigen Einheimischen das Auslangen zu finden. Irgendwie gelang es, den Betrieb über Jahrhunderte hinweg fortzuführen, bis im nahen Ischl gleich drei Salzprinzen anhuben, das Salzkammergut wachzuküssen. Heute hat das Café Wallner eher das Problem, amorphe Besucherströme in nette, manierliche Tischgesellschaften aufzugliedern, Stil und Atmosphäre zu bewahren. Doch das ist nicht wirklich schwierig, nicht in diesem Haus, das seiner langen Geschichte so schön und würdig Gestalt gibt, und nicht mit einer Cafétiersfamilie, die es seit jeher verstanden hat, Flauten wie Stürme gelassen zu meistern.

Bleibt Gmunden, bleibt das Café Grellinger, als letzte Zufluchtsstätte einer verschwundenen Patisserie-Herrlichkeit, die in der Traunseestadt dereinst so glänzend kultiviert wurde, daß sie keinen Vergleich mit Zauner in Ischl zu scheuen brauchte. Der Stil war freilich ein anderer: In Ischl delektierte man sich nach alt-österreichischer Art, Gmunden öffnete sich der Welt. Jean Grellinger kam 1898 aus Basel nach Gmunden und brachte eidgenössische Küchengeheimnisse mit, Töchter und Söhne von Gmundner Konditoren lernten in Nizza oder Paris. Die Confiserie Grellinger wurde Hoflieferant der Fürstenhäuser Cumberland, Württemberg, Braunschweig, Toskana und Bourbon. Vielleicht konnte die Confiserie ihre noble, sehr private Eigenart über graue Zeiten retten, weil sie die richtigen Dimensionen hat: ein kleiner Salon als nobles Wohnzimmer für alle, die Tapetenwechsel brauchen. Erinnerungsstücke holen die Vergangenheit ins Heute, und unmerklich nimmt sich die Zeit ein wenig mehr Zeit zwischen den Pendelschwüngen.

REISE DURCH EIN
UNBEKANNTES LAND

Mitten in Ischl steht ein ganz kleiner Berg. Dabei konnte
es natürlich nicht bleiben, und man setzte ihm eine hölzerne Aussichtswarte obendrauf. Der Siriuskogel ist seitdem eine bemerkenswerte Erhöhung, ein romantisch
übergipfelter Gipfel. Der Turm, 1885 aus bestem Holz
gebaut, ist gut für die nächsten hundert Jahre. In seinem
schummrigen Inneren werden Bubenträume wach: in
altes Gebälk eindringen, geheimnisvolle Inschriften lesen
(„Heike war hier!"), hochklettern und von der schwindelerregenden Plattform mit einer Mischung aus Angst und
Neugierde auf eine Welt hinunterschauen, die Salzkammergut heißt.

Gar kein so übles Gefühl, wenn einem die Kaiservilla zu
Füßen liegt. Mit Türmen macht man sich die Erde unter-
tan. Die paar Meter über dem Boden sind die Fortsetzung
der paar Zentimeter, die ein Thron höher ist als ein
Stockerl.

Als die ersten Fremden ins Salzkammergut kamen, waren
sie so überwältigt, daß sie diesen großartigen, noblen,
dramatischen, lieblichen Natursalon ganz einfach mit
Nippes ausstatten mußten. Türme in einer turmhohen
Landschaft haben so etwas vornehm Nutzloses. Als bessere Leute noch wußten,was sich gehört, machten sie
eben den guten, einfachen Leuten eine Freude, indem sie
ihrer Landschaft etwas Putziges hinzufügten. Graf Kolo-

wrat, zum Beispiel, schmückte die unschuldige Hoisen-radalm bei Ischl mit einem Schweizerhaus, so groß, daß Bälle darin abgehalten werden konnten, und erhöhte den Hohen Perneck mit einem Turm, diesmal nicht schweizerisch, sondern gotisch. Irgendwann verkam der Kolowratturm zur Brandruine, aber der Hohe Perneck heißt in seliger Erinnerung seitdem Kolowrathöhe.

Im Ausseerland blieben derlei Bauvorhaben nicht unbeachtet, doch der hiesige Adel war irgendwie unters Volk geraten und ließ jene gepflegte Dekadenz vermissen, die zu künstlicher Überhöhung anregt. Also sprang einer in die Bresche, für den schon von Berufs wegen die Luft Balken hatte, weil er ja sonst als Seiltänzer nie Fuß gefaßt hätte. Arthur Strohschneider griff tief in die Tasche seiner halbseidenen Spendierhosen und setzte dem Tressenstein einen Turm auf. Dort stand er, zäh und hölzern, überdauerte den Krieg, nicht aber das Fernsehen. Seitdem hat jeder seinen elektronischen Turm im Wohnzimmer, und wenn er wissen will,wie schön es im Salzkammergut ist, genügt der Griff zur Fernbedienung, und die Landschaft kommt ins Haus, sauber portioniert und verpackt, und die Musi spielt dazu.

Jede Zeit hat eben so ihre Art, natürliche Gegebenheiten zu veredeln. Der Siriuskogel hat ja auch einmal klein angefangen, als Hundskogel. Dann bekam er einen himmlischen Namen und eine Aussichtswarte, die erst einmal ungetauft blieb. Aber das ließ sich ja ändern. „Eine diesbezügliche Anfrage bei Sr. Majestät dem Kaiser ergab schon beim mündlichen Vortrage, daß Se. Majestät der Kaiser in huldvollster Weise seine gern gegebene Zustimmung auszusprechen und die unterbreitete Bitte zu gewähren geruhten." Damit durfte der Turm „Kaiser Franz Josephs-Warte" heißen, und weil er im Grunde genommen eine unauffällige Existenz ist, blieb es ihm erspart, später in „Führers Weitblick" und so weiter umbenannt zu werden. Aber ein schmerzlicher Verlust ist ja doch zu beklagen: Den Sessellift gibt es nicht mehr. Er hatte zwar nur einen Sessel, und auch die Trassenführung war nicht eben atemberaubend, aber ein Triumph der Technik war er schon. Besonders spannend ging es bei der Talfahrt zu. Erstens: Klingeln, aber nicht degeneriert auf den Knopf drücken, sondern herzhaft an der Kurbel drehen. Das hörte dann der Sessel und eilte diensteifrig herbei. Zweitens: Setzen. Drittens: Haltebügel schließen. Viertens: Winken! Diese freundliche Geste wurde im Tale wohlwollend bemerkt, ein Lautsprecher sprach laut: Abfahrt! und man glitt von der wilden Bergeshöhe in die Niederungen der Zivilisation.

Der Sessellift auf den Wurmstein bei Goisern ist hingegen auch heute lebendige Wirklichkeit und vor allem im Sommer kein zur Aufstiegshilfe degradiertes Stück Technik, sondern ein sanfter, unendlich bequemer Wanderweg durch die Lüfte. Leichte, träumerische Trägheit gehört ja zum Sommer im Salzkammergut. Irgendwann schläft das eilfertige Bemühen, irgendwohin zu gelangen, ein. Wer auf sich hält, erreicht sein Ziel mit einer müden Geste, kaum wahrnehmbar; komm näher. Es gilt, der Hoffart der Geschwindigkeit abzuschwören. Nur wer fähig ist, sich geflügelte Schildkröten vorzustellen, majestätisch hinter der Zeit einherschwebend, ist tauglich für den Sessellift. Dann steht man endlich akkurat an der Stelle, die ein nur zufällig nicht akademischer Maler mit zwei vielsagenden Schuhabdrücken geschmückt hat, ein Helfer ergreift den heranschwebenden Himmelsstuhl, hemmt ihn nervigen Armes in der Bewegung, um ihn dann mit unnachahmlicher Geste unter das erwartungsvoll gesenkte Hinterteil

Sessellifte, die auch im Sommer zu einer Wanderung durch die Lüfte einladen, sind rar geworden. In Goisern gibt es noch einen.

des zu Inthronisierenden zu schieben. Noch ist das Irdische von Belang, streifen die Schuhspitzen die Bodenbretter der Talstation, streicheln mit flüchtiger, abschiednehmender Geste die Spitzen von Gräsern, dann löst sich der Mensch behutsam von der Erde, die ihn ja doch weiterträgt, nur verstohlen, auf dem Umweg über Stütze, Seil und Sessel. Die Perspektive ist neu: Kühe von oben, Bäume von oben, Häuser zeigen ein wenig verschämt ihre Dächer her, und die blaue Wolke über dem Rauchfang verrät, daß es in der Küche nach Braten riecht und nach nassen Socken, weil der Bauer in der Früh in den Regen gekommen ist. Auf einer hölzernen Bank, gestiftet von der Volksbank, sitzt ein Tourist. Beiläufig entdeckt er den Schatten des Sesselliftfahrers neben sich, schaut hoch und sieht zwei Schuhsohlen ohne jede Überheblichkeit über sich hinweggehen: alle Menschen sind gleich, gottlob gibt es gewisse Unterschiede.

Es ist sehr still hier oben. Die Ohren müssen sich nicht mehr damit plagen, wegzuhören, zu filtern, auszuwählen, hören der Kuh links unten zu, freuen sich am verwehten Klang von Kirchenglocken, und das klägliche Gebrumme und Gehupe der Autos, weit weg, hat nichts mehr zu sagen. Die Nase hat endlich Muße, wahrzunehmen, statt belästigt zu werden, nimmt genießerisch den Duft von sonnenheißem Gras, spürt den Rauch von Holzscheitern. Wenig später schwebt der Sessel aus dem hellen Sonnenlicht in die dichte Farbigkeit des Waldes. Hitze lockt den Geruch von Harz aus den Nadeln, in der Lichtung glühen Farne und Bärlauch, und Augenblicke später riechen die Schatten nach Erde und Pilzen. Der Mensch, zum Phäaken geworden, läßt sich hindurch- und darüber hinwegtragen, satt, trunken und begehrlich greift er zu, ohne auch nur die Hand zu rühren.

Nicht jeder Sessel schwebt, damit muß man sich auch im Salzkammergut abfinden, aber es ist auch schön, wenn so ein hölzernes Vierbein am Fuß einer Aussichtswarte über den Dächern von Ischl steht. Man bekommt sogar etwas zu essen und zu trinken, und mit einemmal schmeckt die Welt nach Himbeersaft und Milchkaffee, nach Gugelhupf und Wurstbrot. Solche Sitzplätze der elitären Art sind ein wenig rar geworden. Auf der Rettenbachalm steht eine Jausenstation, die man eigentlich samt ihren feinherben Betreuerinnen unter Denkmalschutz stellen sollte. Ein ganz offensichtlich nicht dem Ernst des Lebens gewidmetes Gebäude steht seit undenklichen Zeiten in bezaubernder Hinfälligkeit auf der Wiese, ein paar Sessel und Tische vor sich hingestreut. Almhütten, massiv, nützlich und voll ehrbarer Sinnlichkeit, sind eine andere Welt. Die Jausenhütte auf der Rettenbachalm gehört den Sommerfrischlern, aber sie paßt in die Gegend.

In Hallstatt, über das Ufer hinaus in den See gebaut, steht das Terrassencafé Polreich auf seinen vielen hölzernen Beinen. Es hat so gar nichts von der schweren, trotzigen Beständigkeit der anderen Häuser im Ort, aber die dunkel verwitterten Bretter erzählen ja doch eine lange Geschichte, die von der Lisi und der Ansch, einmal jung und fesch gewesen, alle zwei, und heute unter der Erde. Es ist noch nicht lange her, da waren sie putzmunter und ihr Lokal mit Musikbox und Möbeln aus den fünfziger Jahren war Zufluchtsort der jungen wilden Hallstätter, weil die zwei Wirtinnen alt genug waren, um zu wissen, was der Mensch so braucht. Das Terrassencafé Polreich soll wieder aufsperren, heißt es. So ganz die alte Herrlichkeit kann es wohl nicht mehr werden, aber manche Häuser haben es ja an sich, ihre Menschen zurechtzubiegen, bis alles wieder paßt.

276

Die nächsten Sessel, die nicht zu besetzen eine unver-
zeihliche Unterlassungssünde wäre, stehen fast schon
über der Traun. Mitten in Lauffen gibt es eine kleine Ge-
mischtwarenhandlung. Wer sich entschlossen zwischen
Schokobananen und Waschpulver in den Hintergrund
des Geschäftes begibt, gelangt in ein winziges Espresso.
Das wäre noch nichts Besonderes. Aber von hier aus
führt eine Glastür auf einen Balkon, und wer artig ist und
schön bittet, darf seinen Sessel mit hinausnehmen. Dort
sitzt er dann und staunt, denn tief unten gerät das Salzkammergut zum Ereignis: Hier zwängt sich die Traun im
„Wilden Lauffen" schäumend zwischen die Felsen. An dieser gefährlichen Stelle mußte das Salz umgeladen werden, die Schiffsleute wagten die Fahrt mit leisem Beten
und lautem Fluchen. Hier unten stand die Seilwinde, mit
der die Boote flußaufwärts durch's reißende Wasser gezogen wurden. Längst ist es ruhig geworden in Lauffen,
viel zu ruhig. Aber der Balkon über der Traun zählt zu
den bemerkenswertesten Plätzen.
Der nächste Sessel elitärer Natur verbietet eigentlich eine plumpe Annäherung mit dem Auto. Man besinnt sich
also seiner Gehwerkzeuge, folgt von St. Wolfgang aus
dem Fußweg auf den Schafberg, und genau dort, wo
einem zum erstenmal die Luft wegbleibt, weil der Weg
so steil ist und die Aussicht so schön, hat der liebe Gott
den Assinger hingestellt, einen Bauernhof, der auch so
freundlich ist, ein Wirtshaus zu sein. Tief unten hält der
Wolfgangsee dem Himmel einen blanken, schön gefaßten
Spiegel entgegen, es riecht nach Wiese und Sommer, Bie-
nen summen und den Gedanken wachsen kleine, hellgrü-
ne Flügel. Es gibt diese Plätze im Salzkammergut, und es
macht zumindest ebensoviel Spaß, sie zu suchen, wie sie
zu finden.

Wer sich im Salzkammergut damit begnügt, Hauptverkehrsstraßen zu benutzen, ist selbst daran schuld, wenn er nur Ansichtskartenbilder nach Hause bringt. So richtig interessant ist die Welt eigentlich erst dort, wo sie aufhört. So geraten Talschlüsse fast immer zu eindrucksvollen Bühnen und die Natur sorgt dann schon auch ohne menschliches Zutun für eine Inszenierung, die nichts zu wünschen übrigläßt. Über die Felsabstürze hinter dem dunklen Spiegel des Kammersees stäubt die junge Traun, als wär's ein Bild von Waldmüller, nur noch ein wenig wildromantischer. Die Altausseer Seewiese zwischen Ufer und Trisselwand ist eine verwunschene Zwischenwelt, nicht Wasser, nicht festes Land, und die großen Felsbrocken sind irgendwann einem Riesen beim Würfelspiel aus der Hand gefallen, weil er wieder einmal zuviel getrunken hat. Das andere, betriebsame Ende des Sees ist zum Greifen nahe, doch hier ist es still und der Dachstein schmückt mit eiskalter Schönheit den Horizont. Man hört ihn förmlich, den großen Landschaftsarrangeur, wie er Anordnung gab: Seewiese, Altaussee und Dachstein in eine Blickrichtung bitte! Noch exakter, gut so. Und ordentlich Seetintenblau und Gletscherweiß! Na also, perfekt.

Friedrich Simony konnte nicht anders als mit Adalbert Stifter ins Echerntal zu wandern, über die Märchenwiese zum tosenden Waldbachstrub, der geradewegs aus dem Himmel zu fallen scheint und Fels und Licht in wildbewegten, wassersprühenden Bildern verbindet.

Auch sind alle zu bedauern, die am Vorderen Gosausee stehenbleiben, bewundernd zum Dachstein hochblicken und sich dann eine schöne Ansichtskarte kaufen. Da ist es schon besser, den Bergschuh zu schnüren, das Ufer entlangzuwandern, am Jagdhaus vorbei und am heimtückisch senkrechten Zacken des Däumlings. Eine harm-

Manchmal ist das Salzkammergut fast unwirklich schön. Und das auch noch in aller Bescheidenheit.

lose Senke, nur bei Regen mit Wasser gefüllt, trägt übrigens den hochtrabenden Namen „Brandsee", und das nicht ohne Grund: Der Brandwirt von Gosau sollte eine Gruppe zum Hinteren Gosausee führen. Aber er hatte eine sehr feuchte Nacht hinter sich und demnach einen Brummschädel und weiche Knie. Seine Gewitztheit hatte ihn trotzdem nicht verlassen, also bezeichnete er die dürftige Lacke kühn als Gosausee, und seitdem trägt sie seinen Namen. Um den echten Hinteren Gosausee versammeln sich Felsabstürze und Gipfelzacken fast schon bedrohlich um die Wasserfläche, doch auch der See ist bekannt für sein verheerendes Temperament. Sein Wasserspiegel schwankt bis zu sechsundzwanzig Meter, und wird ihm das Schmelzwasser zuviel, geht er einfach über. Ströme von Schutt auf der Hinteren Seealm lassen recht deutlich werden, daß hier bei Unwettern die Welt den Untergang probt.

Banausen packen am Vorderen Langbathsee die Badesachen aus, Genießer wandern noch ein wenig zum Hinteren Langbathsee, der dunkelgrün und ein wenig unheimlich in einen gewaltigen Felskessel gebettet liegt. Oft sind hier Gemsen zu sehen, und im Spätherbst, zur Zeit der Hirschbrunft, läßt des Basses wilde Urgewalt die Wälder erzittern.

Überall dort, wo die Straße aufhört, sollte man weitergehen: am steilen Waldufer des Grundlsees, die sonnige Seite des Hallstätter Sees entlang, rund um den Wolfgangsee, mit dem Falkenstein als gottesfürchtige Schikane. Am Traunsee führt vom letzten Parkplatz der Traunsteinstraße der „Miesweg" dicht über der Wasserfläche durch die Felswand, an der „Lözatnlucken" – dem Lebkuchenloch – vorbei: Ein Ebenseer Lebzelter war dereinst auf der Fahrt nach Gmunden vom Sturm überrascht worden, und der zornige See hatte das Boot des Ertrunkenen an eben dieser Stelle in eine Felsspalte geschmettert. Der Weg endet so, wie es sich für heimliche Steige am See gehört: mit einem sehr privaten Badeplatz.

Es gibt eine unglaubliche Auswahl von Ufern aller Art im Salzkammergut, kein Wunder bei über siebzig Seen, und es gibt die Ufer von Ischl und Traun. Dort findet sich auf der Esplanade von Ischl einer dieser Sessel, an denen vorbeizugehen ein vernünftiger Mensch erst gar nicht versucht. Die Traun murmelt freundlich und therapeutisch wertvoll, wie sich das so gehört in einem Kurort, auf dem klaren Wasser schaukeln Schwäne. Das bewegte Laub der Kastanienbäume läßt Sonnenflecken auf dem kleinen weißen Kaffeehaustisch und auf dem Kiesboden tanzen. Neben der Mokkatasse steht ein kühles Wasserglas, darauf liegt ein kleiner Löffel, und auf dem funkelt ein Tropfen.

Gleich kommt Girardi um die Ecke oder einer der Ölscheichs, die neuerdings hier Urlaub machen.

DANKE!

Ein herzliches Dankeschön für Rat und Tat, geduldige Hilfsbereitschaft, tapferes Vertrauen, fundierte Beratung, wohlgemeinte Kritik und hintergründige Information: Ludwig Blamberger, Dipl.-Ing. Karl Donninger, Karl Druckenthaner, B-Tracht Ebensee, Georg Eichhorn, Ruth und Wilhelm Fettinger, Edi Fleischhacker, Alfred W. Grisel, Mag. Markus Habsburg, Dr. Robert Hahn, Hofrat Dipl.-Ing. Günther Hattinger, Dr. Ekkehard Hehenwarter, Erika Hofsteter, Rosa Höller, Josef Huber, Peter Janisch, Fritz Janu, Eva Kellner, Cornelia Köberl, Christine und Peter Komarek, Franz Leithner, Herta Lißbauer, Arnold Lobisser, Siegfried Mittendorfer, Dieter Neumann, Dipl.-Ing. Helmut Neumann, Lore Operschal, Prof. Elfriede Prillinger, Elisabeth Riener, Alexander Savel, Dr. Erasmus Schneditz-Bolfras, Herbert Seiberl, Gerhard Spengler, Ingrid Spitzbart, Hans Jörgen Urstöger, Marietheres Waldbott –
und Ilse Walter, die als Lektorin das Schlimmste verhütete und das Beste daraus machte.

BIBLIOGRAPHIE

Auf Sommerfrische in Ebensee. Eigenverlag B-TRACHT Ebensee, 1991

Augustin, Carola und Andrea: Die österreichische Romantikstraße. Treasury Publishing, Wien 1993

Barth, Friedrich: St. Wolfgang. Eigenverlag der Marktgemeinde St. Wolfgang, 1975

Die Österreichisch-Ungarische Monarchie in Wort und Bild. K.k. Hof- und Staatsdruckerei, Wien 1889

„Ein Walzer muß es sein". Alfred Grünwald und die Wiener Operette. Ueberreuter Verlag, Wien 1991

von Erb, Franz Karl: Ischls Chronik von den Anfängen bis 1856. Ischler Wochenrundschau 1982

Giefer, Rena und Thomas: Die Rattenlinie. Anton Hain Verlag, Frankfurt/Main 1991

Hegele, Leo: Das Salzkammergut nebst angrenzenden Gebieten in Wort und Bild. Verlag Hartleben, Wien 1898

Heimat Goisern. Marktgemeinde Bad Goisern, 1990

Heindl, Gottfried: Das Salzkammergut und seine Gäste. Edition Atelier, Wien 1993

Hollwöger, Franz: Geschichte der Gemeinden Bad Aussee, Alt-Aussee, Grundlsee, Mitterndorf und Pichl. Verlag Buchhandlung Gerald Schantin, Bad Aussee o. J.

Hübl, Volker: Historischer Erzbergbau in Bad Goisern. Unveröffentlichtes Manuskript

Hufnagl, Franz/Marcheti, Heinrich/Div: Der Bezirk Gmunden und seine Gemeinden. Verein zur Herausgabe eines Bezirksbuches über den Bezirk Gmunden. Landesverlag Druckservice, Linz o. J.

125 Jahre Kurstadt Gmunden. Kurverwaltung Gmunden, 1987

Huth, Alfred: Nikolaus Lenau. Renate Huth Verlag, Pfinztal 1988

Jebinger, Josef: Der Traunsee. Rudolf Ippisch & Co.KG, o. J.

Kanzler, Georg J.: Ischls Chronik von den Anfängen bis 1881. Bad Ischler Wochenrundschau 1983

Krackowitzer, Dr. Ferdinand: Geschichte der Stadt Gmunden in Oberösterreich. Commissionsverlag Emil Mänhardt, Gmunden 1900

Kulturzeitschrift Oberösterreich. Oberösterreichischer Landesverlag, Linz 1/1980

Kunze, Walter: Mondsee. 500 Jahre Geschichte und Kultur. Selbstverlag der Marktgemeinde Mondsee, 1991

Lehr, Rudolf: Hallstatt. Oberösterreichischer Landesverlag, Linz 1979

Lehr, Rudolf: Im Salzkammergut. Verlag Plieseis, Wels 1987

Loderbauer, Hannes: 76 Salzkammergut-Seen. Oberösterreichischer Landesverlag, Linz 1979

Markolin, Caroline/Huemer, Peter: Ischl und Kaiser Franz Joseph. Blick Verlag, Bad Ischl 1980

Markus, Georg: Der Kaiser. Amalthea Verlag, Wien 1985

Mitteilungen des Ischler Heimatvereines. Folgen 13, 18, 20. Ischler Heimatverein

Mittendorfer, Ferdinand: Traunkirchen. Gemeindeamt Traunkirchen, 1881

Neumann, Dieter/Lehr, Rudolf: Bad Ischl und die Habsburger. Tourismusverband Bad Ischl

„90 Jahre Salzkammergut-Verkehrsverband". Festschrift, 1991

Oberhammer, Monika: Sommervillen im Salzkammergut. Verlag Galerie Welz, Salzburg 1983

Pilz Karl: Bad Goisern in alten Ansichten. Europäische Bibliothek, Zaltbommel (Niederlande)

Pilz, Karl: Führer durch das Salzkammergut. Oberösterreichischer Landesverlag, Linz 1979

Pilz, Karl: Die Geschichte des Heilbades und Luftkurortes Bad Goisern. Heimatverein Bad Goisern, 1976

Prohaska, Heinrich: Ischls Chronik. Geschichte des Badeortes Ischl 1823 bis 1923

Römer, Paul: Chronik der Schiffahrer auf dem Attersee. Unveröffentlichtes Manuskript, 1966

Schönthan, Gaby von/Grumbach-Palme, Joseph M.: Die Konditorei Zauner. Bad Ischl und das Salzkammergut. Eine kleine Kulturgeschichte. Wilhelm Goldmann Verlag, München 1982

Simkowsky, Dr. Hans: Ischler Geschichten. Verlag Dr. Hans Simkowsky, Wien 1946

Slatin Pascha: Feuer und Schwert im Sudan. Brockhaus, Leipzig 1886

Spitzbart, Ingrid: Auf den Spuren der Habsburger in Gmunden und dem kaiserlichen Kammergut. Kammerhofmuseum der Stadt Gmunden, 1993

Spitzbart, Ingrid: Aus der Chronik des Gmundener Stadttheaters. Stadtgemeinde Gmunden, 1992

Spitzbart, Ingrid: Die Schiffahrt auf dem Traunsee. Stadtgemeinde Gmunden, 1989

Steinbach am Attersee. Gemeinde Steinbach am Attersee. 1986

Steiner, Johann: Reisegefährte durch die Österreichische Schweiz oder das ob der ennische Salzkammergut

Temmel, Leopold: Evangelisch in Oberösterreich. Oberösterreichischer Landesverlag, Linz 1982

Urstöger, Hans Jörgen: Hallstatt-Chronik. Verlag des Musealvereines Hallstatt, Hallstatt 1984

Vogelsberger, Hartwig A.: Slatin Pascha. Styria Verlag, Graz 1992

Weidinger, Erich/Heydemann, Klaus: Franz Karl Ginzkey. Marktgemeinde Seewalchen, o. J.

Winkler, Herbert: Die Schiffahrt auf dem Traunsee, Hallstätter See, Grundlsee. Reihe Marine – Gestern, Heute. Eigenverlag Arbeitsgemeinschaft für Österreichische Marinegeschichte, 1978

Zellwecker, Edwin: Kaiser, Künstler, Diplomaten in Bad Ischl. Grenz Verlag, Wien o. J.

Bildnachweis

B- Tracht, Ebensee: S. 64, 113, 143, 203, 235, 237, 239

Dipl. Ing. Karl Donninger, Seewalchen: S. 248

Georg Eichhorn, Weyregg: S. 209

Foto Fettinger, Bad Goisern: S. 45, 53, 55, 79, 118, 120, 125, 126, 140, 154, 221, 274, 279

Fremdenverkehrsverband Traunkirchen: S. 115

Thea Hayek (Kurverwaltung Bad Goisern): S. 16, 47

Heimatmuseum Hallstatt: S. 23, 132. 141

Heimatverein Bad Goisern (Foto: Wilhelm Fettinger): S. 27, 29

Heimatverein Lauffen: S. 66

Foto Hofer, Bad Ischl: S. 93, 104, 121, 160, 170, 187, 243

Peter Janisch, Bad Ischl: S. 162

Fritz Janu, Hallstatt: S. 75

Kammerhofmuseum Gmunden: S. 39, 77, 82, 86, 180, 197, 204

Eva Kellner, Langenzersdorf: S. 158

Peter Komarek, Bad Aussee: S. 192

Kurverwaltung Bad Goisern: S. 11, 148

Kurverwaltung Bad Ischl: S. 34

Franz Leithner, Bad Aussee: S. 13, 21, 32, 98, 102, 106, 107, 139, 146, 177, 212, 265

Österreichische Salinen AG (Foto: Marion Carniel): S. 71, 74

Foto Rastl, Bad Aussee: S. 201, 225

Alexander Savel, Lauffen: S. 31, 80

Hannes Savel, Bad Goisern: S. 9, 14

Textnachweis

Verlag und Autor danken folgenden Personen und Institutionen für Abdruckgenehmigungen: AVA, Breitbrunn (Gaby von Schön-than/Joseph M. Grumbach-Palme); Brenner-Archiv, Innsbruck (Fritz von Herzmanovsky-Orlando); Erbengemeinschaft Franz Karl Ginzkey, Seewalchen (Franz Karl Ginzkey); Dieter Neumann, Bad Ischl („Habsburg City"); Suhrkamp Verlag, Frankfurt/Main (Hermann Broch).